Coleção
FILOSOFIA
ATUAL

CB122774

Copyright © Aubier, Éditions Montaigne, Paris
Publicado por meio de acordo com o grupo Flammarion.
Todos os direitos reservados.
Copyright desta edição © 2012 É Realizações Editora
Título original: *La Présence Totale*

Editor
Edson Manoel de Oliveira Filho
Produção editorial, capa e projeto gráfico
É Realizações Editora
Preparação de texto
Dida Bessana e Felipe Cherubin
Revisão de texto
Geisa Mathias de Oliveira e Liliana Cruz
Diagramação
Nine Design Gráfico | Mauricio Nisi Gonçalves

Dados Internacionais de Catalogação na Publicação (CIP)
(Câmara Brasileira do Livro, SP, Brasil)

Lavelle, Louis, 1883-1951.
A presença total / Louis Lavelle ; tradução Carlos Nougué. – São Paulo : É Realizações, 2012. – (Coleção Filosofia Atual)

Título original: La présence totale.
ISBN 978-85-8033-076-2
1. Consciência 2. O eu (Filosofia) 3. Personalidade I. Título. II. Série.

12-01241 CDD-126

Índices para catálogo sistemático:
1. O eu : Epistemologia : Filosofia 126

Reservados todos os direitos desta obra. Proibida toda e qualquer reprodução desta edição por qualquer meio ou forma, seja ela eletrônica ou mecânica, fotocópia, gravação ou qualquer outro meio de reprodução, sem permissão expressa do editor.

É Realizações Editora, Livraria e Distribuidora Ltda.
Rua França Pinto, 498 · São Paulo SP · 04016-002
Telefone: (5511) 5572 5363
atendimento@erealizacoes.com.br · www.erealizacoes.com.br

Este livro foi impresso pela Pancrom Indústria Gráfica em maio de 2021.
Os tipos são da família Minion Condensed e Adobe Garamond Regular. O papel do miolo é o Pólen Soft 80 g, e o da capa Cartão Supremo 300g.

Coleção
FILOSOFIA
ATUAL

A PRESENÇA TOTAL

E ENSAIOS REUNIDOS

LOUIS
LAVELLE

APRESENTAÇÃO
TARCÍSIO PADILHA

TRADUÇÃO
CARLOS NOUGUÉ

3ª impressão

É Realizações
Editora

Sumário

PARTE III – A DUALIDADE DO SER E DO PENSAMENTO

PARTE IV – A PRESENÇA DISPERSA

PARTE V – A PRESENÇA REENCONTRADA

ANEXO

Advertência

A Presença Total *é uma exposição nova, concebida segundo um plano diferente, das teses essenciais contidas em nosso livro sobre* O Ser, *que constitui o primeiro volume de* A Dialética do Eterno Presente. *Esta obra parecerá difícil a certo número de leitores: encontrar-se-á aqui a mesma doutrina, reduzida a uma linha mais simples e, por assim dizer, ideal, aliviada de todas as questões particulares que corriam o risco de dividir a atenção, de todas as discussões técnicas que a obrigavam a se tensionar. Quisemos apenas isolar certas condições elementares inseparáveis de toda investigação filosófica e da experiência mesma da vida, que são amiúde esquecidas, mas nunca impunemente, e cujo desenvolvimento dialético buscaremos no estudo do* Ato, *do* Tempo, *da* Alma *e da* Sabedoria.

Apresentação

Por Tarcísio Padilha

"A filosofia que temos depende do filósofo que somos", afiançou sem rebuços Georg Simmel. No momento em que Louis Lavelle aporta ao Brasil, graças à lucidez da editora que põe ombros à tarefa culturalmente nobilitante de publicar as obras do filósofo francês em língua portuguesa, cabe preliminarmente desenhar-lhe o perfil, pouco conhecido, mesmo em seu torrão natal.

Louis Lavelle nasceu em 15 de julho de 1883, na aldeia de Saint-Martin de Villeréal, a menos de um quilômetro da casa de campo, em Parranquet, onde, com sua família, costumava passar as férias de verão, e na qual veio a falecer, aos 68 anos, em 1° de setembro de 1951, havendo sido enterrado no cemitério da localidade. É como se as duas casas, a de nascimento e a de férias, onde escrevia durante o longo período de repouso da labuta acadêmica, em Paris, circunscrevessem, geograficamente, a vida do pensador.

Em Parranquet elaborava seus escritos, quase ininterruptamente, e suas filhas datilografavam seus textos, uma vez que sua letra era ilegível e somente elas tinham o condão de os reproduzirem.

Seu pai era *maître-enseignant* e sua mãe cuidava da propriedade. Até os sete anos, Lavelle viveu em contato íntimo com a natureza e com os habitantes desse longínquo rincão do sudoeste da França, graças aos seus contínuos passeios pelos espaços à volta de sua propriedade, chegando a se comunicar com os camponeses no dialeto deles, que lembra o português.

Seus estudos secundários transcorreram no Liceu de Saint-Étienne, após os estudos preliminares vividos em Amiens.

A família unida era seu sustentáculo. O pai, espírito aberto, e a mãe, senhora inteligente e mesmo enérgica, que estava na base ética que sempre o apoiou. Quando o filósofo se defrontou com a filosofia, emergiu sua vocação especulativa e se apurou sua sensibilidade moral.

Em Lyon, ascendeu à graduação. Era uma época de particular efervescência intelectual, em que aos olhos do jovem filósofo a força de Nietzsche se afirmava, mercê do cunho poético dos escritos do genial pensador alemão.

Nessa fase, Lavelle se entregou a refregas intelectuais nos cafés da cidade, revelando uma dialética servida por um estilo de alto nível, já anunciando o primoroso escritor e conferencista que integrou a galeria dos grandes metafísicos do século XX. Bernard Delfgaauw, especialista em Lavelle, em sua tese doutoral, publicada em 1947, em Amsterdam, considera o estilo de Lavelle superior mesmo ao do mestre Henri Bergson. O filósofo por vezes preferia as conversas especulativas às próprias aulas. Detectam-se sinais de rebeldia: mudança constante de alojamento e de cafés e restaurantes, a manifestar uma inquietação aparentemente incontrolável. É relevante distinguir, dentre seus mestres, aqueles que sobre ele exerceram influência singular. O kantismo atraiu seu espírito questionador em função das aulas de Arthur Hannequin. Na Sorbonne, Hamelin, Brunschvicg e, no Collège de France, Henri Bergson lhe serviram de luzes para as suas reflexões pessoais.

Em 1913, Lavelle uniu seu destino ao de Julie Bernard, cujo interesse pela filosofia a tornou de grande valia para seu marido. Da união nasceram quatro filhos. O primogênito, Jean-François, pintor, foi vítima de uma doença degenerativa em seus ossos e faleceu cinco meses após a morte de Lavelle. O estado de saúde de Jean-François, consoante depoimento de seu amigo e filósofo Marc Santoni, debilitou as imunidades do pai, a ponto de este haver revelado ao amigo que não disporia de muito mais tempo neste mundo. Além do filho, o casal teve três filhas, Marie, professora de Matemática, Claire, filósofa, e Madeleine, professora de inglês, que não se casaram por haverem feito uma opção radical: devotar-se à colossal e profunda obra de Lavelle.

O desaparecimento de Lavelle comoveu as comunidades mais próximas de sua casa de campo e repercutiu nos meios filosóficos.

Um contemporâneo de Lavelle, Henri Calmette, da Comuna de Parranquet, assim sintetizou o perfil do filósofo: "Lavelle deixou um grande exemplo de dever, de coragem e de simplicidade. Ele deu uma grande esperança a quem estiver prestes a afrontar a morte e a vida eterna". Em *De l'Être*, Lavelle retoma o complexo e desafiante tema: "a morte cria uma ausência corporal que é reveladora de uma presença mais pura".

O filósofo viveu fases marcadas por duras provas, o que se ratifica pela sua participação na Primeira Guerra Mundial. Mesmo sendo míope, podendo furtar-se a participar da guerra, Lavelle fez questão de combater na frente de batalha, sendo feito prisioneiro logo após a batalha de Verdun.

Foi enviado para o campo de prisioneiros em Giessen, onde elaborou sua tese de doutorado, que defendeu na Sorbonne, em 1922.

Na prisão, granjeou a simpatia de seus companheiros de infortúnio para os quais proferia conferências sobre temas de elevado alcance espiritual, como o ciclo de palestras sobre "Pascal et la Pensée Religieuse".

Terminada a guerra e devendo ser repatriado, Lavelle temeu pelo destino de sua tese e decidiu confiar a um soldado alemão a missão de entregar seus escritos à sua família.

Bem mais tarde, em 1943, Lavelle recebe uma carta de um prisioneiro em que assevera: "após haver lido *A Presença Total*, compreendi que vossos livros não podem haver sido escritos senão por alguém que conheceu o exílio".

Sua biografia é, ao mesmo tempo, reveladora de um rosário de fatos dolorosos e de uma serenidade invulgar. O que expressa uma sensibilidade excepcional, e que é confirmado pelo texto que se segue: "as únicas coisas que jamais me interessaram não são os conhecimentos que podemos amealhar e que renovam incessantemente nossa curiosidade, mas os sentimentos que nos descobrem a nós mesmos e as relações vivas que nos unem aos seres que nos circundam".

Sua sensibilidade nos autoriza a concluir que a acolhida ao outro é o sinete inconcusso de Lavelle.

Esse longo purgatório foi acrescido por incompreensível esquecimento das obras do filósofo. Muitos pensadores vêm se manifestando nessa direção, expressando crescente surpresa diante do ainda escasso interesse demonstrado pelo estudo das obras de Lavelle. Dentre eles, destaca-se Paul Ricoeur.

A vida do filósofo obedecia a uma rígida disciplina beneditina. Cedo se dirigia ao seu modesto escritório, seja em Paris, seja em Parranquet, para elaborar seus escritos. Acordava às cinco horas da manhã e bem tarde da noite ainda o víamos lendo e anotando os livros que compulsava, com observações preservadas para posterior utilização. Seu rigor era de tal monta que as filhas confirmaram que ele jamais se atrasava para participar de qualquer encontro. Assim, tão logo era chamado à mesa para as refeições, interrompia a frase no meio, para retomá-la após cumprir a liturgia familiar.

O homem Lavelle era humano, demasiadamente humano. Jamais falava de si mesmo, não discorria sobre os outros, nem se valia de expressões menos nobres. Sempre mantinha seu olhar profundo como que a nos acolher à presença. Seus gestos, ao longo das conferências, sublinhavam o que dizia e lhe davam um elastério de significação. Tudo nele porejava o que se convencionou denominar de santo leigo. Para tanto, basta recordar seu escrito *Quatre Saints*, em que ele assevera que o santo é indiferente aos estados. E onde o homem comum só tem olhos para problemas, o santo respira a atmosfera diáfana das soluções. Ele é, no visível, testemunha do Invisível.

A amizade é uma das marcas frisantes de Lavelle. Le Senne, para ele, foi quase um irmão. Juntos prestaram serviços de monta à filosofia. Le Senne e Lavelle estreitaram uma amizade que durou toda a vida de ambos. Encontravam-se semanalmente em tertúlias de elevado corte, em Montparnasse. Lavelle e Le Senne tiveram vidas paralelas. Conquanto mantivessem plena autonomia intelectual, participaram de projetos de larga envergadura, onde se destaca, na Aubier, a coleção das Éditions Montaigne Philosophie de l'Esprit, fundada em 1934. A coleção visa opor-se ao kantismo e ao positivismo, reafirmando com ênfase os valores do espírito. Lavelle intentou outro projeto ambicioso: criar uma coleção, *Logos*, na famosa Presses Universitaires de France (PUF), a fim de proporcionar aos universitários obras alentadas de filosofia. Gabriel Marcel, Le Senne e Lavelle tiveram várias obras publicadas na coleção, salientando-se o monumental *Traité des Valeurs*, em dois tomos, do próprio Lavelle, possivelmente o labor mais completo sobre o momentoso tema.

Discorrer sobre a grandiosa obra filosófica de Lavelle pressupõe conhecimento, ainda que perfunctório, do plano a que denominou *A Dialética do Eterno Presente*.[1]

Seriam cinco volumes intitulados: *De l'Être*, *De l'Acte*, *Du Temps et de l'Éternité*, *De l'Âme Humaine* e *De la Sagesse*.

[1] A coleção será publicada no Brasil pela Editora É.

O último tomo jamais foi publicado, pois o pensador, que escreveu diversos ensaios sobre o tema, não dispôs dos vagares para concluir a obra final da série.

É importante referir sua obra inédita, somente publicada em 1984, mas elaborada em 1911. Seu título *De l'Existence*, que preludia os textos respeitáveis de Heidegger (*Sein und Zeit*), de Jean-Paul Sartre (*L'Être et le Néant*) e de Gabriel Marcel (*Journal Métaphysique*), abre caminho para as filosofias da existência.

De 1930 a 1942 Lavelle publicou suas crônicas filosóficas, que despertaram incontido interesse por suas percucientes análises de filósofos e de suas obras. As crônicas eram publicadas mensalmente no jornal *Le Temps*. Pela coluna desfilaram os grandes pensadores de maneira a permitir o diálogo de Lavelle com os maiores filósofos de seu tempo e mesmo de outros tempos. E as crônicas abriram espaço para o conhecimento pessoal de diversos filósofos.

Dentre os filósofos que mais de perto atraíram a atenção de Lavelle, podemos citar Maine de Biran (mais voltado para a psicologia), Malebranche e Descartes (mais voltado para a metafísica). Em decorrência das reflexões que emergiram da leitura das obras desses filósofos, cabe concluir que a filosofia francesa, em parte, se estruturou como uma psicometafísica.

Maine de Biran, no século XIX, escreveu: "quem sabe não há um mundo interior que poderá ser descoberto, por algum Cristóvão Colombo metafísico?". No século XX, Lavelle ocupou, com justiça, esse posto.

Para repisar os termos de Lavelle, *A Presença Total*, ao falar dos modismos filosóficos, enfatiza a vontade de chegar à verdade, à realidade, de explicitar "um ato de confiança no pensamento e na vida".

A obra de Lavelle já estava estruturada de há muito. Trata-se da *Dialética do Eterno Presente* – autêntica cordilheira especulativa que inspirou as demais obras do filósofo.

Ao publicar o primeiro volume da coleção, *De l'Être*, Lavelle se apercebeu de que a densidade da obra tornava-a de difícil praticagem filosófica. O leitor se via a braços com um mundo quase impenetrável. Assim, ele houve por bem publicar *A Presença Total*, síntese mais acessível aos estudiosos da ontologia.

Neste livro se encontram os temas relevantes do *opus lavellianum*, como o ser, o ato, o valor, o tempo, a existência, a liberdade, a intersubjetividade, a participação.

Equivale a uma pequena *summa* de seu pensamento e abriu as portas a uma mais fácil penetração em suas grutas profundas. E tudo servido por um lapidar que o inseriu entre os grandes pensadores do século passado. Frise-se que Lavelle foi um filósofo que respirou o clima de duas hecatombes mundiais e sorveu a experiência da dor, da ansiedade, do mal. Soube, porém, vislumbrar, acima das imperfeições humanas, um caminho de elevada espiritualidade.

Além do texto traduzido de *A Presença Total*, o livro ora apresentado ao público se vê enriquecido de dois textos inéditos de Lavelle, que me foram ofertados por sua filha e minha saudosa amiga, Claire Lavelle, e ainda por alguns ensaios meus sobre o filósofo, após a defesa de minha tese *A Ontologia Axiológica de Louis Lavelle*, editada em 1955.[2]

Cabe agora ao leitor benévolo adentrar-se nesta obra que poderá abrir-lhe espaço para uma mais ampla consistência existencial, prenúncio de um amplexo ontológico com o Ser.

---

[2] Publicada pela Editora É em 2012.

Introdução

O pequeno livro que se vai ler expressa um ato de confiança no pensamento e na vida. No entanto, nas épocas conturbadas, a maior parte dos homens não se deixa sacudir senão por uma filosofia que justifique seu gemido diante do presente, sua ansiedade diante do futuro, sua revolta diante de um destino que eles são obrigados a padecer, sem ser capazes de dominá-lo. A consciência busca um amargo desfrute nesses estados violentos e dolorosos em que o amor-próprio está em carne viva e, pela sacudidela mesma que eles imprimem ao corpo e à imaginação, nos dão enfim a ilusão de ter penetrado até a raiz do real. É apenas em aparência que se aspira a livrar-se deles; temer-se-ia antes que eles não fossem jamais bastante agudos, como um veneno cujo movimento se detivesse subitamente.

Então a consciência se lança na solidão, a fim de melhor se sentir entregue à infelicidade do abandono; ela se obriga a si mesma a descer a este abismo de miséria onde o nada a rodeia, onde nenhuma voz lhe responde, onde as forças da natureza parecem aliar contra ela sua indiferença e sua brutalidade. Quer-se que haja uma espécie de impotência, de desespero e de maldição que sejam inseparáveis da reflexão. Para livrá-la disso, não se lhe pode pedir senão que se renuncie a si mesma, que escute a voz do grupo, que se torne serva do instinto de dominação e colabore numa tarefa temporal que, permitindo-lhe se ultrapassar, a faça esquecer a preocupação com sua vocação eterna.

É verdade que a consciência não tem escolha senão entre a infelicidade lúcida de sua existência separada e esta cega abdicação pela qual ela toma da disciplina da ação o elã que já não encontra em si mesma? Gostaríamos de mostrar que o próprio do pensamento não é, como se crê, o separar-nos do mundo, e sim o estabelecer-nos nele; que, em lugar de nos encerrar em nós mesmos, ela nos descobre a imensidão do real de que não somos senão uma parte, mas que é sustentada e não esmagada pelo Todo onde é chamada a viver. Nela e no Todo, é o mesmo ser que está presente, sob uma forma ora participada, ora participante; é a mesma luz que nos descobre ora sua face iluminante, ora sua face iluminada; é o mesmo ato que se exerce ora em nós, ora sem nós, e que nos torna responsáveis a cada instante por nossa própria existência, ao mesmo tempo que pela existência do Todo.

É, parece-nos, uma espécie de postulado comum à maior parte dos espíritos que nossa vida transcorre no meio das aparências e que nós jamais saberemos nada do próprio Ser: assim, como esta vida não teria aos nossos olhos um caráter de frivolidade? Ela faz de nós os espectadores de um mundo ilusório que não cessa de se formar e de se dissolver diante de nosso olhar e atrás do qual supomos outro mundo, o único real, mas com o qual não temos ponto de contato. Em razão disso, é natural que a consciência, segundo seu grau de profundidade, se contente com o ceticismo ou se deixe invadir pelo desassossego. A vida não pode recuperar a confiança em si mesma, não pode adquirir gravidade, força e alegria sem que seja capaz de se inscrever num absoluto que não lhe faltará jamais porque lhe está inteiramente presente e no qual ela abre para si uma perspectiva e traça um caminho, que são a marca e a medida de seus méritos. Ela não perde *esta angústia de existir*, que é inseparável de uma existência que nenhuma de nossas ações deve dar-nos a nós mesmos: mas esta angústia não exprime nada mais que a tensão suprema de sua esperança.

Pensamos, pois, que é numa ontologia, ou, mais radicalmente ainda, numa experiência do Ser, que o pensamento mais tímido e a ação mais humilde encontram sua origem, sua possibilidade e seu valor. Mas conhecemos bem todas as desconfianças em que a ideia do primado do Ser, com respeito a todos os seus modos, não deixará de tropeçar: pois antes de tudo se vê quase sempre o Ser como estático, acabado e de todo feito, como um objeto puro que o eu poderia talvez constatar, mas não modificar, nem penetrar. No entanto, se a lei de participação nos obriga, ao contrário, a inserir-nos a nós mesmos no Ser por uma operação sempre limitada e imperfeita, que faz aparecer, em forma de um objeto atual ou possível, justamente o que lhe responde, é porque o próprio Ser total só pode ser definido como um sujeito puro, *um Si universal*, um ato que não encontra em si, nem fora de si, a limitação de um estado nem a de um objeto. Longe de ser a morte da consciência, é-lhe a vida indivisivelmente transcendente e imanente. Por isso tão somente Deus pôde dizer: "Eu sou aquele que é".

Perguntar-se-á ainda com que direito tal *ato* pode ser posto, enquanto a experiência não nos entrega a nós nada mais que um mundo de estados, e fora de nós um mundo de objetos. Mas fazê-lo é dar um sentido demasiado estreito à palavra "experiência". A consciência está sempre consciente da consciência: ela capta o ato em seu exercício mesmo, não isolado sem dúvida, mas sempre ligado a estados nascentes e a objetos aparecentes. Ela está sempre situada no ponto exato em que se produz a participação, ou seja, no ponto em que, por uma dupla *démarche* de consentimento e de recusa, unidos a Deus e todavia separados dele, damos a nós mesmos nosso ser próprio e o espetáculo do mundo.

Dir-se-á que é por uma extrapolação ilegítima que ultrapassamos a correspondência atual de tal operação e de tal dado, que nada nos autoriza a pôr um ato perfeito que funda em si todos os dados, e que este ato primeiro não é capaz, aos olhos de nossa própria consciência, de nada além de um ato de fé? Mas estamos aqui para além de todas as oposições que se possam estabelecer entre a experiência, a razão e a fé, na sede mesma de onde elas surgem. É nela que a consciência se constitui descobrindo ao mesmo tempo a indivisibilidade do ato que a faz ser e a exterioridade de todos os dados que não têm substância por si e supõem sempre uma relação com um ato limitado e impedido; criando ela mesma um traço de união entre essas duas infinidades da fonte em que ela se alimenta e do objeto para o qual ela tende; tornando possível e realizando a comunhão de todos os seres particulares na unidade do mesmo universo, e a solidariedade de todos os fenômenos na unidade do mesmo pensamento; encontrando a presença atual e inevitável da totalidade do ser em cada instante e em cada ponto. E concebe-se facilmente que este ato universal, de que falamos, merece ser chamado "ato de fé", se é verdade que ele não pode jamais se tornar um puro objeto de conhecimento, que ele ultrapassa sempre tudo o que nos é dado e que só é captado por nossa vontade de consentir em cooperar com ele, de modo tal que, conquanto seja ele mesmo a condição de tudo o que pode ser posto, ele não pode ser posto em nós e por nós senão à proporção de nossa própria potência de afirmação, e que ele mede sempre o elã, o ardor ou a falta de nossa atenção, de nossa generosidade e de nosso amor.

Sabemos todas as reservas e todas as suspeitas que provocará nosso esforço por pôr de início a consciência no nível do Ser. Mas, sem a consciência, não seríamos nada mais que um objeto, ou seja, existiríamos apenas para o outro, e como uma aparência em sua própria consciência. Não obstante, tampouco é preciso considerar nossa consciência pessoal como simples espectadora de um mundo ao qual ela permaneceria estranha. Ela apenas nos revela nosso ser verdadeiro, e, ao mesmo tempo, o interior do ser total, com o qual ela é substancial e no qual nos obriga a penetrar e implicar nosso destino. A atitude fenomenista é a um só tempo *uma recusa do ser e uma recusa de ser*. Mas, graças à consciência, cada um de nós, identificando-se necessariamente com o ato interior que ele cumpre, descobre, cumprindo-o, o mais profundo e o mais belo de todos os mistérios, que é "ser criado criador".

Não nos sentimos expostos por isso à acusação de panteísmo, precisamente porque não queremos dividir jamais a parte e o Todo, e porque a própria parte, no momento em que crê fundar sua independência, não o pode conseguir, segundo nós, senão por uma união mais estreita com o Todo em que ela tem a existência que a sustenta e a luz que a esclarece. Buscar-se-á, porém, onde está hoje em dia o perigo mais grave para *a salvação da pessoa*, se em entregá-la à separação e a todas as delícias do amor de si e do julgamento próprio, ou em buscar sujeitá-la a uma realidade infinita de que ela não se separa sem recair no nada, que a chama à vida, com a condição de ela escutar sua voz e responder-lhe com docilidade, e cuja inesgotável abundância sempre suscita, cumula e ultrapassa nela a potência própria de desejar. Ficar-se-á tranquilo com respeito a esse ponto vendo o próprio Lachelier consolar Boutroux, que se havia exposto em sua tese à mesma censura: "Sua conclusão era sem dúvida panteísta; mas parece-me que hoje em dia absolutamente não se tem razão em ser tão escrupuloso quanto a este artigo; o que se há de temer não é o panteísmo, mas, com o nome de positivismo, o puro fenomenismo, que tira toda a realidade à natureza, e com mais forte razão a Deus, de modo que o que, de sua parte, escandaliza a alguns de seus juízes, a mim, ao contrário, me edifica". E ele não receava acrescentar com uma bela e lúcida coragem: "Eu continuo a ver, como Malebranche, todas as coisas no absoluto, mas num absoluto imanente e idêntico à razão".

No entanto, parece-nos que deveríamos estar ao abrigo de toda suspeita de panteísmo e até de que nossa doutrina pudesse ser vista, em certo sentido, como o inverso desse panteísmo objetivo em que, reinando necessariamente nas partes a lei do Todo, as ideias mesmas de Todo e de partes se encontram abolidas. Pois, embora as partes não possam existir sem o Todo nem fora do Todo, elas próprias devem receber certa independência, se se quer que elas cooperem com ele e tenham dele uma existência e uma potência, que todavia lhes é própria. Ora, como não seria assim se o ser total é definido como um ato sem limitação, ou, em outros termos, como uma liberdade pura? Toda criação é para ele uma comunicação de seu próprio ser, ou seja, ele não pode criar senão liberdades. Ele não pode chamar ao ser senão seres que ele convida a que se façam. Mas ele mesmo não lhes falta nunca: e, conquanto cada um deles pareça a cada instante sair do nada, e prestes a nele recair, é no Todo que se estabelece, e o Todo não cessa nunca de lhe prover. Assim, compreende-se que cada consciência tropece a cada instante em sua própria limitação, mas que a cada instante ela deva fazer o esforço de superá-la; ela encontra em si um abismo de miséria assim que se sente reduzida a suas próprias forças, e uma alegria de libertação assim que reconhece em sua mais miúda obra uma justa participação na fecundidade da ação criadora: e não há alegria nela que não seja repleta de todos os sofrimentos que ela aceitou e venceu para alcançá-la.

Também admirará talvez que um ato eterno e onipresente, do qual nós mesmos não participamos senão no instante, possa deixar o menor lugar para nossa existência temporal, fora da qual nossa independência parece destruída. Mas o instante é precisamente *a encruzilhada do tempo e da eternidade*; é nele que agimos, é nele que o real toma para nós sua forma sensível, é nele também que a matéria não cessa de nos aparecer e de fugir de nós. Mas toda ação cumprida livremente por nós no instante é imperecível; ela tinha necessidade do instrumento e do obstáculo do corpo para exercer-se e cessar ao nosso olhar de ser uma simples potência; mas ela se liberta logo do corpo que morre assim que serviu; espiritualizando-se, ela se enceleira na eternidade. Assim, o tempo nos é necessário para nos permitir constituir nossa essência intemporal.

Experimentar-se-á, enfim, alguma inquietude diante dessa visão do universo que nos descobre uma espécie de compensação entre todas as ações particulares? Dir-se-á que, introduzindo assim no mundo um equilíbrio móvel semelhante ao do caleidoscópio, ele é reduzido a um puro mecanismo, pelo qual um Deus avaro parece aprisionar de antemão, num círculo infranqueável, sua própria potência de invenção e a de todos os seres que ele criou? Tal não é, no entanto, o nosso propósito. Sem dúvida, não temos nenhuma complacência por esse sonho milenar de uma humanidade que se encaminharia por um progresso contínuo e necessário para um mundo cada vez melhor e rejeitaria num futuro fora de alcance essa união atual que cada um de nós deve a todo instante manter com Deus. Não há, para nós, períodos que possam ser vistos como períodos de preparação ou de transição; não há gerações nem individualidades cujo papel seja serem sacrificadas, ou, ao menos, é preciso pensar que, por esse sacrifício, elas cumprem no presente a integralidade de seu próprio destino. Pois cada consciência pessoal tem, ela mesma, valor absoluto. A lei da compensação universal de que falamos só tem por objeto salvaguardar sempre a totalidade do ser, sua perfeita indivisibilidade, sua continuidade sem ruptura e a solidariedade plenária de todos os espíritos; mas a infinidade de uma participação sem cessar oferecida basta para nos preservar dessa blasfêmia de que o bem, aparecendo em algum ponto, faria surgir o mal em algum outro. São os bens materiais, e só quando vistos como já adquiridos e não como diante de seres criados, que produzem o enriquecimento de uns com a miséria dos outros. Mas os bens espirituais são inseparáveis do ato que os faz ser: é por isso que eles se propagam sempre, sem se suprimirem jamais. O próprio da compensação é tão somente expressar esta lei de justiça que, semelhantemente ao determinismo no mundo dos corpos, exige, a cada instante, a manutenção de uma harmonia entre todas as formas particulares do ser realizado, nos força, inscrevendo nossa própria figura na trama do universo, a modificar, ao mesmo tempo, a figura do universo inteiro, nos proíbe qualquer recomeço, mas nos obriga, todavia, a perceber em cada um de nossos atos uma ressonância infinita, de modo que nenhum deles se perca e não haja nenhum mérito que não encontre em alguma parte sua eficácia, nem nenhuma falta que não chame em alguma parte sua reparação, devessem uma e outra permanecer-nos para sempre desconhecidas.

A filosofia cujos princípios essenciais se apresentam aqui não inova nada. É uma meditação pessoal cuja matéria é fornecida por esta *philosophia perennis* que é obra comum da humanidade, de que todas as consciências devem tomar posse por sua vez, e que cada uma delas, dando e recebendo ao mesmo tempo, aceitando ser indivisivelmente aos olhos dos outros "mediatizada e mediadora", deve continuar a promover. Se se vem a desviar-se dela, é porque se sucumbe a alguma curiosidade particular, ou a essa necessidade de diversão que não pode ser satisfeita senão por uma aparência de novidade, ou a essa falta de força e de coragem que nos impede de captar as verdades mais simples e de conformar a elas nossa conduta. O homem crê sempre poder inventar o mundo: mas então ele o abandona e deixa de ver. Se o ser nos está sempre e inteiramente presente, o orgulho das mais belas invenções deve curvar-se diante da mais pobre descoberta. Nossa existência própria, que a um só tempo é distinta da totalidade do real e está em comunicação incessante com ela, não pode realizar-se senão na luz: as trevas a abolem, o conhecimento a livra e a multiplica. Aí está a verdade eterna do intelectualismo. Mas a luz só é dada àquele que a deseja e busca. É reservada tão somente àquele que a incorpora à sua potência de amar e de querer. E o intelectualismo é estéril se não é penetrado de espiritualidade.

É difícil admitir que os homens possam entrar em dissenção a respeito da busca de tal ideal. Mas a verdade, que é comum a todos, produz em cada um uma revelação particular, e querelamos porque queremos que essas revelações se pareçam e não que convirjam. No entanto, a guerra só pode reinar entre os corpos, entre os quais a destruição do adversário assegura a hegemonia do vencedor. Cada espírito, ao contrário, tem necessidade de todos os outros para sustentá-lo, para esclarecê-lo, para prolongar e completar a visão do universo que ele mesmo obteve. Os diferentes espíritos não se sentem rivais senão por um amor-próprio carnal do qual ainda não conseguiram despojar-se; é para defendê-lo que cada um pensa ser o único a servir à verdade; à medida que se purificam, eles se apaziguam, se reconciliam, e unem suas forças. Cada um deve fixar o olhar mais firme na verdade que lhe é dada, mas sabe que ela nunca é mais que um aspecto da verdade total; se ele a comunica a qualquer outro, é preciso que isso seja feito com prudência, para lhe propor e pedir uma ajuda, e não para constrangê-lo ou escandalizá-lo.

Nas páginas que se seguem, esforçamo-nos por manter um contato vivo com uma realidade no interior da qual nos parece que o eu deve penetrar para compreender sua própria natureza, seus limites e a possibilidade de seu crescimento: se se caiu em alguma ilusão, é por falta de ter sabido estabelecer-se nela. Os erros que se puderam cometer não serão inúteis se contribuírem para manter no mesmo caminho todos os que, sem este exemplo, teriam tido talvez espontaneamente para com eles a mesma complacência.

PARTE I

A DESCOBERTA DO SER

1. O EU RECONHECE A PRESENÇA DO SER

Há uma experiência inicial que está implicada em todas as outras e dá a cada uma delas sua gravidade e sua profundidade: é a experiência da presença do ser. Reconhecer esta presença é reconhecer ao mesmo tempo a participação do eu no ser.

Ninguém, sem dúvida, pode consentir nesta experiência elementar, tomando-a em sua simplicidade mais despojada, sem experimentar uma espécie de frêmito. Cada um admitirá que ela é primitiva, ou antes, que é constante, que é a matéria de todos os nossos pensamentos e a origem de todas as nossas ações, que todas as *démarches* do indivíduo a supõem e a desenvolvem. Mas esta constatação, uma vez feita, passa logo: basta doravante que ela permaneça implícita; e nos deixamos atrair em seguida pelos fins limitados que nos são propostos pela curiosidade e pelo desejo. Assim nossa consciência se dispersa; perde pouco a pouco sua força e sua luz; é assaltada por demasiados reflexos; não consegue reuni-los porque se afastou da sede que os produziu.

O próprio do pensamento filosófico é agarrar-se a esta experiência essencial, afinar a acuidade dela, retê-la quando está prestes a escapar, voltar a ela quando tudo se obscurece e quando se tem necessidade de um limite e de uma pedra de toque, de analisar seu conteúdo e de mostrar que todas as nossas operações dependem dela, encontram nela sua fonte, sua razão de *ser* e o princípio de sua potência.

Mas é difícil isolá-la para considerá-la em sua pureza: é preciso certa inocência, um espírito livre de todo interesse e até de toda preocupação particular. Saber que ela existe não é ainda realizar-lhe a plenitude concreta, não é atualizá-la e possuí-la.

A maioria dos homens é levada e absorvida pelos acontecimentos. Não tem suficiente tempo livre para aprofundar essa ligação imediata entre o ser e o eu que funda cada um de nossos atos e lhe dá seu valor: eles antes a supõem do que a sentem; ela nunca é para eles objeto de um olhar direto, nem de uma consciência clara; e, se por vezes o pensamento dela vem a aflorar, não é senão um contato passageiro, e logo a lembrança dela se apaga.

Mas aquele que, contrariamente, captou uma vez num puro recolhimento e como *o ato mesmo da vida* a solidariedade entre o ser e o eu já não pode apartar dela seu pensamento: a lembrança desse contato renova-lhe a presença, que não cessa de sacudir seu espírito e de iluminá-lo. Que não se diga que esta experiência é evidente e que deve ser feita, mas que é estéril se não for ultrapassada quanto antes: ela contém em si tudo o que podemos conhecer. Desde o momento em que é dada, nossa vida encontra sua seriedade essencial renovando seus vínculos com o coração do real, e nosso pensamento, em lugar, como se crê, de se empobrecer e de se esvaziar, adquire a certeza e a eficácia descobrindo, em cada uma de suas *démarches*, a identidade entre o ser que ele possui e o ser a que ele se aplica.

2. A vida do espírito é uma cumplicidade com o ser

Descrever os termos desta primeira experiência pela qual o eu se inscreve a si mesmo no ser e mostrar a relação que os une é perseguir uma ação dialética que, sem nada acrescentar a esta experiência, permite medir-lhe a riqueza e a fecundidade. As etapas desta pesquisa não têm interesse puramente especulativo, porque o próprio eu constitui sua própria natureza no curso desse debate permanente que a consciência, para nascer e desenvolver-se, mantém com o *ser absoluto*. Se esta empresa é exitosa, deve-se sentir a cada passo o caráter necessário das *démarches* intelectuais efetuadas: para que elas apareçam como necessárias, basta que se seja capaz de efetuá-las, e antes de tudo que se aceite tentá-las.

Pois a necessidade que se tem em vista não é uma necessidade exterior que nos constranja sem nos satisfazer, nem essa necessidade puramente lógica que, tendo por objeto o simples acordo das noções, ou seja, dos possíveis, não é inerente ao ser mesmo e fica sem eco na personalidade porque não interessa à nossa vontade, nem ao nosso amor. Essas duas espécies de necessidade têm papel limitado e derivado: a primeira supõe o aparecimento da sensibilidade e a segunda o da razão; elas se fundam numa distinção das faculdades.

Mas a necessidade que encontramos aqui é anterior e mais profunda. Ela não força nossa adesão de fora, seja pela passividade dos sentidos, seja pela disciplina da razão. Nasce dentro de nós e não implica somente uma coincidência entre nosso pensamento e a essência das coisas, mas uma verdadeira cumplicidade entre nosso pensamento e as próprias coisas. Tem valor ontológico porque acompanha uma operação que é ao mesmo tempo reveladora e formadora de nosso próprio ser. Atesta, realizando-a, a identidade essencial entre o ser puro e nosso ser participado. O conhecimento mais profundo que podemos adquirir do ser consiste em *nosso próprio consentimento ao ser.*

Assim, para que nossa análise seja justificada, basta que as operações que descrevemos sejam operações reais, ou seja, que possam ser cumpridas: mas é preciso que elas o possam ser; e, se elas o podem, asseguramo-nos de que nos trarão a presença constante do ser, e, por conseguinte, a luz e toda a alegria que acompanham nossa atividade consciente de sua essência e da perfeição de seu exercício.

Cada um deve tentar captar a natureza do ser verificando a realidade de certos atos espirituais que ninguém pode cumprir em seu lugar. Um autor não pode senão sugeri-los e facilitá-los, e quem melhor cumpre sua tarefa é aquele que sabe fazer-se esquecer, afasta de si, autor, o pensamento do leitor, deixa este diante de si mesmo e lhe permite reconhecer por uma espécie de descoberta pessoal uma verdade que ele muitas vezes tinha pressentido e a qual nunca deixou de levar em seu próprio âmago. É que todos os homens contemplam o mesmo ser: a cada um cabe ser despertado por outro no pensamento ou despertar por sua vez a um terceiro. Eles não podem comunicar-se uns com os outros senão por uma comunicação de cada um deles com o mesmo objeto.

3. A posse do ser é o fim de toda ação particular

Quando dizemos que o ser está presente para o eu e que o próprio eu participa do ser, enunciamos o tema único de toda meditação humana. É fácil ver que esse tema é de uma riqueza infinita. Ele é o fundamento de todos os nossos conhecimentos particulares, que nele se encontram antecipadamente implicados: mas eles não são para nós senão meios de realizar, numa espécie de nudez, a confrontação de nossa própria intimidade com a intimidade mesma do universo.

É evidente que a presença do ser deve ser objeto de uma intuição e não de uma dedução: pois não se poderia encontrar um princípio mais alto de que pudesse ser derivada. Todas as deduções se apoiam nela, se cumprem nela e encontram nela sua verificação. Mas ela é ao mesmo tempo o fim de todas as nossas *démarches* particulares, de todas as operações do pensamento e da vontade. Pois nenhuma delas pode bastar-se a si mesma: não têm para nós valor senão se, por sua mediação, pudermos obter uma posse do ser em que elas se esclareçam e que as torne doravante inúteis.

Sem dúvida, nunca conseguimos captar o ser exceto em uma de suas formas individuais. Sem dúvida, a consciência nunca nos entrega senão um de seus estados momentâneos.

Sem dúvida ainda, admitindo que a consciência seja capaz de entrar em relação com o ser, é esse o estado de consciência cuja coincidência com tal forma de ser é preciso mostrar. Mas cada uma dessas observações, cuja verdade não se pode desconhecer, supõe a solução de um problema mais amplo, a respeito do qual é impossível silenciar: o problema de saber o que nos permite atribuir a seres diferentes o mesmo nome "ser", fazer entrar estados diferentes numa mesma consciência e, mediante as relações diferentes entre tal objeto e tal estado, conceber que entre o que é e o que nós pensamos possa haver ao mesmo tempo uma distinção e uma conexão. Atrás de todas as questões particulares que podemos apresentar-nos, o problema do ser e do eu é o único que nos interessa profundamente: nós o percorremos em todos os sentidos, o pressionamos de todos os lados, esperando encontrar no fim alguma situação privilegiada em que, esquecendo todos os ensaios infrutíferos que encheram nossa vida, encontremos a razão de ser desta tomando consciência a um só tempo de sua essência e de seu lugar no universo.

Em aparência tal investigação não pode fazer nenhum progresso: ela só pode aprofundar-se, e não estender-se. Pois é da presença do ser que partimos: entretanto ela ainda não é senão uma experiência confusa e a qual devemos analisar. Essa análise comporta uma série de operações no curso das quais nossa personalidade vai constituir-se; e, quando esta tiver descoberto sua verdadeira essência, unir-se-á ainda ao ser, mas desta vez num ato inteligível em que a experiência inicial encontrará sua explicação e seu acabamento.

O indivíduo tem tal confiança em si mesmo que, quando se extravia, é sempre porque a fantasia de sua imaginação ou seu gosto das construções abstratas o impedem de manter um contato suficientemente estreito com a realidade. É preciso, pois, voltar sem cessar a esta experiência do ser na qual encontramos todos os nossos materiais e todas as nossas provas. No entanto, é uma experiência puramente espiritual: consiste em certas operações do pensamento, que devem ser necessariamente adequadas, porque esgotamos todo o seu conteúdo no momento em que as cumprimos e porque podemos cada vez verificar sua verdade, ou seja, sua eficácia. E essa experiência pura é ao mesmo tempo uma criação, porque a contemplação do ser é indiscernível do movimento pelo qual nosso espírito se engendra a si mesmo.

4. A DESCOBERTA DO EU JÁ CONTÉM A DESCOBERTA DO SER

Nós nunca encontramos o eu numa experiência separada. O que nos é dado primitivamente não é um eu anterior ao ser e independente dele, mas a existência mesma do eu, ou ainda *o eu existente*, o que significa que a experiência do eu envolve a do ser e constitui uma espécie de determinação desta.

Ademais, o eu não pode ter a intuição de seu próprio pensamento senão aplicando-o a um objeto. E este objeto, embora estando em relação com este pensamento, não se confunde com sua operação: torna-a possível, mas dela se distingue e até em certo sentido se opõe a ela. O objeto do pensamento e seu ato estão compreendidos, ambos, no interior do mesmo ser. Limitam-no, mas de um modo que é próprio a cada um deles. É mesmo uma condição de toda participação que esses dois termos contrastem antes de tudo a fim precisamente de poderem em seguida acordar-se.

Por isso a noção de ser é muito mais clara e mais fácil de captar que a de eu. Pois o eu nos escapa no momento exato em que o tentamos fixar: ele é móvel e evanescente; isso porque está em progresso incessante e se constitui apenas pouco a pouco; nós sempre tememos dar-lhe uma definição demasiado estreita e confundi-lo com um de seus elementos, ou uma definição demasiado larga e confundi-lo com um dos objetos a que ele se aplica, mas de que se distingue. Inconvenientes desse gênero não se produzem quando se trata do ser: pois o ser está sempre inteiramente presente, e não há um só caráter nem um só elemento do real que possa escapar a ele que não constitua um aspecto seu e não caia sob sua jurisdição.

Suponhamos agora que a experiência do eu seja primitiva e independente. Então se está naturalmente convidado a considerar o eu como a origem mesma das coisas; e é preciso exigir dele que faça um esforço por engendrar este ser total a que, em se pensando, ele emprestava já seu ser limitado. Mas isso é pedir-lhe que refaça ao revés o caminho que acaba de percorrer. Ora, esta empresa se tornou impossível: o eu está condenado doravante a permanecer encerrado em seus próprios limites; se tem a ilusão de engendrar o ser, é só porque ele se estabeleceu neste antes de tudo.

Não é por uma dilatação do eu que se fará que ele retorne ao ser se antes se separou dele. Mas, se o eu é desde a origem interior ao ser, tornando-se cada vez mais interior a si mesmo, ele poderá esperar descobrir o mistério de seu próprio advento, a lei segundo a qual ele deve colaborar para a ordem universal e tornar-se o obreiro de seu destino individual.

Isso não pode impedir os espíritos que têm mais profundidade metafísica do que ternura psicológica por si mesmos de atingir o ápice desta emoção que sentimos todos em nosso encontro com o ser mais pela simples descoberta de sua presença do que pela consciência de participar dele.

5. O CONHECIMENTO ESTÁ NO MESMO PLANO DO SER

Se encontrássemos o eu numa experiência inicial, simples e capaz de se bastar, compreenderíamos sem dificuldade que o eu fosse em seguida impotente para sair de si mesmo. Desse modo, nenhuma forma do ser seria conhecida senão em sua relação com o eu, e é o próprio ser que se tornaria necessariamente um estado do eu e, por conseguinte, uma aparência.

Mas supõe-se então, implicitamente, que a existência de todo objeto de pensamento é uma irradiação da existência do sujeito pensante. No entanto, se não se esquece que pôr sua própria existência é, para o ser pensante, situar-se ele mesmo no ser sem condição, compreender-se-á por que os objetos de pensamento que ele põe com respeito a si gozarão, porém, da mesma existência plenária que ele devia ter atribuído antes de tudo a si mesmo. Pode-se dizer ao mesmo tempo que ele a comunica a eles e que lhes é reciprocamente devedor de sua existência própria, porque sem eles seu pensamento não teria como exercer-se. Enquanto aparências do sujeito, eles têm tanto lugar na existência absoluta como o próprio sujeito.

É que, com efeito, na ordem lógica, o pensamento não pode aparecer senão como uma especificação do ser que o engloba, ainda que, na ordem psicológica, o ser não possa revelar-se a nós senão pelo pensamento que o limita para pô-lo ao nosso alcance.

É evidente que não pode haver nada no pensamento que não esteja no ser, porque fora do ser não há nada e, por conseguinte, nenhum pensamento nem nenhum objeto de pensamento. Mas é evidente também que o ser ultrapassa infinitamente nosso pensamento, e, se não todo pensamento, ao menos nosso pensamento atual, a fim de que este possa precisamente enriquecer-se sem interrupção. Se ele mantém sempre um caráter limitado, é para ter acesso por uma *démarche* pessoal à totalidade do ser, que, por conseguinte, nunca deve cessar de desbordá-lo.

Assim, a consciência não se distingue do ser, de que ela exprime um aspecto, senão pelo caráter finito deste aspecto mesmo que ela nos revela. A consciência é interior ao ser, e não o inverso. Mas, se o ser não pode ser alcançado senão em sua relação com uma consciência, a necessidade de pôr a existência mesma desta consciência, assim que se revela a nós, nos coloca já no coração do próprio ser: a teoria do conhecimento tem por objeto analisar esse fato primitivo, mostrar sua possibilidade e suas condições. Pode-se prever que o tempo, no qual o conhecimento se desdobra, deve bastar para dar conta da maneira como nosso pensamento é ligado ao ser, que porém o ultrapassa: ele nos obriga a distinguir entre nosso pensamento atual, que é, ele mesmo, um ser, e nosso pensamento em potência, que dele não difere senão por seu exercício, e que, se fosse plenamente exercido, coincidiria com o ser puro.

Para resumir o precedente em algumas fórmulas simples, diremos que o ser não pode em nenhum grau ser considerado um modo do pensamento, porque o próprio pensamento deve ser definido antes de tudo como um modo do ser. Imagina-se muito amiúde que o pensamento, pondo-se a si mesmo, põe o caráter subjetivo de tudo o que pode ser: mas, para pôr-se, é preciso que ele ponha antes de tudo sua existência, ou seja, *a objetividade de sua própria subjetividade.*

Assim, o conhecimento participa do ser, conquanto nos ofereça dele uma forma imperfeita e inacabada. É necessário, para explicá-lo, não arrimá-lo num ser transcendente que permaneceria para ele decisivamente misterioso, mas, inscrevendo-se ele a si mesmo no interior do ser, colocá-la de início em seu nível. Dizendo, como o faz o idealismo, que não conhecemos nada além de nossa representação, evoca-se implicitamente a ideia de uma realidade de outra ordem que nos seria inacessível: isso não implica, como se crê, relevar a representação, e sim devolvê-la sem cessar à humildade impondo-lhe um caráter radicalmente ilusório. Não se pode restituir a ela sua verdadeira função sem fazer dela um modo do ser: ela é competente para conhecê-lo porque se distingue dele por sua limitação e não por sua natureza.

6. A presença do ser cria nossa própria intimidade no ser

Se todo conhecimento e toda ação são lastreados por uma experiência fundamental a que se pode chamar "experiência de presença", esta, quando analisada, manifesta em seguida um triplo aspecto: ela nos dá sucessivamente a presença do ser, depois, nossa presença para o ser, e enfim nossa interioridade com respeito ao ser. Descrevendo-a em sua forma pura, tem-se a segurança de fazer aparecer suas três faces associadas.

Em primeiro lugar, ela nos dá a *presença do ser*, de um ser sem dúvida indeterminado ainda pelo conhecimento, ou seja, não pobre, porque, lá onde ele é, é necessariamente inteiro, mas indiviso e capaz de tornar possíveis todas as divisões ulteriores. Dir-se-á que, para ser conhecido, ele supõe já o eu de que antes de tudo pende? Mas esse eu não se descobre precisamente a não ser por uma análise do ser, ao qual não podemos opô-lo senão com a condição de fazer parte dele: a originalidade do sujeito individual reside, com efeito, em não envolver o ser como sujeito senão com a condição de ser envolvido por ele como indivíduo. Assim, o pensamento é antes um meio para o eu reconhecer sua inserção no ser do que para engendrar o ser, que este pensamento mesmo supõe. Este nos permite fazer constantemente a experiência da presença do ser; sucede apenas que, como está inserido no tempo, ele parece exigir a todo momento que se considere sua própria operação como um começo absoluto, uma primeira revelação, a partir da qual a gênese simultânea do conhecimento e do ser vem a ser possível. Foi uma ilusão desse gênero o que permitiu fazer do argumento cartesiano "penso, logo existo" o fundamento do idealismo, ao passo que o pensamento aparece aqui como uma determinação da existência, e não a existência como produto do pensamento. De outro modo, sendo a própria existência uma ideia, já não haveria existência da ideia. Não há, pois, termo verdadeiramente primitivo além daquele que, inteiramente presente com cada operação do pensamento, permite a este, sem sofrer ele mesmo nenhum enriquecimento, enriquecer indefinidamente o eu variável que extrai dele seu alimento.

Em uma segunda *démarche*, a presença do ser se torna *nossa presença para o ser*. E sem dúvida esta segunda fase da experiência inicial estava implicada na precedente, mas ainda não se distinguia dela. Estar presente para o ser é tão somente pôr um sinal, sem o qual a presença do ser não seria reconhecida. Com nossa presença para o ser, a noção do eu aparece, mas não sabemos ainda o que ele é. É que ele não é senão aquilo que ele poderá vir a ser. Ele é essencialmente instável e está sempre em crescimento. Na origem, ele de fato não expressa nada além de uma tendência e de uma possibilidade. Por isso requer apoiar-se num ser, cuja presença superabundante é para ele a garantia de um desenvolvimento indefinido. Compreende-se também por que a descoberta do eu precede logicamente a de seu conteúdo. É que esse conteúdo é o efeito, como se vai reconhecer numa terceira etapa, de uma escolha, e até de uma apropriação prosseguida indefinidamente pelo eu no seio do ser total, graças à qual ele não cessa de constituir e de renovar sem trégua sua própria natureza. Mas, a partir do momento em que distinguimos a presença do ser e nossa presença para o ser, concebemos muito bem que o ser possa nos estar sempre presente sem que nós mesmos lhe estejamos sempre presentes.

A mesma experiência comporta um terceiro grau: pois, após ter reconhecido nossa presença para o ser, ainda nos é preciso reconhecer *nossa interioridade com relação ao ser*, e para isso perceber que as duas observações precedentes constituem apenas uma – ou ainda que o ser cuja presença total havíamos descoberto e o ser que acabamos de nos atribuir a nós mesmos são um só e mesmo ser, considerado de dois aspectos diferentes – ou, enfim, que a própria noção de ser é unívoca. Com efeito, nossa interioridade no ser não pode ser senão uma participação, e esta não é possível sem que o eu seja um pensamento homogêneo para o ser mesmo que ele pensa. Em consequência, as coisas devem passar-se como se fosse preciso pôr antes de tudo, sob o nome de ser, o pensamento em geral, ou seja, a realidade de todo o pensável, e captar imediatamente nele, sob o nome de eu, a condição atual sem a qual nos seria impossível exercer este pensamento de forma individual e limitada. Um todo que nos está presente e para o qual estamos presentes, sem sermos capazes de atualizar sua presença sem forma de estados distintos senão por etapas – porque este ato recíproco de presença deve ser obra de nossa natureza finita –, tais são os termos do problema que não é possível resolver senão assegurando nossa intimidade no ser por um pensamento que, de fato, está sempre contido no ser, e, de direito, o contém sempre. Quanto ao intervalo entre o fato e o direito, ele é aberto pelo tempo, que irá permitir à nossa individualidade realizar-se a si mesma por sua própria operação.

Sem dúvida as três etapas que acabamos de distinguir são solidárias: o ser se descobre antes de tudo ao eu que, descobrindo-se a si mesmo, deve necessariamente inscrever-se no ser. Mas é necessário guardar para cada uma delas seu caráter original, se se quer que a formação de nossa personalidade, em lugar de aparecer como uma criação autônoma, receba seu sentido verdadeiro, que é ser sempre experimentada como uma participação.

7. A intimidade no ser não difere da intimidade em si mesmo

A presença do eu para si mesmo, ou a intimidade, não se distingue de sua presença para o ser. De fato, o eu não tem conteúdo próprio que não seja o conteúdo do ser, ou antes, esse conteúdo é precisamente uma perspectiva sobre o ser total, de modo que as duas operações pelas quais o eu se opõe ao ser e se inclui nele se identificam.

É pois um erro pensar que eu dou ao ser um caráter ilusório fazendo-o penetrar em minha própria intimidade. Pois a aquisição da intimidade, ou a descoberta do eu, consiste precisamente em sua penetração no interior do ser mesmo. É que o ser não pode distinguir-se da intimidade universal. Se não pode haver nada exterior a ele, não há nada que seja para ele um simples espetáculo. Por isso é preciso confundi-lo com o exercício de uma atividade pura: e o eu não tem possibilidades de encontrá-lo senão quando, em lugar de se deixar dissipar pelo jogo das aparências, concentra sua reflexão no princípio secreto e invisível que dá a ele mesmo, ao mesmo tempo, o estremecimento e o repouso.

Conquanto a interioridade do eu seja uma expressão adequada de sua interioridade no ser, e, por conseguinte, uma participação na interioridade total do ser, é evidente que não pode esgotá-la. Pois nossa consciência não expressa senão uma das possibilidades de desenvolvimento que estão contidas no ser total: todas elas dão nascimento a uma consciência. No entanto, em cada consciência, a experiência do ser é de natureza exclusivamente espiritual: e basta que esta consciência seja obrigada a atribuir o ser a si mesma para que, desdobrando sua ação no terreno do ser, descubra e demonstre ao mesmo tempo sua competência para conhecê-lo. Daí essas consequências em aparência contraditórias e que traduzem, porém, a mesma ideia: a saber, que nenhuma consciência pode transpor seu horizonte pessoal, embora possa fazê-lo recuar indefinidamente, e que todas as consciências podem, todavia, entrar em relação umas com as outras tomando alguns sinais da sua experiência comum e aprofundando, por uma conversão interior, o sentimento de sua origem comum.

Mas a intimidade universal do ser dá a esta presença, pela qual o ser se revela antes de tudo a nós, sua verdadeira significação e permite resolver uma dificuldade que ela faz nascer. Pois se poderia alegar que não há na presença do ser nada além da presença do sujeito para si mesmo, ou ainda a presença para o sujeito de seus próprios estados. Mas, se assim é, por que o sujeito atribui a si mesmo limites? Por que, em outros termos, não pode ele de início atualizar e tornar consciente sua própria presença para tudo o que é? Por que, por outro lado, não pode ele conceber o que o ultrapassa senão em forma de uma presença para outro, ou seja, de uma presença homogênea a que ele se dá, mas que, todavia, lhe é recusada? A experiência mesma do escalonamento da percepção no tempo, sem o qual nos seria impossível representar para nós nosso eu como distinto do ser total, sugere-nos já uma presença possível infinitamente mais vasta que a porção do real para a qual nossa consciência está atualmente presente. Esta presença possível e escalonada se tornaria uma presença real e simultânea para um pensamento muito mais poderoso que o nosso. E se poderia então conceber a presença do ser total como indiscernível do pensamento infinito.

Reconhecendo a possibilidade ideal de se dar a si mesmo toda presença de que está atualmente privado, o eu reivindica um direito de incursão em todo o domínio do ser. Se assim é, nada se ganha com pretender que a presença absoluta não é senão uma extensão da presença subjetiva, pois isso implica considerar esta como uma limitação da presença universal. Isso é sustentar que a presença não muda de natureza quando seu conteúdo aumenta. Assim, em lugar de nos limitarmos a dizer com o subjetivismo que não podemos sair de nós mesmos, é legítimo afirmar que *podemos penetrar em todas as partes*, precisamente porque, sendo interiores ao ser, nós temos de algum modo acesso a todas as partes de sua imensidão.

8. A CONSCIÊNCIA É UM DIÁLOGO COM O SER

O ser deve ser definido como a presença absoluta. Negando a presença absoluta, envolver-se-ia no tempo o ser total tanto quanto o ser finito, o que seria sem dúvida uma *démarche* ilegítima, ao menos se o tempo é uma determinação do ser e se se consente em admitir, por consequência, que o tempo é interior ao ser e não o ser interior ao tempo: o tempo é apenas a condição sem a qual o ser finito não poderia liberar sua independência, fixar seus limites e tornar-se, ele próprio, o artesão de sua natureza.

Ademais, a presença total do ser já está implicada na simples experiência que o eu tem de sua própria existência. Pois, apesar do escalonamento de seus estados no tempo, o eu está sempre presente para si mesmo, ou, em outros termos, ele só adquire existência inscrevendo-se, por assim dizer, a cada instante numa presença idêntica.

Mas alegar-se-á que toda presença é mútua e supõe, por conseguinte, uma distinção entre duas formas de existência já dadas que ela reúne em seguida por uma relação. Que se tente, todavia, conceber cada uma dessas formas de existência isoladamente da e interiormente à ideia de uma presença absoluta – será impossível consegui-lo. A presença absoluta consiste precisamente no fundamento universal de todas essas existências separadas que se tornarão nela presenças mútuas, atuais e possíveis. É pelo fato de o ser finito não poder representar para si as coisas senão em forma de diversidade que a presença absoluta deve necessariamente tornar-se para ele onipresença, ou *presença unânime*, bela palavra pela qual se expressa a colaboração espiritual de todos os seres particulares na sustentação do ser total, conquanto a atividade que eles põem em jogo para isso, longe de emanar de cada um deles, se limite a remontar à fonte que lhe deu nascimento.

Porque a dualidade é a forma como a presença se manifesta, poderemos dizer do eu que ele está presente para si mesmo, ou seja, que seus estados devem estar-lhe presentes. Assim, a vida do eu não cessa de opô-lo e de reuni-lo a si mesmo. Mas pode-se estabelecer entre o ser e suas diferentes formas a mesma relação que entre o eu e seus diferentes estados. Então, poderemos dizer também em certo sentido do ser inteiro que ele está presente para si mesmo, ou seja, considerando este ser formado de partes, que as partes estão sempre presentes para o todo e que o todo, conquanto sempre presente para as partes, não o pode estar senão em potência para a consciência de cada uma delas. Quem quer que medite o sentido dessas fórmulas verá concordar nelas as exigências da lógica com os dados da experiência psicológica.

Se se guarda alguma inquietude ao pretender que a presença toda pura, e sem determinar mais a natureza do ser que está presente, não pode ser senão uma simples relação, responderemos que o sujeito finito se constitui, com efeito, graças à relação que deve pôr a seu alcance a natureza de um ser que ele não pode conhecer de outro modo: mas é a presença deste que dá à relação seu verdadeiro fundamento. Se se insistir em sustentar que a ideia da presença absoluta não pode diferir da ideia da relação universal, concederemos, com efeito, que o ser se confunde com a soma de todas as relações que poderão estabelecer-se nele: mas pôr sua presença absoluta é sustentar que os atos vivos pelos quais todas essas relações são criadas devem demandar-lhe, por um lado, o princípio de sua eficácia e de seu acordo e, por outro, a condição que os torna possíveis e exige que não permaneçam nunca em estado de simplesmente possíveis.

Desse modo, em lugar de definir a consciência pela oposição entre o objeto e o sujeito – o que corre o risco de nos convidar quer, com o realismo, a fazer contraditoriamente do objeto uma realidade exterior à consciência, quer, com o idealismo, a fazer dele paradoxalmente um simples estado do eu –, deve-se defini-la como um debate, um diálogo constante e, todavia, infinitamente variado entre a parte individual e a parte universal de nossa natureza. Não só é por esse diálogo que o ser revela ao eu sua presença, mas é o próprio diálogo que faz nascer, opondo-os e ao mesmo tempo unindo-os, os dois interlocutores; estes não existem antes dele, mas somente nele e por ele. E, conquanto haja entre eles desigualdade e o fato de um ser como um mestre e o outro como um discípulo, a ciência do discípulo não é diferente da do mestre: é ao mesmo tempo adquirida e pessoal. Ela não se opõe à do mestre senão por sua menor extensão. É até o discípulo que, em certo sentido, cria o mestre, e é a infinidade dos discípulos reais e possíveis o que faz desta ciência universal: esta não se realiza senão na totalidade dos espíritos, ainda que cada um lhe seja de algum modo interior.

9. A presença do ser ilumina a aparência mais humilde

Nenhum pensamento pode ultrapassar em força, nenhum sentimento alcança em profundidade a experiência perfeita em que o pensamento, o sentimento e o ser cessam de se distinguir entre si porque se está em face de uma presença real. Quando esta presença é dada, é o esforço do conhecimento que alcançou seu último ponto, é nossa vida que encontrou sua essência e sua significação: fora de tal presença, tudo permanece para nós em suspenso, tudo enfim acusa a debilidade de nosso espírito e a miséria de nosso estado. E, se se pretende que o que nos interessa é não esta presença pura, mas a natureza do objeto que nos está presente, invocaremos o testemunho de todos aqueles a que esta experiência metafísica essencial é familiar para sustentarmos que é tão somente a presença o que assinala o caráter de todo objeto; que fora desta presença o objeto não é mais que uma sombra, um sonho ou um desejo; que nela, ao contrário, todos os objetos participam da mesma dignidade, porque cada um deles revela sua participação no ser e porque, por esta participação, comunicamo-nos com o ser inteiro considerado em sua indivisível plenitude. Mas como essa comunicação não teria muito mais valor do que a possessão de todos os objetos particulares? Como não daria a esta o seu ponto de perfeição inimitável?

Poder-se-ia pretender, é verdade, que, se a experiência que descrevemos é ao mesmo tempo universal e constante, se está implicada na apreensão de todo objeto, e se é inseparável da operação de todo sujeito, é inútil insistir com tanta ênfase e tanta complacência numa *démarche* tão comum, tão primitiva e tão inevitável. Mais ainda, não se é induzido a pensar que as diferenças existentes entre os homens do ponto de vista do conhecimento, da ação e da felicidade devem depender do conteúdo particular desta experiência antes que da identidade de sua forma? Acreditamos que não é assim. Pois se trata aqui, como em todas as partes, do uso que devemos fazer de nossa atenção naturalmente móvel e dispersa. Ora, conquanto a experiência de que se trata seja sempre atual, é-o mais amiúde de maneira confusa e implícita: ela tende sem cessar a nos escapar; e compete-nos, precisamente, torná-la distinta e retê-la.

No entanto, pode-se dizer que os homens fazem em geral o exato contrário. Eles se preocupam sobretudo em preencher sua presença, como se esta mesma fosse um quadro sem conteúdo. Assim, eles se aferram ao objeto presente antes que à presença deste objeto. Ora, se este objeto é para nós apenas o meio de fruir da presença do ser, ele, qualquer que seja, nos dá a realidade do todo, porque não se destaca dele senão por ser um aspecto dele. Ao contrário, se a presença não é para nós mais que um meio para obter a posse de tal objeto, nada mais nos poderá satisfazer: pois este objeto particular e fugidio, tornando-se para nós um fim, não pode deixar de nos decepcionar; por isso ele nos desvia imediatamente para outros objetos particulares e fugidios como ele e nos faz oscilar sem cessar entre a impaciência do desejo e a amargura da decepção.

É uma observação familiar que não há situação, por mais humilde que seja, que não permita ao homem dar-se a si mesmo o mais alto destino espiritual: por outro lado, qualquer que seja a extensão pela qual sua ação se irradie, qualquer que seja até a duração de sua vida, ele pode permanecer interiormente desamparado e impotente. É que nem a grandeza nem a pequeneza dos eventos visíveis a que ele está mesclado contribuem para aumentar ou diminuir seu verdadeiro bem, que reside na intimidade de seu contato com o ser. Mais ainda, esses eventos não têm grandeza nem pequeneza a não ser segundo a escala de nossa ambição: eles nos deixam igualmente descontentes se nos vinculamos tão somente ao que os distingue, ou seja, à sua realidade aparente, e se não somos aptos a captar neles a presença do todo ao interior do qual não há nada que não nos dê acesso. Mas é preciso então que eles deixem de ser para nós coisas para tornarem-se instrumentos de uma operação que nos permita aguçar e aprofundar indefinidamente o sentimento de nossa comunhão com o ser e, por assim dizer, de nossa filiação com respeito a ele. Assim, como se vê, e por uma espécie de paradoxo, é a indiferença por todo objeto o que dá a cada objeto seu valor absoluto.

PARTE II

A IDENTIDADE ENTRE O SER E O PENSAMENTO

1. O PENSAMENTO SÓ SE DISTINGUE DO SER POR SEU INACABAMENTO

Conquanto o ser envolva e ultrapasse de direito todo pensamento atual, não se é obrigado de fato a encerrá-lo nos limites deste? Caso contrário, como seria possível ter experiência dele e até falar sobre ele? Sem dúvida, porque o pensamento é uma determinação do ser, parece que o ser deve poder ser considerado o gênero, e o pensamento, a espécie. Mas então não devemos dizer que temos de nos haver com um gênero de que conhecemos apenas uma espécie? Mais ainda, só podemos pôr o gênero atribuindo-lhe já os caracteres da espécie, ou seja, fazendo do ser um pensamento possível, que é um pensamento não atual.

Sucede, porém, que esta definição é justificada pela análise da operação mesma do conhecimento. Se, com efeito, no momento em que o pensamento se põe, ele aparece sempre como ato de um sujeito finito, se é sempre fragmentário e inacabado, mas se é verdade que recebe seu movimento do alto, mesmo quando procura e quando tenteia, se enfim se aperfeiçoa no tempo conformando-se cada vez mais estreitamente a seu objeto, perguntar-se-á como pode conceber este objeto que ele distingue de si mesmo e com o qual aspira a identificar-se. Dizendo que ele não o pode considerar senão seu próprio acabamento ou sua própria perfeição, quer-se dizer que o objeto não está, com respeito a ele, num universo separado, que não lhe pertence tomar posse dele graças a uma espécie de relaxamento ou de renúncia que o deixa invadir sua própria potência passiva e receptiva, como sustentam certos defensores da intuição, e sim que, ao contrário, o objeto não pode, no momento em que é alcançado, dar ao pensamento uma satisfação plena senão porque se confunde com seu puro exercício, de modo que, se o conteúdo do real parece ter-se tornado de uma transparência absoluta, é porque de fato este conteúdo se desvaneceu: então ele apenas já não opõe ao espírito nenhuma resistência, nem sequer esta resistência puramente lógica que cria a dualidade.

Verifica-se assim, uma vez mais, que nosso pensamento se situa a meio caminho entre um objeto ainda desconhecido, de que ele destaca pela análise uma série de aspectos que formam os estados da consciência subjetiva, e um objeto perfeitamente conhecido, que é o termo de seu esforço, que recobre o objeto primitivo a que o pensamento se havia aplicado primeiro, e que deve ser concebido doravante como uma ideia pura, conquanto a consciência, inseparável do indivíduo e distinta por essência do objeto que ela envolve, se retire necessariamente deste no momento em que, por sua plenitude, ela vem confundir-se com ele. A distância entre o pensamento e o ser é, pois, a distância entre um pensamento inacabado e um pensamento acabado, entre um pensamento que se busca e um pensamento que se encontra.

Compreender-se-á com isso por que há entre a ideia e o real ao mesmo tempo homogeneidade, distinção e ligação. Há entre eles homogeneidade, ou, em outros termos, só o semelhante pode conhecer o semelhante, porque o pensamento deve participar do ser e porque o ser a que o pensamento se aplica não pode ser pensado, ele mesmo, senão como um pensamento sem limitação. Há entre eles uma distinção, pois esta distinção é a condição sem a qual um pensamento individual, limitado e imperfeito, mas capaz de progresso, ou seja, uma consciência, não poderia constituir-se. Enfim, a ligação entre esses dois termos é a lei segundo a qual, no seio de um pensamento total, se insere um pensamento particular que tem do primeiro a um só tempo sua origem e sua essência, mas que se move no tempo e, para tornar sua a atividade primitiva de que participa, deve romper a unidade desta opondo o ser ao pensamento e buscar em seguida uni-los empiricamente num admirável circuito, sempre recomeçado e sempre incapaz de ser fechado, que constitui a via emocionante de todos os espíritos finitos.

2. O PENSAMENTO DO SER JÁ TRAZ EM SI O SER MESMO QUE ELE PENSA

No momento em que o pensamento se distingue do ser para no-lo revelar, é preciso, porém, que o consideremos possuindo, ele próprio, o ser, ou seja, sendo antes de tudo uma determinação do ser. Assim, porque o pensamento do ser é, ele mesmo, um ser, deve gozar com relação a seu objeto de uma competência e de um privilégio que a ideia de homem não tem jamais não só com respeito ao ser, mas até com respeito ao homem. É por esse traço que o pensamento do ser acusa, por um lado, sua potência e sua fecundidade e, por outro, sua distinção com respeito a todos os pensamentos particulares a que ele deve fornecer necessariamente uma garantia e um ponto de apoio.

Encontramo-nos aqui diante do círculo vivo em que nosso próprio pensamento se encerra desde sua origem e em cada uma de suas *démarches*. O círculo é o verdadeiro termo primitivo que toda filosofia busca antes de tudo para dar um fundamento sólido à sequência de operações do pensamento; mas é um termo que não convém esquecer uma vez que tenha sido encontrado, no momento em que em seguida se percorrem no tempo os outros elos da cadeia. Ele justifica todos os atos particulares de nosso espírito, que o implicam, mas o dividem. Está constantemente presente em cada um deles. Pode-se enunciá-lo da seguinte forma: o pensamento do ser é adequado porque é recíproco do ser do pensamento, ou, em outros termos, porque é necessário inscrever no mesmo ser sua operação e seu objeto.

Quando se insiste, como se faz sobretudo desde Descartes, no interesse apresentado pela descoberta do pensamento por si mesmo, desconhece-se o verdadeiro alcance desta descoberta, que é menos dar a nosso ser próprio um caráter puramente subjetivo do que abrir-lhe um lugar, graças a esta forma subjetiva, no interior do ser absoluto, cuja presença nos é então revelada pela revelação da existência de nosso eu. É uma das ilusões mais curiosas da inteligência crer que, após termos encontrado o pensamento, temos necessidade de um novo esforço do próprio pensamento para alcançar o ser por uma espécie de salto perigoso que ele daria fora de suas próprias fronteiras. É igualmente impossível sustentar que o ser é transcendente ao pensamento, e que este, permanecendo encerrado em si mesmo, é incapaz de encontrar o ser, porque o pensamento não pode pôr-se sem pôr seu ser, ou seja, sem pôr o ser indivisível que ele determina.

No entanto, a maior parte dos homens considera uma existência de pensamento não sendo uma existência do todo; e busca o verdadeiro modelo da existência na limitação que o pensamento recebe no momento em que tropeça nos dados da sensibilidade. Mas o caráter distintivo de um espírito filosófico é sem dúvida o ser capaz de considerar as ideias tendo existência no entendimento, que, embora estando ligado à existência que os objetos têm na sensibilidade, não lhe é inferior em dignidade: tanto mais que a função do pensamento é exclusivamente distinguir as opiniões individuais das ideias verdadeiras, ou seja, universais. Em lugar de opor a fugacidade da ideia à estabilidade relativa do objeto, perceber-se-á então que, conquanto a ideia seja um ato e sem dúvida porque é um ato, ela supera infinitamente todos os objetos em resistência e em duração. Ela prova sua ascendência sobre todos estes não só na operação pela qual busca captá-los, mas, mais ainda, na operação pela qual nos permite modificá-los e até engendrá-los, evocando assim naturalmente, em nosso espírito, a imagem admirável pela qual Platão queria que os objetos fossem como sombras e as ideias como seus corpos.

Uma vez, pois, que se está encerrado nesta certeza de que o pensamento ou a ideia é uma existência real, digamos simplesmente uma existência como as outras e não uma existência privilegiada – pois é uma coisa singular que a existência privilegiada do pensamento seja usada apenas para destruir, em vez de fundar, a noção de existência em geral –, uma vez que, invertendo o argumento familiar a todos os pensadores idealistas, nos habituamos a considerar não só todos os seres como pensamentos, mas todos os pensamentos como seres, não nos contentaremos em pôr o pensamento do ser no mesmo plano que todos os outros. Reconheceremos que ele tem um valor absoluto e que é a única ideia necessariamente adequada a seu objeto. Toda ideia geral, com efeito, tem um excesso de potência que lhe permite desbordar seu objeto e uma carência de riqueza pela qual permite ao objeto desbordá-lo a ele por sua vez. Mas é contraditório que a ideia simples do ser possa ultrapassar o ser, porque nada o ultrapassa, ou ser ultrapassada por ele, porque ela própria o contém: ela desempenha, pois, com respeito a ele, ao mesmo tempo o papel de continente e o de conteúdo; há entre ela e seu objeto uma espécie de reciprocidade, o que quer dizer que ela é de todas as ideias a única que é ao mesmo tempo uma intuição.

Todas as outras ideias evocam, distinguindo-se ao menos teoricamente de seu objeto e, com mais razão ainda, do ser de seu objeto, uma margem entre o possível e o real que a ideia total do ser abole necessariamente. Mas, se as ideias tomadas em si mesmas são seres, esse único caráter basta para que a ideia do ser adquira um privilégio que as outras não podem pretender ter, porque, dizendo-se que a ideia do ser é um ser, obtém-se entre a representação e o objeto uma exata superposição, que não poderia ser realizada pelo pensamento do azul, que não é, ele mesmo, azul, nem pelo pensamento da árvore, que não é, ele mesmo, uma árvore.

Sabemos que não se ganha nada, ademais, dizendo que o ser a que o pensamento se aplica é diferente do ser mesmo deste pensamento. Em todas as partes em que encontramos o ser, encontramo-lo inteiro porque sua noção é simples e indecomponível. E, como não se pode distinguir o ser e o todo, é evidente que o ser do pensamento, ainda que seja qualificado numa segunda *démarche* como ato de um sujeito, deve identificar-se com o ser em que se fixa o pensamento, ainda que seja qualificado correlativamente como objeto deste ato ou como um estado desse sujeito.

3. A IDEIA DO SER CONTÉM TODAS AS IDEIAS PARTICULARES

Dir-se-á que, qualquer que seja a maneira com que o ser possa ser considerado, é sempre o pensamento que o considera e que ele não deve, por conseguinte, alcançar com este nome senão uma ideia, e até a mais abstrata de todas? Assim, atribuindo ao pensamento uma espécie de ascendência com respeito ao ser, de que se faz um objeto puro para o pensamento, é-se levado a olhar o ser como a uma ideia particular entre muitas outras. O problema metafísico se põe então da seguinte forma: entre todos os termos possíveis do pensamento, e entre eles há um que merece propriamente o nome de "ser", qual é esse termo e que direito temos nós de pô-lo?

Para que o ser se tornasse uma ideia particular, seria preciso defini-lo, ou seja, limitar sua ideia de algum modo opondo-a a alguma outra ideia que seria limitada de outro modo. Mas esta empresa tropeça em insuperáveis dificuldades. Pois, se se tenta captar o ser em forma de ideia independente, distinguindo-a de todas as outras ideias que formam justamente seu conteúdo, se vê esta ideia empobrecer-se pouco a pouco, e depois volatizar-se e desvanecer-se. Torna-se impossível determiná-la, porque todos os caracteres que se lhe tentasse atribuir seriam objeto de alguma outra ideia particular. Assim a ideia do ser seria a mais deficiente de todas e, por uma espécie de paradoxo, seria a mais afastada de seu objeto e a mais próxima do nada.

No entanto, não se continua menos a opor o nada ao ser. Mas isso não pode dar-se senão conferindo agora a este alguma realidade, ao menos como objeto de pensamento: ele se torna assim o ato positivo pelo qual a ideia do ser é negada. E em razão disso se fica naturalmente inclinado a introduzir entre o ser e o nada uma série de termos intermediários que expressam precisamente toda a riqueza do mundo. Entre a simples afirmação e a simples negação vêm tomar lugar todas as operações mistas que participam de uma e de outra e pelas quais apreendemos todos os objetos particulares.

Mas esses são artifícios da lógica pura destinados a nos dar a ilusão de reconstruir o mundo em abstrato, quando não fazemos senão introduzir nele nossa atividade concreta e participada. É evidente que não há que admirar-se, em tal concepção, com que nenhuma ideia assim isolada possa coincidir com o ser, a ideia do ser menos que todas as outras, ainda que todas, incluindo a ideia do nada, participem do ser. É que em verdade é necessário distinguir, por um lado, formas do ser e, por outro, termos a que o pensamento se aplica. Nesse sentido, todo objeto do pensamento é, ele mesmo, um ser, incluindo o nada: porque não o podemos nomeá-lo sem fazer dele uma ideia atual; há contradição entre querer opô-lo ao ser e, por conseguinte, pô-lo fora dele. De maneira mais geral, todos os termos que se distinguem do ser são aspectos seus. Todas as ideias abstratas são obtidas por uma análise do ser, mas o ser que contém a todas e que é o princípio vivo de sua separação e de seu acordo é também a única ideia que não é separada nem abstrata. Assim, perguntando-se qual é o termo a que o ser convém, inverte-se de maneira ilegítima o problema verdadeiro: pois o ser não é um termo especificado, mas cada termo é uma especificação do ser total.

Se o ser não pode ser considerado uma ideia separada, é porque seria preciso para obtê-lo dividir antes de tudo em ideias particulares todos os seus atributos. Mas então o que poderia permanecer-lhe como atributo próprio? É por isso que é mais fácil recusar-lhe todo e qualquer atributo do que reservar-lhe algum privilegiado; por mais pobre que o imaginemos, seríamos incapazes de caracterizá-lo. Mas podemos recusar-lhe, sem inconveniente, todo atributo com a condição de que isto se dê por uma operação positiva, e não negativa, que permita considerar todo atributo possível como contido nele, assim que se comece a determiná-lo. Isso é sinal de que a verdadeira ideia do ser não se distingue do próprio ser, e que, em particular, em vez de pôr de início o pensamento anteriormente ao ser a fim de lhe permitir em seguida pôr-lhe a noção – o que ele não consegue fazer então senão de maneira puramente nominal –, é necessário inscrever primitivamente o pensamento no ser de maneira que todas as determinações que ele opere, no momento em que surjam, apareçam também como determinações do ser.

Não há que se admirar agora que a ideia do ser possa ser considerada, de todas as ideias, a que tem ao mesmo tempo mais generalidade e mais riqueza. É que ela precede ao mesmo tempo a divisão do mundo em indivíduos independentes e sua divisão em ideias distintas: ela é a fonte comum de onde brotam essas duas espécies de divisão. Poder-se-ia ao mesmo tempo defini-la como uma ideia perfeita, ou seja, como a única capaz de alcançar o concreto, e como um indivíduo perfeito, ou seja, como o único capaz de gozar de independência absoluta. É que a ideia do ser puro é precisamente a ideia de uma atividade cuja operação, por não receber nenhuma limitação, não se oporia a nenhuma outra, porque contém em sua unidade a eficácia de todas com a lei mesma de sua oposição, e não conheceria, porém, nenhum recomeço, porque, quando se exerce, atinge necessariamente de uma só vez a perfeição plenária de seu exercício.

Dizer agora que esta ideia é minha é dizer não só que ela é o princípio atual que permitirá a meu pensamento individual renovar indefinidamente sua operação participada, mas que meu pensamento se individualiza por sua ligação com um corpo privilegiado que lhe fornece ao mesmo tempo o centro original de sua perspectiva e sua cor afetiva – de modo que, se eu não posso pensar nada além do ser, é preciso também, a cada instante, que eu sinta que sou eu quem pensa.

4. O SER É A TOTALIDADE DO POSSÍVEL

É necessário definir o ser não como o que é conhecido, mas como tudo o que pode ser, ou ainda como o objeto absoluto de um pensamento adequado e, porque este pensamento se confunde com seu objeto, como o Pensamento perfeito. (Capta-se bem aqui a originalidade dos termos *absoluto* e *perfeito* e, ao mesmo tempo, sua relação. O absoluto é anterior ao pensamento individual, mas o funda, e é por esta razão que este é relativo. A perfeição é o termo a que tende o mesmo pensamento individual através da série infinita de suas operações, que ele não poderia acabar senão desaparecendo também: por isso permanece imperfeito por tanto tempo quanto mantenha uma existência separada.)

Mas tal concepção não desemboca numa realização prévia ilegítima e puramente verbal de todo o possível? Não consiste ela em reunir e solidificar num termo único e transcendente, ser absoluto ou pensamento perfeito, todos os atos de conhecimento que todos os seres limitados poderão por todo o sempre cumprir? O que choca mais os empiristas nas Ideias de Platão e na Substância de Spinoza é sem dúvida o fato de esses dois filósofos, em vez de tomarem como modelo do ser o fenômeno, apoiaram este numa realidade mais estável, mas também mais rica e mais fecunda, conquanto não ultrapasse, todavia, todos os fenômenos senão apenas pela superabundância de possibilidades de que cada fenômeno expressa uma manifestação particular e isolada. Evita-se assim fazer do ser um termo abstrato obtido por um procedimento de generalização, mas para acumular nele, em virtude de uma simples operação de linguagem, todas as propriedades que a experiência nos revelará nele sucessivamente.

No entanto, o possível está ligado ao ser mais intimamente do que se crê. Antes de tudo, ele é um ser de pensamento, o que quer dizer não que não seja um ser verdadeiro, mas que é um ser de que o pensamento apenas começa a tomar posse. É efetivamente porque o pensamento não faz ainda senão aflorar que ele é considerado uma pura criação do pensamento opondo-se-lhe o ser atual, ou seja, um ser mais bem determinado e do qual o pensamento já reconheceu alguns caracteres essenciais. Pois o pensamento se sente mais livre em seu primeiro elã do que na sequência de *démarches* precisas pelas quais ele se calca sobre o real para recobri-lo com fidelidade: parece, à medida que se enriquece, que ele busca reprimir e perder pouco a pouco, pelo excesso de sua atividade, a subjetividade que era inseparável de sua primeira entrada na existência.

Há mais: o possível não é só um ato de pensamento indeterminado e que se verá esquecido quando o pensamento atingir o real; não só este ato inicial permanece presente em todos os atos ulteriores que o desenvolvem, mas esses mesmos atos ulteriores expressam, cada um por sua conta, um sistema de possibilidades mais complexo. No momento em que o pensamento capta um objeto, a operação pela qual este objeto é captado, à medida que se distingue deste objeto, constitui precisamente a possibilidade deste objeto. Assim, o possível revela-se-nos pela atividade do pensamento considerada ao mesmo tempo em seu movimento primitivo e na multiplicidade indefinida de suas operações. Ele se confunde com a existência mesma de um pensamento total, tenha-se em vista quer a integralidade de sua potência de desenvolvimento, quer todos os detalhes das manifestações pelas quais esta se expressa. Mas então a distinção entre o ser e o possível é abolida.

No ponto a que chegamos, pôr o ser é pôr todo o possível. Esse possível não é um abstrato porque é idêntico à universalidade do ato puro: ele não se torna um possível imperfeito senão pela participação imperfeita de tal ser finito, ainda que, dando o ser a todos os indivíduos, a todas as suas operações, a todos os seus estados, a todos os fenômenos a que eles se aplicam, ele não lhes dá senão um bem de que ele mesmo desfruta eternamente.

A oposição entre o possível e o ser, tal como a oposição entre o objeto e o pensamento, é pois produzida pela individualidade, e o intervalo que os separa pode ser considerado a condição de seu nascimento: em si, ela não tem significação. Mais ainda, como se poderiam conceber os objetos não percebidos senão como os objetos possíveis de um pensamento que no instante não se exerce, e, consequentemente, o pensamento que não se exerce senão como capaz de atualizar todos os objetos reais para além da esfera do pensamento que se exerce? Sucederia até, se se quisesse confundir o ser, como se faz amiúde, com a atualidade do dado, que o todo seria então representado de maneira mais adequada pela ideia do possível do que pela ideia do ser; mas esta representação só seria válida aos olhos de um indivíduo finito, e este não deixaria de reconhecer que todo esse possível, que marca com respeito a ele os limites de sua participação, tem com relação a seu ser participado uma dignidade e uma eficácia singulares, porque é nele que ele põe o elã de sua atividade e a matéria de seu devir. Há mais: poder-se-ia dizer, por uma espécie de inversão, que se, com respeito ao ser finito, o ser total parece uma pura possibilidade, inversamente, com respeito ao ser total, que permanece sempre inalterado, qualquer que seja o destino dos seres finitos que ele abriga em seu seio, estes permanecem, mesmo quando se atualizam, possíveis sempre disponíveis e que podem sempre ser reatualizados.

Admitindo, porém, como se faz amiúde, que o possível seja mais rico que o ser, deixa-se entender que o ser pode ser considerado expressando apenas um aspecto do possível. O contrário é que é verdadeiro. Os possíveis particulares são sempre tomados do ser, são obtidos pela subtração de algumas de suas determinações. Não são distinguidos uns dos outros senão para permitir ao indivíduo participar do ser pelo duplo jogo de sua inteligência e de sua vontade a constituir livremente a esfera de seu conhecimento ou a de sua ação. Mas isso nos obriga a afirmar que todos os possíveis reunidos já não se distinguem do ser mesmo. E pode-se dizer então que o caráter mais profundo do ser é precisamente a possibilidade viva pela qual ele não cessa de se realizar.

5. O SER DE UMA COISA É IDÊNTICO À REUNIÃO DE TODOS OS SEUS ATRIBUTOS

É de temer que os caracteres que atribuímos ao ser não pareçam respeitar a distinção clássica entre a noção de existência e a de realidade. Com efeito, pensa-se em geral que, se a existência é sempre idêntica a si mesma, é porque é abstrata e a mais pobre de todas as noções, ao passo que a realidade, que ao contrário é plenamente determinada e indiscernível da totalidade do concreto, deve receber uma infinidade de formas diferentes, todas irredutíveis umas às outras. Assim, a existência poderia ser aplicada, como todas as noções gerais, a uma multiplicidade infinita de objetos, enquanto nós não poderíamos captar tal objeto real senão em tal experiência particular especificamente diferente de qualquer outra.

Ora, o que buscamos alcançar, com efeito, é a noção de existência pura, mas cremos que, ali onde a existência é dada, a realidade também o é. E quanto a este ponto estamos de acordo com o senso comum contra a especulação. Não se pode falar da existência de uma coisa sem admitir ao mesmo tempo a presença nela da totalidade de suas determinações. Ora, se se supõe, ao contrário, que a existência é um simples esquema conceptual a que é preciso unir, para lhe dar um valor concreto, um conjunto de qualidades, admite-se de maneira contraditória que se pode pôr uma existência pura que não seria existência de nada – nem sequer de uma ideia, porque tal existência seria concreta e plenária em sua ordem –, mas uma pura existência em ideia, à qual se conferiria em seguida uma espécie de existência nova que seria a única real, quando seria enriquecida por atributos que, sem participar primitivamente do ser, seriam capazes, porém, unindo-se a esta existência abstrata, de engendrar a existência concreta.

Mas quem não vê que a existência, em lugar de ser uma espécie de esquema abstrato e, por assim dizer, de quadro nocional de todas as outras noções, expressa, ao contrário, a plenitude perfeita de cada uma delas? Pois não é senão quando um ato intelectual está inteiramente determinado e já não há mais nada nele de abstrato, ou seja, de inacabado, que ele coincide com a realidade. Até aí, a distinção persiste sempre entre o conhecimento e o ser: mas a perfeição de um conhecimento tira deste seu caráter subjetivo, livra-o dos limites em que o encerra a perspectiva de cada consciência e permite-nos, por conseguinte, confundi-lo com o próprio ser. E, se se pretende que esta perfeição só pode ser ideal, estamos prontos sem dúvida a reconhecê-lo, mas nos perguntamos como, num conhecimento imperfeito, se realiza a distinção entre a representação e o objeto, senão é porque consideramos o objeto uma representação que estaria acabada. Não há que se admirar em seguida se a noção de consciência implica sempre uma limitação do ser pensante sem a qual a representação e o objeto representado seriam indiscerníveis. Mas decorre disso o dar-se conta de que o ser é sem dúvida a mais rica de todas as noções, porque não podemos empregar esse termo legitimamente senão quando o conhecimento já não encontra nada para unir à imagem que ele faz do real. É que então, em lugar de uma imagem, nos encontramos diante do próprio real.

Objetar-se-á que, se esta ideia de acabamento se confunde com a ideia mesma do ser, não há uma só ideia do ser, mas uma infinidade, havendo tantas espécies de ser quantas haja de objetos diferentes formados de um conjunto definido de atributos particulares. Mas não se pode desconhecer que a noção de acabamento permanece a mesma, quaisquer que sejam os diferentes elementos cuja reunião constitui precisamente aos nossos olhos cada objeto individual. E esse paradoxo recebe uma justificação se se percebe, por um lado, que no interior de todo objeto há uma riqueza inesgotável de atributos, e, por outro, que cada objeto se encontra de fato unido a todos os outros, de modo tal que os diferentes objetos contêm em si o mesmo todo e não se distinguem senão pela visão ou perspectiva original que cada um deles nos abre acerca de si. Vê-se pois que, se é por sua ligação com todos os outros que cada objeto se realiza e se acaba, a noção de ser ou de acabamento é em todas as partes a mesma. Ela se confunde com a noção mesma deste universo indivisível no interior do qual cada termo particular está suspenso pelos mesmos fios inumeráveis que vêm recruzar nele como em todos.

Em resumo, captar o ser de uma coisa é captar sua perfeição própria, que não difere da perfeição do todo de que faz parte. E, por conseguinte, esta noção da existência, que é em aparência a mais estreita de todas, expressa ao mesmo tempo o último ponto que pode atingir o enriquecimento de uma noção qualquer quando cessa de ser abstrata. No ponto a que se acaba de chegar, a existência já não é uma coisa, mas torna a ser idêntica ao ato infinitamente fecundo com que ela se havia identificado antes que a análise pusesse ao nosso alcance a diversidade dos aspectos do mundo. Pois só de um ato se pode requerer que apresente esta unidade de uma indivisível acuidade no interior da qual há que apertar a infinidade das determinações pelas quais, a cada instante, atualizamos, em forma de dado particular e limitado, as diferentes etapas de nossa vida participada.

6. O PENSAMENTO TOTAL E A TOTALIDADE DO SER SÃO INDISCERNÍVEIS

Sabemos que o pensamento do ser se confunde com o próprio ser: de fato, o argumento fundamental que prova que a noção de existência é rigorosamente adequada a seu objeto, e que por isso já nos coloca de início no centro de toda especulação filosófica, é aquele que se tira da existência necessária do próprio pensamento, no momento em que ele tenta assegurar-se da existência de seu objeto. Com efeito, no ato pelo qual nosso pensamento tenta em vão pôr a existência de um objeto que existiria independentemente dele, ele não pode fazer senão pôr sua própria existência. Ora, a originalidade e o valor do pensamento do ser devem brilhar para todos os olhos quando se percebe que o pensamento do ser possui inevitavelmente o próprio ser. Esta observação nos explica, melhor ainda que a simplicidade de sua noção, por que o ser é, de todos os pensamentos que podemos ter, o único adequado.

Mas aí está o sinal de uma relação mais estreita e mais radical ainda entre o pensamento e o ser. Pois, se o pensamento do ser parece ser um pensamento privilegiado, é porque não se distingue do pensamento universal no interior do qual todos os pensamentos particulares estão contidos. Por conseguinte, convém observar não só que, atrás da distinção de fato entre o pensamento e seu objeto, uma unidade de direito deve necessariamente ser presumida – à falta da qual o pensamento jamais poderia atualizar em si este objeto –, mas também que o pensamento contém em si todo o pensável da mesma maneira como o ser contém em si tudo o que é. Não nos podemos contentar com pretender que a universalidade desses dois grandes gêneros provém somente de sua extrema abstração e que é por seu vazio mesmo que eles coincidem, porque, ao contrário, é o ato universal do pensamento que é o fundamento de todo pensamento concreto, assim como é a participação no ser universal que dá direito de acesso ao mundo a todos os indivíduos particulares.

Assim, se, por um lado, não há nada de estranho ao ser e em que o próprio pensamento seja um ser, e se, por outro, não há nada de estranho ao pensamento e em que o próprio ser seja um objeto do pensamento, essa é a prova de que o pensamento e o ser devem necessariamente confundir-se ali onde, fazendo abstração de sua limitação mútua ou, o que vem a ser o mesmo, tomando-os em conjunto, nós consideramos o pensamento e o ser, não, para falar propriamente, em sua soma, mas no princípio comum que funda, graças à sua própria oposição, a realidade original de cada um desses dois termos.

Se há, pois, identidade entre a totalidade do pensável e a totalidade do ser, já não admirará que os caracteres mais íntimos da existência possam tornar-se-nos acessíveis no próprio pensamento sem que corramos por isso o risco de tornar subjetiva a existência desde o princípio. Igualmente, compreender-se-á por que nenhuma ideia particular pode separar-se de um objeto sensível que ela ultrapassa em generalidade e que a ultrapassa, por sua vez, em riqueza, porque sem esta distinção o sujeito não poderia encontrar um termo a que se aplicar e a consciência não poderia nascer; mas se compreenderá por que ao mesmo tempo a ideia do ser, que contém em si simultaneamente todas as ideias e todos os objetos, não deixa subsistir nenhuma distinção entre ela mesma e seu próprio objeto. Ou seja, uma vez que há oposição entre os caracteres do objeto particular e os caracteres do pensamento que o capta, é preciso admitir que o pensamento que busca o ser possui em si, primitivamente, o mesmo ser que ele busca.

No entanto, tropeça-se numa nova dificuldade: com efeito, o pensamento do ser, captado no ser mesmo do pensamento, não será uma pura ilusão, ou ao menos um pensamento sem consciência? Pois a dualidade do ato e do objeto é, parece, uma condição sem a qual a consciência deve desaparecer. Assim, ver-se-ia o ser escapar ao pensamento em razão de sua presença no ato do pensamento, tão seguramente quanto lhe escaparia no objeto do pensamento, tornando-se, segundo o idealismo, uma pura representação.

De fato, já não se trata aqui de o pensamento buscar aproximar-se cada vez mais de um ser distinto dele e com o qual ele não pode jamais, sem dúvida, identificar-se sob pena de desvanecer-se. Se a existência de um objeto nunca é distinta deste mesmo objeto, e se é o pensamento deste objeto que se distingue de sua existência, vê-se logo que se pode aplicar facilmente o primeiro princípio ao pensamento, que não pode ser distinguido da existência do pensamento; quanto ao segundo princípio, não é possível que haja um pensamento do pensamento diferente da existência do pensamento (nem, por conseguinte, da existência em geral), pois este pensamento é necessariamente o mesmo que o pensamento que ele pensa. Se há aqui entre os termos que se opõem uma reciprocidade, um círculo, ou uma regressão que vai idealmente ao infinito, é porque entre o pensamento pensante e o pensamento pensado há uma distinção de razão, mas não há nenhuma distinção real.

Isso é, pois, sinal de que o pensamento pensante e o pensamento pensado se recobrem da mesma maneira que o ser do pensamento e o pensamento do ser. Por conseguinte, poder-se-á perfeitamente dizer ainda, em certo sentido, que o pensamento adequado do ser é um pensamento sem consciência, mas isso porque, ultrapassando, com efeito, a consciência ainda que implicado por ela, ele é idêntico ao ser mesmo, ou seja, a esse termo comum de que toda consciência toma ao mesmo tempo a eficácia de sua operação e o objeto a que se aplica.

É pois pelo fato de o ser estar demasiado perto do pensamento, já que este de fato ainda parte no exato momento em que se distingue daquele para envolvê-lo, que ao pensamento parece que não percebe o ser. E, de fato, o pensamento não poderá jamais fazer do ser uma representação que ele possa realmente projetar diante de si. Mas isso é sinal de sua potência com respeito a ele e não de sua debilidade. Pois o conhecimento é um esforço para possuir o ser e, se não pode nascer senão parecendo afastar-se deste para contemplá-lo como a um espetáculo, morre do excesso mesmo de sua perfeição, porque alcançando seu objeto é preciso que venha novamente a confundir-se com ele.

No entanto, esta oscilação infindável e este perpétuo movimento de vai e vem entre um pensamento que não se esgota jamais e um objeto que não cessa jamais de provê-lo permitem, precisamente, introduzir entre esses dois termos, que de direito se recobrem, as operações particulares de uma consciência que, cruzando-os, opõe em cada ponto a ideia, pela qual o objeto é apreendido, ao objeto, pelo qual a ideia recebe uma determinação e um conteúdo.

7. O SER É UM ATO ONIPRESENTE E NÃO UMA SOMA

O ser pode ser considerado de dois pontos de vista, segundo se tente abarcá-lo na multiplicidade infinita dos objetos a que sua noção se aplica, ou segundo se tente captar em cada um deles a multiplicidade infinita dos caracteres que o pensamento descobre nele sucessivamente. Nessas duas operações, sustentar-se-á que se trata apenas de uma passagem ao limite, ao menos se se parte primeiro da experiência do particular, e que uma passagem ao limite é sempre hipotética, poder-se-ia até dizer quimérica. Por isso, não é reunindo, por um lado, objetos finitos que se alcançará o ser total, ou a existência mesma do universo, nem reunindo, por outro, caracteres particulares que se alcançará o ser individual, ou a plena realidade de uma parcela qualquer do concreto.

Mas a impossibilidade de alcançar o ser por operações de totalização e a necessidade, todavia, de pô-lo provam precisamente que sua noção é primitiva e que a descoberta de seus diferentes aspectos é um efeito da análise. Ora, não há muitas maneiras de entrar no ser, e a identidade da noção de ser, que permanece sempre misteriosa se o ser há de ser definido por uma síntese de termos de todo diferentes destinada a dar conta de seu advento, explica-se melhor se a existência de cada termo aparece como uma delimitação do mesmo todo, ou seja, como um testemunho da presença de todos esses termos num universo único. Sendo assim, não há diferença de natureza entre o todo do universo, que chama à existência todos os indivíduos que o realizam, e o todo do indivíduo, que não só deve inscrever-se no todo do universo, mas exprime-o à sua maneira e chama-o à existência para sustentar-se.

Essa é a razão por que os filósofos estão de acordo em admitir que o todo se encontra presente em cada uma de suas partes, o que pode tornar-se inteligível, na consideração do universo material, se se observa que cada ponto é um nó de relações que reúnem esse ponto a todos os outros, e, na consideração do universo espiritual, se se observa que nenhum pensamento particular é suficiente e que cada um deles implica todos os demais.

Está aí o sinal de que, se o ser deve ser necessariamente identificado com o todo, o todo de que falamos não é uma coletividade, porque se suporia então algum termo anterior ao todo e que, multiplicando-se, fundaria sua realidade; ele é necessariamente dado em cada ponto em sua integralidade como uma verdade única e plenária, cuja riqueza todas as determinações particulares expressam, mas limitando-a e sem jamais esgotá-la. Esse todo deve ser concebido como uma unidade anterior a todas as análises e que lhes funda a possibilidade. Se a síntese pela qual a buscamos reconstruir viesse um dia a se acabar, atingiria um último ponto em que a veríamos resolver-se num ato único de pensamento que é o único capaz de dar existência perfeita e indivisível ao universo inteiro e a todos os indivíduos que ele envolve e que contribuem incansavelmente para formá-lo.

Se, porém, é útil sempre considerar a ideia do todo a fim de que a unidade do ser não cesse de nos estar presente, não se poderia, todavia, desconhecer que a simples consideração da extensão do universo correria o risco de nos dispersar convidando-nos a abandonar cada uma das formas particulares do ser, desde o primeiro encontro, para correr sem parar de uma para outra. Por isso é bom lembrar-se logo de que o todo está presente em cada uma delas e de que se trata para nós de poder encontrá-lo nelas graças a um olhar bastante penetrante. Nesse sentido, poder-se-ia dizer que os espíritos mais fortes são os que captam o ser em sua simplicidade antes que em sua variedade, que buscam não um conhecimento em amplitude, que se obtém percorrendo o maior número possível de aspectos do real para reuni-los, mas um conhecimento em profundidade, que se obtém banindo toda vã curiosidade, permanecendo numa espécie de imóvel atividade que nos permite, por sob cada aspecto do real, mesmo o mais humilde, alcançar a origem concreta e a raiz comum de toda a diversidade. Quando um contato sempre idêntico e sempre novo, e que, se não é mantido por uma incessante operação, se abole prontamente, é realizado entre nossa consciência e a unidade da presença universal, a contemplação das formas múltiplas da existência nos dá uma alegria repleta de segurança que, sem nos perturbar e sem nos divertir, põe ao alcance de nossa sensibilidade esta abundância infinita que a primeira experiência intelectual do ser nos havia feito pressentir e, de direito, já nos havia entregado inteira.

Aquele que espera alcançar o ser fazendo recuar indefinidamente por um movimento impaciente os limites de seu horizonte se envolve com uma série indefinida de aparências que o decepciona e o torna escravo. Mas cada um de nós encontra o ser em cada ponto se consentir em exercer um ato com o qual lhe pertence identificar-se e que o torna indiferente aos estados, ainda que cada estado receba deste ato todo o seu valor e ilustre, encerrando-o cada vez entre limites, sua fecundidade sem limites.

8. A presença, antes de conter todas as diferenças, funda-as

Definindo o ser pela pura presença, expomo-nos ao reproche de lhe recusar toda determinação particular: mas toda determinação é abstrata e só se realiza inscrevendo-se, entre todas as outras, no interior de uma presença idêntica. Por conseguinte, parecendo esvaziar a noção de presença de todo conteúdo, em lugar de fazer dela a presença de nada, faz-se dela, ao contrário, a presença de tudo. Pois o todo não pode ser distinguido da própria presença, assim como não podem ser distinguidos os termos particulares. O todo é a presença toda pura: ele não se junta a esta; basta que a presença esteja dada para que o ser esteja dado também inteiro tanto na simplicidade perfeita de sua posição quanto na riqueza infinita de suas determinações possíveis. Mas é preciso fixar-se firmemente nesta presença para ver sair dela, pela análise, todas as formas do real. Se se crê que se pode alegar contra o valor objetivo da simples ideia da presença a impossibilidade de separá-la de qualquer termo definido, é porque ela dá existência a todos os termos definidos. Assim, é preciso justamente que ela dê a ilusão de não ser antes de tudo a presença de nada, a fim de poder tornar-se a presença de tudo quando as operações particulares do conhecimento tiverem começado a se exercer. Como se tornaria ela, com efeito, a presença de tudo se originariamente era preciso delimitá-la determinando a natureza do ser a que ela convém? Aferrar-nos-emos, pois, em manter o caráter vazio da presença para não confundir o ser com uma coisa, mas para poder explicar por ele como todas as coisas se tornam, com efeito, coisas.

Compreender-se-á também por que não se vê a existência, mas só seus aspectos. O erro comum à maior parte das teorias do ser provém precisamente de se querer realizar o ser num objeto distinto de todos os objetos particulares e o qual seria manifestamente desprovido, também ele, de toda realidade. Mas não tentamos mostrar que o ser é o caráter idêntico que faz existir objetos. E, se esse caráter é também o ato pelo qual eles se encontram postos, compreende-se que não haverá de visível senão o aspecto variado de que este ato possa revestir-se para seres limitados que, sustentando com ele uma multidão de relações, não coincidem jamais com ele. E é porém notável que cada ser individual, precisamente porque, participando sempre do ser, permanece sempre em contato com ele da mesma maneira, não deixe nunca diminuir sua fé na simplicidade perfeita desta noção, no momento em que lhe percebe na experiência as manifestações mais heterogêneas.

Diremos, pois, que a presença do todo é anterior à distinção entre sujeito e objeto, mas também que ela os compreende em si, ou antes, que ela lhes permite nascer opondo-os e acordando-os. No entanto, é preciso para isso que se considere o todo vazio de todos os caracteres particulares que uma análise sempre inacabada descobre. É preciso que estes não estejam nele de forma separada a fim de permitir a todos os indivíduos que, discernindo-os, constituam nele sua própria natureza. Por isso, o todo é a raiz de que brotam todas as qualidades como um feixe infinito, no interior do qual cada ser finito assegura seu próprio desenvolvimento autônomo isolando algumas dentre elas com as quais se identifica.

9. O SER PURO, QUE É TUDO, NÃO É NADA PARTICULAR

A noção de todo não pode ser formada por uma acumulação de elementos finitos que seria possível cerrar; e tampouco é um infinito que nos desborda e nos escapa. É o fundamento e não a soma dessa multiplicidade de objetos que só descobrimos posteriormente pela análise e que não acabamos nunca de enumerar. Em verdade, o ser contém todas as diferenças e as abole a todas.

Lembrar-se-á a esse respeito a oposição clássica entre a teologia positiva e a teologia negativa. A primeira obriga-nos a afirmar de Deus, e a segunda a negar-lhe todos os caracteres que possam ser observados em cada uma das formas particulares do ser. Pois tudo o que há nelas de real deve estar em Deus como no princípio que o funda; e tudo o que há nelas de finito – e sem o que é impossível distingui-las umas das outras e, por conseguinte, defini-las dando-lhes um conteúdo – deve ser excluído da natureza divina, de modo que a ideia de Deus poderá alternadamente ser considerada, com respeito ao mundo onde se encontra aos nossos olhos toda a realidade cognoscível, uma totalidade infinitamente preenchida ou uma vacuidade infinitamente fecunda.

Há mais: a antinomia do ser e do nada deve encontrar aqui sua solução. É evidentemente absurdo querer fazer o nada entrar num juízo de existência. E a única afirmação metafísica que talvez seja impossível contestar é a de Parmênides: o ser é e o nada não é. Por isso, todo juízo negativo é um juízo positivo dissimulado: dizendo que A não é, queremos dizer que há aí um termo que não tem as propriedades que se lhe prestava, senão que tem outras. Se agora é verdadeiro dizer do todo que ele não tem nenhum dos caracteres que podemos atribuir aos objetos particulares em nossa experiência finita (conquanto ele os contenha indivisivelmente em sua unidade, como o princípio que permite à análise descobri-los e, por assim dizer, formá-los opondo-os), não haverá que se admirar de que nele as duas ideias de ser e de nada pareçam identificar-se, porque é preciso negar com respeito a ele cada uma das formas do ser para que ele possa igualmente dar o ser a todas.

É assim que o contraste entre as qualidades sensíveis pode ser visto como a ruptura de uma indiferença qualitativa, que não é enriquecida mas limitada pelo aparecimento de cada qualidade particular: esta mesma seria, ademais, impossível de conceber se não requeresse correlativamente todas as outras.

Tomando um exemplo ainda mais estrito, o silêncio será definido como uma espécie de síntese compensadora de todos os barulhos. Cada barulho romperia o silêncio rompendo, por assim dizer, sua unidade. É por sua distinção com respeito a todos os outros barulhos, é opondo-se a eles que ele poderia ser recolhido pelo ouvido, que é, também ele, um instrumento de análise. Mas a própria soma de todos os barulhos, a essência comum de que se extraem e que eles dividem, ultrapassa infinitamente a capacidade do ouvido e deve ser necessariamente para este indiscernível do silêncio.

E pode-se imaginar também um estado de indiferença afetiva, que não é negativo, que é talvez, ao contrário, a verdadeira condição da serenidade e da força, a qual contém em potência todos os prazeres e todas as dores e, precisamente, não os deixa filtrar-se de maneira separada senão no momento em que este excepcional conseguimento, este equilíbrio perfeito e frágil cessa de poder ser mantido.

No mesmo sentido, enfim, os místicos descrevem o êxtase como uma eliminação de todas as diferenças, mas que compreende a todas e que é de algum modo sua fonte e seu confluente.

PARTE III

A DUALIDADE DO SER E DO PENSAMENTO

1. O PENSAMENTO DISCURSIVO INSCREVE NO SER TODAS AS SUAS OPERAÇÕES

Há uma homogeneidade de natureza entre o ser e o conhecer. Com efeito, se a existência tem uma extensão rigorosamente universal, ela compreende em si o próprio conhecimento. Ninguém pode pôr em dúvida que o conhecimento seja uma forma da existência, ou que o pensamento faça parte das coisas, ou ainda que a consciência seja um aspecto do universo, isto é, do todo. A homogeneidade entre o ser e o conhecer aparece, pois, com uma clareza singular assim que se observa que essas duas noções são recíprocas, que há um ser do conhecer assim como há um conhecer do ser, e que essas duas formas do ser, tomadas em sua natureza própria de ser e, por conseguinte, abstração feita de todo conteúdo particular, são idênticas e indiscerníveis.

Admite-se facilmente que o conhecimento é um esforço por atingir o ser. Mas, como o conhecimento se desenvolve no tempo e é, por conseguinte, sempre imperfeito e inadequado, conclui-se daí que este esforço é impotente e até contraditório: pois parece contraditório imaginar um esforço que não obtivesse sucesso senão aniquilando o ser que se esforça, porque demandaria precisamente a este ser que ultrapassasse então, ao mesmo tempo, sua natureza e seus limites. Pode-se responder, é verdade, que todo esforço, e até toda forma de atividade, supõe que o eu saia de si mesmo para enriquecer-se: esta observação se aplicaria tanto aos atos da vontade quanto aos atos da inteligência. De modo que a contradição que se assinala talvez seja a lei mesma de toda atividade situada no tempo: pois quem pode contestar que conhecer seja incorporar à sua inteligência ideias que não pareciam estar nela de antemão, e que querer seja, exercendo sua potência, adquirir algum bem que nos era primitivamente alheio?

No entanto, esse progresso da inteligência ou da vontade não é possível a não ser por uma atividade discursiva que nunca se exerça de forma plena e que passe indefinidamente de um termo particular a outro. Ora, nesta dispersão não se pode encontrar senão uma imagem fugidia do ser. Mais ainda, buscar abarcar a este multiplicando as operações separadas é impedir de consegui-lo, pois ele é ao mesmo tempo um termo primeiro e último, aquém ou além do qual não há nada. O próprio do pensamento é criar um intervalo entre o ser que é seu ponto de partida e o ser que é seu ponto de chegada e intercalar neste intervalo todas as suas *démarches*. Mas o pensamento é rapidamente tentado a esquecer que tem o ser atrás de si assim como o ser o tem diante de si, e cai logo nessa ilusão de crer que, em lugar de reconstruí-lo simplesmente à sua medida, ele o engendra absolutamente com seus mesmos e simples recursos. É natural que o ser pareça então escapar-lhe de maneira decisiva. Mas basta lembrar que, desde a sua entrada em jogo, o pensamento deve possuir o ser, para ver-se forçado a colocar-se desde o início no coração do ser mesmo. Ora, porque ali onde o ser está presente está presente inteiramente, o problema é saber não como o conhecimento pode unir-se a este ser que lhe é indivisivelmente ligado, mas como este pode oferecer sucessivamente ao conhecimento a multiplicidade indefinida de seus aspectos na duração.

No entanto, se só é possível conceber o pensamento como a potência de todo conhecer, pode-se dizer que a simples presença do pensamento atesta até no próprio ser finito a indivisibilidade do todo e a simplicidade do ser.

Esta potência, exercendo-se de maneira imperfeita, faz aparecer em nós uma multiplicidade de estados que a expressam, mas que também a limitam: tal exercício do pensamento enriquece, pois, nosso ser finito, mas não o ser total. Como este poderia crescer, se não se desenvolve no tempo e se compreende o tempo mesmo no interior de sua própria esfera? Por aí se vê como o pensamento nos faz participar de uma atividade que subsiste independentemente de nós e cuja penetração em nós, medida por nossa abertura, regulada pela potência de nossa atenção e de nossa simpatia, explica o desenvolvimento de nossa vida e a constituição de nossa natureza.

O conhecimento é uma propriedade do ser finito. Descartes definiu legitimamente o eu como um pensamento. Mas o eu não é o objeto de seu próprio pensamento, pois este objeto é o universo. É preciso dizer que ele é o ato deste pensamento? Encontrar-se-á ainda a mesma dificuldade porque este ato, tomado como tal, ou seja, fora de toda limitação, é coextensivo a todo objeto e, por conseguinte, à totalidade do ser. Desse modo, para que haja uma distinção entre o pensamento e o ser, é preciso ter oposto já o ser finito e o ser total: a partir desse momento, o pensamento se torna precisamente a operação pela qual o indivíduo, incapaz de identificar-se com o todo, tenta porém abarcar-lhe todos os aspectos sucessivos pela representação. Se a distinção entre o pensamento e o ser não pode ter sentido senão para um ser finito, é porque o ser finito deve distinguir evidentemente do todo em que está situado as operações pelas quais tenta captá-lo. Mas essas mesmas operações são uma existência. E, desse modo, podemos considerar o realismo absoluto e o idealismo absoluto como duas expressões da mesma verdade: pois é igualmente verdadeiro dizer, por um lado, que o todo subsiste fora do pensamento individual e que este jamais conseguirá identificar-se com ele, e, por outro, que nosso pensamento, se fosse levado a seu ponto de perfeição, ou seja, se pudesse rematar-se, viria a coincidir rigorosamente com seu objeto, de modo que, como se viu, o próprio objeto poderá ser definido como um pensamento perfeito, mas um pensamento sem dualidade e, por conseguinte, sem consciência.

2. O ADVENTO DO PARTICULAR É UM EFEITO DA ANÁLISE

É porque a existência não pode ser atribuída a não ser ao que é completo e acabado, ou ao que se basta, que a noção de existência só pode convir primitivamente ao todo; e, porque fora do todo não pode haver nada, esta noção é perfeita e imutável, não pode sofrer aumento nem diminuição. Esta observação nos conduz a duas consequências: a primeira é que a existência não pertence aos seres particulares senão à medida que fazem parte do todo, e a segunda é que o único método legítimo de que a inteligência pode servir-se é o método analítico. É pois no todo acabado que devemos distinguir todas as formas do inacabamento, ou seja, todos os modos particulares do ser, opor os modos objetivos aos modos subjetivos e introduzir o próprio tempo, que é o instrumento da análise do todo e um elemento integrante desse mundo do conhecimento, ou da experiência, que não é senão o todo analisado.

Mas há duas concepções muito diferentes de todo. Se se adota como origem a parte, vê-se necessariamente o todo como um termo coletivo, ou seja, abstrato; ademais, como é impossível alcançá-lo por uma simples justaposição de elementos, ele se torna aos nossos olhos um ideal indeterminado, um indefinido. Se se medita, ao contrário, na função analítica da inteligência – cujos resultados a *démarche* precedente não pode senão tentar totalizar a cada instante –, percebe-se que se dar o todo é pôr a possibilidade desta análise, é descrever-lhe, por assim dizer, o exercício, é exigir não que ela se acabe, mas que possa começar, é captar na unidade subjetiva de sua operação o caráter inteligível desta mesma totalidade, cuja miragem se persegue em seguida na dilatação indefinida de um mundo composto de partes.

Indo mais longe, diremos que a presença de um objeto não é só o ser próprio deste objeto, senão que é o ser mesmo do todo no interior do qual este objeto vem inscrever-se e que ele determina de maneira original para fazê-lo entrar na perspectiva de tal sujeito: o ser total não é, portanto, necessário apenas como o lastro puramente abstrato de todos os seres particulares, mas como a condição atual e concreta de sua presença. E, de forma um pouco diferente, diremos ainda que não pode haver presença recíproca senão ali onde há uma dualidade, mas também que esta dualidade supõe um ato de análise cuja unidade não é nada além da expressão subjetiva da unidade primitiva do objeto analisado.

Assim, é inevitável que o ser apareça alternadamente como uma perfeita unidade e como uma perfeita totalidade. Mas estas devem recobrir-se com exatidão. Se as distinguimos, é porque entre elas se introduz a multiplicidade de que a unidade é considerada a origem e a totalidade, a consumação. Desse modo, fica-se naturalmente inclinado a pensar que, quando se realiza no múltiplo, a unidade se enriquece em vez de se destroçar. No entanto, podem-se observar na unidade aritmética alguns dos caracteres e a mesma ambiguidade que acabamos de reconhecer na ideia do ser. Pois pode fazer-se da unidade um número entre os demais, o mais simples deles e que se encontra em todos os outros, ainda que em meio a sínteses muito mais complexas e que fazem aparecer propriedades novas que não lhe podiam ser atribuídas. Ela será considerada então geradora de todos os outros números, mas graças a operações sintéticas que não se limitam a compô-la consigo mesma: pois, para repetir a unidade, é preciso também, por assim dizer, destruí-la, pôr que ela já não se basta e que pode enriquecer-se chamando à existência os outros números em que ela parece ainda presente, mas só como um dos termos de uma relação, e em que, por conseguinte, ela é incessantemente ultrapassada.

A tese que defendemos é de todo diferente: consistiria antes em fazer derivar todos os números da unidade por uma operação de subdivisão, de modo que cada número, conquanto contenha a unidade e seja também uma unidade em sua ordem, teria apenas algumas das propriedades contidas na unidade e que se revelariam precisamente em seu contraste com as propriedades de todos os outros números.

Assim, pode-se dizer que, se todas as ideias são particulares, o ser é uma ideia e não o é, assim como a unidade é um número e não o é. As ideias são engendradas pelo ser, assim como os números o são pela unidade: mas, longe de aumentá-lo, elas o dividem fazendo aparecer sua riqueza e sua fecundidade.

3. O SER FINITO CRIA-SE A SI MESMO POR UM ATO DE PARTICIPAÇÃO

Para ser, nosso pensamento deve captar, fazendo-o seu, um dos aspectos do ser total, o que lhe permite distinguir-se do ser e, no entanto, fazer parte dele: e, como este aspecto do ser que ele capta chama solidariamente todos os demais, nosso pensamento reconhece a competência que tem para abarcá-los, ainda que só o possa fazer sucessivamente. Assim, a identidade entre o ser e o pensamento é ao mesmo tempo suposta e progressivamente realizada.

Mais ainda, na operação derivada pela qual o pensamento cria seu próprio objeto, encontramos uma imagem e um efeito deste ato intemporal pelo qual o ser total cria eternamente sua própria presença para si mesmo.

No entanto, sendo a existência do sujeito a de uma operação, o sujeito está em estado perpétuo de transição e de cumprimento. Daí as dificuldades que se experimentam para captá-lo: antes que sua atividade se exerça, ele não se destaca da existência impessoal em que tem sua origem, e, assim que esta atividade se exerce, ele se transforma num estado a que ele mesmo não consentirá jamais em se deixar reduzir. Ora, todos os seres finitos são obrigados, com efeito, a nascer, mas tal é assim precisamente pelo fato de participarem de um ser absoluto a que ficam constantemente unidos, o qual, porém, é estranho à morte e ao nascimento, e experimenta sua realidade pela maneira mesma como os seres finitos destacam dele sua existência própria. Assim, o ato do pensamento é para nós, a cada instante, um nascimento de nós mesmos e do mundo.

Mas pode-se prever agora como se realiza de forma imanente a ligação entre o individual e o universal. Ainda que o conhecimento do sujeito seja sempre limitado, porque sendo obra sua se exerce necessariamente no tempo, ele se atribui de direito a potência ilimitada de conhecer tudo, ou, em outras palavras, exige, sob pena de destruir a validade de seu conhecimento no momento exato em que acaba de obtê-lo, que haja uma identidade de forma e uma simples diferença de conteúdo entre o que ele já sabe e o que ele ainda ignora. Ele confunde, pois, o que conhece com um aspecto do ser e não aceita conceber o ser inteiro senão como a totalidade do que ele poderia conhecer. Assim o eu coincide com o ser pela potência que ele tem de abarcá-lo e dele se distingue por seus estados, que medem a distância entre o exercício possível desta potência e seu exercício realizado. No entanto, é tão vão querer representar o ser sobre o modelo dos estados quanto querer fazê-lo sobre o modelo da potência. Ele é a fonte sempre presente, anterior à oposição entre os estados e a potência, e que, graça a esta mesma oposição, permite a todas as formas do ser adquirir por uma *démarche* que lhes é própria sua essência particular.

Dizer que o ser é inteiramente interior a si mesmo é dizer que sua natureza é exclusivamente espiritual: será necessário, pois, que ele seja um ato puro. Só esta ideia nos permitirá explicar por que o ser está sempre presente para o eu, sem que a recíproca seja sempre verdadeira. Pois não basta definir o eu pela participação no ser; é preciso ainda compreender por que existe alguma participação, ou seja, por que há seres finitos. Ora, se o ser é ato, devemos ver constituir-se nele a própria participação graças ao cumprimento pelo sujeito de um ato imperfeito cujos diferentes graus a dialética descreve: que o próprio eu deva passar da passividade à atividade não prova que o ser em si possa cessar de ser um ato; mas, à medida que permanece passiva, a existência do eu é então uma existência que lhe é de algum modo imposta: longe de ser ainda uma pessoa, o eu não tem até então a existência por si; mesmo então ele não pode atribuir-se a passividade de seu estado senão pelo ato que apreende este. Os recursos infinitos, a fineza e o delicado contato inseparáveis da análise psicológica têm justamente por objeto guiar-nos no estudo das relações entre o ato puro e o eu. Pois este não faz nada mais no curso de todo o seu desenvolvimento, através da sequência renovada de seus esforços, graças ao mesmo tempo à atenção e ao amor, e numa atividade que ora se mitiga, ora se exalta, que se buscar a si mesmo tentando descobrir a presença do ato puro. Sem dúvida só lhe é possível encontrá-lo durante raros momentos, mas a lembrança deles iluminará em seguida todos os eventos de sua vida. Mas toda a ambição do homem vai tornar constante esta experiência perfeita, ou seja, divinizar-se vendo numa só e mesma operação sua personalidade abolir-se e realizar-se sumamente.

4. A participação produz o aparecimento da consciência

Muito amiúde considera-se a oposição entre o objeto e o sujeito uma oposição primitiva e irredutível de que todas as formas de existência devem ser derivadas. Mas a noção de existência precede e supera esta mesma oposição: pois, definindo a existência pela presença, vemos nela os dois termos, objeto e sujeito, sem cessar de manter sua originalidade, fundir-se numa unidade mais alta. Ora, a noção de presença do ser não nos torna aptos só a contemplar um espetáculo que nos é estranho: ela faz do espectador e do espetáculo partes de um mesmo conjunto. Aprofundando a análise, poder-se-ia dizer, por um lado, que não pode haver espetáculo senão para um espectador que o representa para si mesmo interiormente, e, por outro, que este não pode atribuir-se a si mesmo a existência interior, e por conseguinte esta consciência sem a qual ele não poderia tornar-se de fato um espectador senão à medida que se reconhecesse como parte privilegiada da unidade com que o restante das coisas entra necessariamente em relação em sua própria representação.

O ser não pode ser um dado puro. Pois, se o tomamos em sua totalidade, ele não existe para outro além de si mesmo. Mas esta existência em si e para si não é a existência de uma consciência? No entanto, toda consciência, sem sair de si mesma, supõe a dualidade totalmente interior de um ato e de um estado, ou seja, uma dualidade que romperia a unidade do ser puro. Ademais, toda consciência exclui sua adequação atual com respeito ao todo, ainda que faça um esforço para realizá-la e ainda que haja nela uma aptidão ideal para produzi-la. A consciência não pertence, pois, senão ao ser finito, e a interioridade absoluta do todo a si mesmo não poderia ser imaginada senão em forma de uma consciência que, tendo atingido seu último ponto, se consumiria e se desvaneceria na perfeição de seu exercício, ou seja, na identidade com seu objeto. Mas isso não é mais que um limite e, se ele fosse atingido, se poderia dizer também legitimamente que a atividade mesma, que é característica do ser, cessaria de se exercer. Que restaria então da essência do ser? Se o ser é essencialmente dom de si, ele exige, por não haver nada fora dele, que haja em si partes a que ele se dê. Em contrapartida, se ele é ato, não pode dar-se senão com a condição de fazer participar os seres particulares a que ele se dá de sua própria operação. Por conseguinte, para que permaneça unívoco, é preciso que se realize a si mesmo constituindo em si uma infinidade de centros de existência independente nos quais ele estará presente de duas formas: *por um lado*, como um ato rico de uma possibilidade infinita, mas que não pode estabelecer sua distinção com respeito ao estado a que ele se aplica senão com a condição de só ser acabado em sua possibilidade mesma, e, *por outro*, como um estado que limita a totalidade do real, mas que a implica, se inscreve nela, e já a exprime confusamente: assim, o ato, reconhecendo precisamente a limitação do estado, liberta-se dela e ultrapassa-a pensando-a. O tempo é o instrumento sem o qual a interioridade do ser, inseparável da existência das consciências individuais, ou seja, da distinção entre ato e estado, não poderia realizar-se.

Com efeito, para que a noção de ser testemunhe sua interioridade perfeita e, por conseguinte, sua inteira suficiência, é preciso que a objetividade e a subjetividade venham a identificar-se nela. Dizemos ao mesmo tempo que o ser está presente absolutamente, ou seja, que ele está presente para si mesmo, que ele está presente para nós e que nós estamos presentes para ele. Mas todas essas fórmulas recobrem uma só e mesma afirmação, a saber, que, para que o ser seja, isto é, para que se baste, é preciso que sua interioridade a si mesmo ou sua onipresença seja realizada, o que não é possível sem que cada um de seus elementos, envolto na objetividade do todo, envolva por sua vez o todo subjetivamente. A presença pura do ser em geral deve encerrar uma sobre a outra, para confundi-las no interior de uma mesma unidade, a subjetividade do objeto em cada consciência e a objetividade de um sujeito universal que compreende, ultrapassa e funda todas as consciências particulares. Só assim se pode legitimar a reciprocidade da presença do universo e do eu. Tal reciprocidade cria, é verdade, uma ambiguidade aparente porque a presença não se realiza da mesma maneira nos dois casos; todavia, esta ambiguidade é natural e até instrutiva se se pensa que o ser presente em qualquer evento significa tanto ser espectador dele, ou seja, fazer para nós uma representação dele, quanto tomar parte nele, ou seja, fazer dele o objeto mesmo de nossa operação, por uma espécie de participação no ato criador.

5. A consciência abre um intervalo entre o ato e o dado

Todo pensamento consciente supõe necessariamente uma dualidade entre o sujeito e o objeto do pensamento. Pois é precisamente o intervalo que separa o sujeito do objeto o que faz nascer a consciência. Todo conhecimento perfeito, confundindo o sujeito e o objeto, aboliria assim a consciência e a própria individualidade. Pode-se exprimir a diferença de natureza entre o sujeito e o objeto seja pela distinção entre um termo passivo, que é um puro dado, e uma atividade espiritual que esclarece e envolve este para dá-lo a si mesma, seja pela distinção entre uma multiplicidade inorganizada e uma potência temática que reúne e sistematiza os elementos dispersos. Mas esta diferença se vê confirmada pela impossibilidade em que estamos de qualificar pelo mesmo atributo o objeto do pensamento e o pensamento deste objeto; assim, dizemos de um pensamento que ele é confuso ou distinto, superficial ou penetrante, frouxo ou vigoroso, sem que esses diferentes caracteres engendrem a menor modificação no objeto a que o pensamento se aplica; e, igualmente, dizemos do objeto que ele é colorido, grande, resistente, sem que o pensamento pelo qual o captamos possa ser dito, ele mesmo, grande, colorido ou resistente. Essas observações devem, pois, conduzir-nos a separar mais rigorosamente do que se faz em geral o pensamento, como potência universal, da diversidade dos termos que ele abarca sucessivamente sem ser ele mesmo alterado. Ora, uma expressão tão comum quanto esta: "O mundo é minha representação", favorece precisamente a confusão entre o que se representa e o ato mesmo de representá-lo.

Para compreender a oposição entre o ato e o dado, parece que é preciso remontar até a própria fonte de toda participação. Se o ser é a presença eterna, esta presença se encontra transferida para o eu, assim que, discernindo nela qualquer de seus aspectos, ele se solidariza com este: ela se torna então a presença do eu para si mesmo. Há, porém, uma grande diferença entre a presença primitiva e a presença participada. A participação, é verdade, efetua-se por um ato, mas se trata de um ato constantemente impedido e retido que, para exercer-se, deve apoiar-se no obstáculo mesmo que ele busca superar, e que, precisamente por ter origem no todo, deve encontrar em forma de influência com respeito à qual ele permanece passivo, ou seja, em forma de dado, o que no todo escapa momentaneamente à eficácia de sua operação. Assim, só a distinção entre o indivíduo e o todo poderá ser mantida. E poderá admitir-se em certo sentido que a presença do eu para o ser se realiza de maneira inadequada, ainda que total, por seu estado, e de maneira adequada, ainda que parcial, por sua operação.

Mas compreende-se com isso que o eu permaneça um e idêntico a si mesmo pelo fato de sua participação, conquanto seu conteúdo se renove sem cessar como a porção do real que esta participação, em virtude de seu caráter limitado, obriga a se apresentar a ele em forma de dado ou de estado. Compreende-se também que este dado seja inesgotável, pois, porque ele é em sua categoria figurativo do todo, é preciso que haja nele tanta riqueza quanto haja de fecundidade na atividade que busca reduzi-lo, e que ele seja limitado, todavia, no instante como a operação atual que o apreende. O encontro do ato e do dado se faz numa linha fronteiriça entre a indeterminação do ato não exercido e a indeterminação complementar do dado não apreendido.

Em verdade, a oposição entre o ato e o dado é necessária para permitir ao sujeito aparecer: é no intervalo que separa esses dois termos, e que resulta precisamente de sua inadequação, que ele introduz seu ser próprio. No entanto, o ser total é unívoco e pode ser representado tanto na linguagem dos dados como na do ato. É por isso que se pode indiferentemente defini-lo como um ato universal limitado pelos dados particulares, ou como um imenso dado limitado por atos imperfeitos: ele é o confluente atual desses dois movimentos que buscam em vão esgotá-lo e, por conseguinte, alcançá-lo através da infinidade da duração.

Captamos a natureza do ser no ato emprestado e derivado pelo qual nos damos o ser a nós mesmos. Este ato tem uma potência de renovação indefinida. Mas é preciso, para ser nosso, que não seja plenamente exercido de primeira, que ele pareça sempre limitado e como que encarcerado por um dado. Por isso, ele deve ser associado a um corpo. Esse corpo é a sede da afetividade. Sucede, porém, que é ainda o ato de nosso pensamento que fixa seus limites e os ultrapassa para relacioná-lo a todos os outros objetos dados que preenchem com ele a capacidade infinita do espaço.

6. O inteligível e o sensível envolvem-se um ao outro

Nenhum ato de pensamento particular esgota a essência do pensamento, pois, no momento em que o pensamento se põe, põe necessariamente sua indivisível unidade, porque ele é um ato puro. Por conseguinte, todo ato de pensamento particular, ou seja, todo conceito, supõe uma limitação interna do pensamento. Esta limitação deve responder à presença de um objeto pensável ainda que não pensado, com o qual este ato contrasta, mas ao qual se aplica, que é ao mesmo tempo com respeito a ele envolvente e envolvido e com o qual no ser total constitui algo uno: tais são, com efeito, os caracteres do objeto sensível. Na solidariedade entre o conceptual e o sensível, a oposição entre o pensamento e o ser eclode e se resolve. Pois há no conceito uma infinidade que marca suas relações com o ato universal do pensamento, mas que marca também que este ato não é plenamente exercido. Por conseguinte, ele deve parecer tropeçar num obstáculo que ele ilumina e que sem ele não receberia nenhuma luz, mas que, contendo em si todas as determinações que faltam ao conceito, dever ser o único capaz de atualizá-lo. Daí a correlação rigorosa que se manifesta entre o conceito e o dado, respondendo cada dado à forma limitativa característica de cada conceito e inscrevendo esta no ser e ao mesmo tempo a infinidade de determinações que ultrapassam o exercício atual do pensamento conceptual. É por isso que a análise encontraria em cada objeto a totalidade mesma do ser. Mas nossos sentidos não discernem senão alguns aspectos dele. Por isso a fenomenalidade do objeto é a contrapartida da abstração do conceito.

Vê-se portanto como, se é justo acordar o ser ao fenômeno, mas com a condição de fazer dele só um aspecto do ser obtido pela análise, já não o é querer recusá-lo ao conceito para fazer dele um simples possível que só tem existência no entendimento, sob pretexto de que ele expressa tão só a operação da análise e não o elemento que ela apreende: pois tal operação não tem menos ser que este elemento, nem o entendimento menos ser que a sensibilidade. Ademais, se, num ser finito, o ato do pensamento é suscetível de se diversificar sem cessar, isso não se dá por ele encontrar fortuitamente objetos sempre novos; ou antes, este encontro expressa só o apelo mútuo de todas as tentativas sucessivas pelas quais ele busca preencher sua própria capacidade. Todas elas realizam uma participação na interioridade do ser. Assim que observamos como elas se distinguem e como se completam ligando-se umas às outras, sentimos bem que cada uma delas é um ramo de um ser mais vasto de que todos os nossos pensamentos fazem parte. Assim, mostrou-se que a totalidade dos possíveis constitui o ser mesmo.

Um fenômeno isolado não tem mais valor ontológico que um conceito isolado. Mas este valor ele o adquire também assim que é unido a todos os outros fenômenos no sistema do mundo. O fenômeno e o conceito não existem, um e outro, senão por sua oposição mútua e sua solidariedade. Cada um deles sustenta o outro e lhe dá o que lhe falta. O fenômeno sem o conceito não seria atualizado nem unido à unidade interior do ser. Igualmente e segundo uma relação inversa, é graças ao fenômeno que o conceito é ao mesmo tempo determinado e inscrito no interior de um universo dado. Tal é a razão por que o movimento do pensamento filosófico nunca cessou de oscilar entre duas teses contraditórias que, todavia, é impossível separar: uma, que, impressionada com o caráter ilusório do puro fenômeno, procura o ser do lado do conceito, e a outra, que, atenta ao caráter vazio do puro conceito, procura o ser do lado do fenômeno.

De fato, separados um do outro, o dado e a operação que o capta aparecem, ambos, irremediavelmente subjetivos: é por isso que se pode igualmente recusar o ser ao primeiro dizendo que é um simples estado de consciência, e ao segundo dizendo que é uma simples possibilidade. Mas de seu encontro nasce o milagre da objetividade: o ato da percepção e o objeto percebido se confundem; o mesmo termo faz indivisivelmente parte de nossa consciência e do mundo. É que, se não se tem o direito de pôr o pensamento individual independentemente do pensamento universal, nem tal experiência particular independentemente do conjunto das coisas, ou seja, se não se pode pôr nem um nem outro independentemente do ser total, é preciso, porém, para pôr o primeiro como individual e o segundo como particular, pô-los em relação um com o outro. Aparecerá então como igualmente errôneo atribuir o ser antes de tudo ao primeiro, que o comunicaria em seguida, graças a uma espécie de contágio, a todos os objetos que ele representa, ou antes de tudo ao segundo, que, agindo sobre uma consciência passiva, chamaria em seguida ao ser de que ele desfruta o pensamento mesmo que o capta. Em verdade, é preciso sempre, por um lado, que tal objeto se ofereça ao pensamento para que este receba uma determinação e, por outro, que haja no pensamento tal direção privilegiada da atenção e do interesse para que esse mesmo objeto se descubra para ele se distinguindo de todos os demais. Produz-se assim entre o pensamento e o objeto, graças à sua recíproca limitação, uma identificação provisória e sempre renovada, mas que não impede que cada um desses termos desborde o outro, à falta do que ele renunciaria, no campo que lhe é próprio, à sua ligação com todos os termos que lhe são homogêneos (ou seja, com o todo) e, por conseguinte, à sua própria existência.

7. O TODO E A PARTE NÃO PODEM SER DISSOCIADOS

A reflexão filosófica sempre tropeçou em duas dificuldades contraditórias que, porém, são solidárias: se se parte do ser particular, como a experiência imediata parece convidar-nos a fazer, como é possível pôr o todo, que não pode ser objeto senão de uma ambição ideológica? Contrariamente, se, partindo do todo, como parece exigir a lógica, se dá já de início a esta exigência uma dignidade ontológica, como se poderá encontrar em seguida os seres particulares? Que necessidade tem o todo de se limitar e de fazer aparecer partes em seu seio? Em outros termos, por que o todo é um todo e não uma unidade pura?

A oposição dessas duas dificuldades expressa a possibilidade para o conhecimento de uma dupla operação de síntese e análise. Mas essas duas operações são, elas mesmas, consecutivas ao aparecimento do tempo, no interior do qual elas se desdobram. Por outro lado, elas têm no tempo um caráter de reciprocidade, o que é sinal de que elas superam a ordem mesma do tempo, ou seja, de que elas usam o tempo como um simples instrumento de exposição, mas sem dar ao caráter sucessivo de suas *démarches* valor ontológico. De fato, elas se unem e se recobrem no presente, em que as duas encontram seu princípio comum e sua significação. Pois, no presente, o todo e a parte são dados inseparavelmente e evocados um pelo outro segundo a direção da atenção. Mais ainda, a experiência que dá a parte e a operação que põe o todo realizam-se ao mesmo tempo, porque é por um ato universal e indiferenciado que devemos apreender cada dado particular, que, é verdade, chama uma infinidade de outros, todos diferentes entre si.

O problema das relações entre a parte e o todo é, pois, falseado pela aparente independência que esses dois diferentes termos introduzem entre conceitos relativos que não têm sentido senão um com o outro e pelo caráter reversível do ato que vai de um ao outro. É, se o podemos dizer, sua união o que é preciso pôr antes de tudo: esta união não cessa de ser mantida na operação mesma que a parece romper. Esta, por outro lado, é indiscernível da participação viva pela qual o sujeito constitui sua própria natureza, e as palavras "parte" e "todo" expressam menos ainda as condições iniciais ou o mecanismo da própria operação do que o ponto onde provisoriamente ela se detém.

É por isso que o todo não é um coletivo, o que pareceria indicar que é uma justaposição de partes que já possuem o ser por si mesmas, ao passo que é precisamente do todo que elas extraem o que as faz ser. Um termo coletivo não é um ser, mas uma determinação puramente abstrata porque não assegura nenhuma ligação real entre os próprios membros da coleção. Ao contrário, distinguir partes no interior do todo é sem dúvida limitar o todo, mas de tal maneira que a parte permanece ainda uma imagem do todo, não só porque há entre ela e todas as outras partes relações necessárias e recíprocas, mas ainda porque sua existência como parte não é senão um efeito da imperfeição e do inacabamento no conhecimento mesmo que alcançamos dela. Se a análise pudesse esgotar sua natureza, atualizar toda a sua riqueza interior, o todo se descobriria de novo nela. Vê-se pois que, se a parte está presente atualmente no todo, o todo também está presente virtualmente na parte, o que justifica o caráter indivisível do ser e faz da parte, como tal, um fenômeno pelo qual o sujeito realiza sua participação pessoal, mas escalonada, na totalidade mesma do ser. Assim, não há partes no todo senão para permitir ao sujeito que se forme a si mesmo discernindo no todo o que lhe interessa a cada instante. Mas ele mesmo deve ainda tomar lugar no todo: e não o pode fazer senão se atribuindo o poder de abarcá-lo idealmente.

Assim, o todo, que é a potência perfeita do interior da qual os indivíduos não cessam de extrair os recursos que lhes permitem realizar-se, não cessa ao mesmo tempo de se realizar a si mesmo pela colaboração ininterrupta de todos os seres que se desenvolvem nele.

8. A consciência é mediadora entre o todo e a parte

A oposição entre o todo e a parte não pode tornar-se inteligível senão se realizando no interior de uma consciência. É só na consciência, com efeito, que se podem ver esses dois termos chamar um ao outro e encontrar-se, pois a consciência exige, como condição de sua possibilidade mesma, que o todo seja pensado, sem o que a parte não poderia ser posta, e que a parte seja posta, sem o que o todo não poderia ser pensado. O sujeito desempenha o papel de mediador entre os dois: ele não cessa de opô-los e de uni-los.

Com efeito, ele atualiza a parte graças ao exercício de um poder que é de direito universal: pois, pelo fato de esse poder ser homogêneo e idêntico a si mesmo, qualquer que seja a maneira com que se exerce, ele nos obriga a atualizar em operações particulares toda a riqueza que há nele, ou seja, a nos dar o espetáculo de um universo composto de uma infinidade de partes, nenhuma das quais, por seu lado, pode subsistir independentemente de todas as demais. No entanto, conquanto a consciência envolva o todo subjetivamente e seja o instrumento de sua divisão em partes, o todo reside também, em certo sentido, em cada parte. É por isso que, aplicando-se à parte, o sujeito parece receber dela a realidade que ele lhe deu, e, limitando-a, ele acusa com respeito a ela sua própria limitação. É por isso também que todo pensamento particular é inadequado para toda coisa particular: ambos devem ser imperfeitos e inacabados, ainda que de forma diferente, a fim precisamente de que a consciência possa nascer. É muito verdadeiro, portanto, dizer que cada ato de pensamento chama necessariamente todos os outros a fim de realizar a ideia do pensamento total, e, por conseguinte, que há nele uma potência e uma eficácia que ultrapassam infinitamente o termo que ele apreende no instante: por isso ele deve renovar-se e repetir-se sem cessar mais além. Mas não é menos verdadeiro dizer que, para que cada termo tenha uma realidade atual, não basta que ele chame, para sustentá-lo, todos os outros termos que formam com ele a totalidade do universo representado; é preciso que o todo também esteja presente nele, ainda que numa forma imperfeitamente analisada; é preciso, por conseguinte, que ele próprio ultrapasse infinitamente o ato de pensamento que o capta e o qual não esgotará jamais seu conteúdo.

É que, se cada consciência dissocia o todo em partes para constituir seu próprio horizonte, só o faz com a condição de fazer delas um conjunto de fenômenos que não têm existência senão por ela e que ela une num todo subjetivo ou representativo, que é uma perspectiva com respeito ao todo em que ela mesma toma lugar. Mas, porque ela não poderia identificar-se com o verdadeiro todo senão abolindo-o, esse todo, por sua vez, não pode ser definido senão como o ponto de origem e o ponto de convergência de uma infinidade de perspectivas particulares, cada uma das quais característica de uma consciência. Desse modo, já nenhuma parte se distinguiria do todo de que foi destacada se se reunissem nela todas as visões particulares que todas as consciências podem ter a respeito dela. De fato, ela não poderia existir como parte senão pelos laços que a uniam a todas as outras partes, mas que tornavam já presentes nela todas as influências emanadas de todos os pontos do universo e os quais vinham entrecruzar-se nela.

Mais ainda, se, por um lado, a consciência devia, para fazer dela um fenômeno, destacar em certo sentido cada parte de todas as outras, antes de reuni-la a estas no conjunto do mundo representado, e se, por outro, uma análise exaustiva teria podido encontrar, nesta parte, a infinidade de caracteres que tornam o ser idêntico a si mesmo em cada ponto, esta mesma parte adquire, porém, como parte, uma existência interior e independente: pois ela se torna, por sua vez, o centro de uma consciência que se define pelo olhar original que ela é capaz de ter a respeito de todas as outras partes, fazendo delas fenômenos que já não têm existência, desta vez, senão nela e com respeito a ela.

Vê-se, pois, que cada parte do universo pode ser considerada por três diferentes aspectos: *primeiro*, ela envolve em si a totalidade indivisível do ser, mas para oferecer a origem de duas operações secundárias bastante diferentes; *antes de tudo*, de uma operação analítica que, limitando-a, a faz penetrar em forma de representação não só numa consciência particular, mas numa multiplicidade infinita de consciências que encontrarão no exercício desta operação o princípio de sua distinção e de seu acordo, e, *em seguida*, de uma operação original de síntese, que, despojando-a de todo conteúdo próprio, lhe permitirá tornar-se uma consciência e lhe dará como conteúdo a totalidade do universo em forma de uma infinidade de fenômenos ao mesmo tempo diferentes uns dos outros e inseparáveis.

Essas observações permitiriam sem dúvida resolver a questão de saber por que o ser do eu supõe necessariamente a associação da consciência com um corpo privilegiado. O corpo não se distingue do eu considerado um objeto para outra consciência, ou mesmo para a minha. No entanto, ele é também o ponto de atamento ou de referência de minha consciência particular, que, é verdade, tem desta vez como conteúdo de sua própria representação o universo todo, com meu corpo no meio.

9. Cada indivíduo imita o todo à sua maneira

Só o todo existe por si: dizer que um indivíduo existe é dizer que ele faz parte do todo. Mas o todo é, também ele, um indivíduo. É de fato o único indivíduo verdadeiro, ou seja, que se basta plenamente a si mesmo e não pode ser enriquecido por um apelo a recursos exteriores, nem dividido em elementos capazes de subsistir fora dele.

Cada indivíduo particular, entre os limites em que nos encerramos, o imita à sua maneira. Há mais: encontramos sem dúvida aqui o caráter mais profundo da existência; pois, se ela é sempre semelhante a si mesma e se a simplicidade impede que se distingam nela graus, o objeto a que a aplicamos é sempre único e individual; de outro modo a existência não seria senão uma ideia abstrata. Assim, pondo a existência, é preciso pôr ao mesmo tempo a individualidade de todo o universo ou, o que vem a ser o mesmo, *o caráter universal da noção mesma de individualidade.*

Ou seja, o todo não se realiza senão se propondo a si mesmo como fim a uma infinidade de indivíduos, cada um dos quais busca alcançá-lo e envolvê-lo pelo esforço de seu desenvolvimento autônomo; mas há entre todos esses indivíduos um equilíbrio tão admirável que sua colaboração basta para manter e para atualizar a cada instante a identidade imutável do mesmo todo. Nesta reciprocidade entre a parte e o todo, importa não perder de vista, todavia, a preeminência do todo. Pois, embora cada parte contribua para formá-lo, ela só é uma parte porque se destaca dele de certa maneira, ainda que permanecendo inscrita nele e extraindo dele toda a matéria de seu devir.

Dizer que o indivíduo particular não é o todo significa dizer que ele procura mais obter a unidade de suficiência do que possuí-la, que existe nele uma força indeterminada que aspira sem nunca conseguir obter a perfeição da individualidade.

Todo indivíduo limitado é vinculado a um corpo. É por esse corpo que ele é limitado. É também por esse corpo que ele se distingue dos outros indivíduos. Mas esse corpo não é, antes de tudo, senão um espetáculo para os outros e para ele. Ele não o confunde consigo mesmo, conquanto se sinta estreitamente sujeito a ele pela afetividade e até pela constituição deste horizonte representativo de que é preciso sempre que o corpo seja o centro. Em verdade, o corpo pertence ainda mais ao universo que ao eu e atesta a subordinação do eu com relação a este universo. Por isso toma deste a matéria que ele faz sua, e suas partes constitutivas guardam a existência, ainda que sob outra forma, ao passo que a morte, dissociando-as, as tornou independentes do eu.

No entanto, não nos esqueçamos de que, se cada parte do mundo tem necessariamente alguma relação com todas as outras, sem o que a unidade mesma do ser seria despedaçada, esta relação é claramente expressa por nosso corpo, que, sem dúvida, nunca ocupa mais que um lugar a cada instante, mas que, atribuindo-se a mobilidade, se atribui também o direito ideal de ocupar, por uma circulação ininterrupta no interior do espaço, a totalidade dos outros lugares.

Se o corpo, em vez de constituir nossa existência própria, expressa apenas nossa existência como dado ou como objeto, ou seja, nossa existência para outro, convir-se-á em que a essência da individualidade não se encontra realizada senão pela consciência. Encontra-se, com efeito, na consciência esta intimidade e esta impossibilidade de sair de si que são as características do ser em si e para si; mas encontra-se nela também esta limitação e esta potência infinita de desenvolvimento que permitem distinguir o indivíduo do todo ligando-os inseparavelmente um ao outro. De fato, a consciência não se distingue do todo senão fixando limites para sua representação, mas ela não cessa, todavia, de comunicar-se com ele porque é dele que esta representação se alimenta.

Não obstante, para que o todo seja sempre atual, é preciso que nenhuma das potências que há nele fique sem ser exercida. Se, por conseguinte, todas as consciências particulares parecem apartar-se dele pelo que lhes falta, é porque ele não cessa de dar a uma o que parece recusar a outra. Ele mantém sua perfeita imutabilidade por um justo equilíbrio e uma rigorosa compensação de todas as formas particulares do ser. O ser total expressa assim a convergência e a reunião de todas as perspectivas que adquirem com respeito a ele as consciências individuais. E estas, exercendo uma atividade que vem dele e que, todavia, lhes é própria, encontram o princípio de sua renovação e de seu progresso: elas constituem sua essência particular e alcançam a luz e a felicidade segundo sua capacidade, ou seja, segundo seu mérito.

PARTE IV

A PRESENÇA DISPERSA

1. A presença total se dispersa em presenças particulares

A experiência da presença real é, ela mesma, de uma simplicidade perfeita. E é esta simplicidade que funda a unidade do ser. Dizer que estamos presentes para o ser, que o ser está presente para nós ou que o ser (ou ainda o eu) está presente para si mesmo são expressões destinadas a manifestar a presença universal assim que a análise se exerce e a diversidade das coisas começa a aparecer. Mas a presença pura precede e sustenta todas as presenças particulares: qualquer que seja seu objeto, esta presença é pensamento, sentido e vivido numa operação indivisível.

Dir-se-á que ele não se distingue de seu objeto e que, de outro modo, é a ideia puramente abstrata da presença. Concedemos perfeitamente esta ligação necessária da presença com o objeto. É preciso, entretanto, reconhecer que se, por um lado, nos é impossível pensar a existência de qualquer objeto sem imaginar sua atual presença, não pode haver, por outro, nenhuma diferença na presença desses objetos diferentes entre si. Pois, através da renovação de todos os acontecimentos, a união de cada um deles com o presente se efetua sempre da mesma maneira, e é impossível supor que a presença não seja a mesma pelo fato de o conteúdo desta presença ser modificado.

É justamente, ao contrário, a identidade da presença em que ele penetra o que dá a cada objeto seu caráter concreto e lhe confere um lugar no universo: fora desta presença, ele não seria senão uma simples possibilidade, tomando-se a palavra "possibilidade" em seu sentido mais deficiente. Assim, todo mundo convirá em que dar a presença a um objeto é dar-lhe o ser, longe de que se possa ver contraditoriamente um objeto que não é nada antes de estar presente como capaz de juntar o ser a um presente sem realidade.

Mais ainda, não é só a presença de tal objeto; é a presença para tal sujeito o que aparece como apenas uma expressão limitada de uma presença sem limite. Se o sujeito reconhece no interior do universo uma multiplicidade de objetos diferentes, é porque ele não pode constituir sua essência original senão graças a uma análise do todo, é porque ele não se distingue de sua própria relação com esse distrito do universo para o qual ele é capaz de se tornar atualmente presente, é porque a ideia do eu reside em certa perspectiva a respeito do conteúdo do mundo sem ter ela mesma conteúdo separado.

Sendo o ser posto primitivamente sem nenhuma restrição, investigamos em seguida que lugar cada termo ocupa no ser, qual é a qualificação pela qual ele pode ser definido e como ele se comporta seja com respeito ao todo, seja com respeito aos outros termos, seja com respeito ao sujeito do conhecimento. Só então pode começar esta dialética viva que nos permite definir-nos a nós mesmos como seres pensantes, investigar se o objeto de nosso pensamento é idêntico em natureza a nosso pensamento ou dele difere, determinar a parte de atividade e a parte de passividade que pertencem quer ao ser, quer ao eu: o tempo é o meio de que dispomos para isso.

Pode-se por intermédio do tempo tornar inteligíveis as diferentes formas do ser graças a uma dedução das funções psicológicas, sensibilidade e entendimento, memória e imaginação, desejo e vontade; é por elas que o eu se confronta progressivamente com o todo a fim de extrair sua originalidade própria e inscrever nele seu desenvolvimento autônomo.

Assim se verá aparecer sucessivamente a variedade infinita dos modos segundo os quais a presença se realiza: direto e indireto, parcial e total, possível e necessário, sensível e ideal, próximo e distante, imaginário e corporal; o objeto da teoria do conhecimento será distingui-los e mostrar as relações que os unem.

A experiência, portanto, parece criada pelo sujeito, mas graças a uma análise do todo em forma de representação correlativa de um exercício limitado de suas potências. O sujeito divide e escalona a presença, mas sem poder separar-se dela sem renunciar, ele mesmo, ao conhecimento e à vida; ele a filtra através do *guichê do instante*, mas numa contabilização de entradas e saídas que só interessa a ele. Aí, todas as operações se fazem necessárias no presente: se elas diferem entre si segundo o tempo, é pela matéria a que se aplicam, mas não por sua virtude operatória, que exige que elas sejam sempre atuais porque são uma participação do mesmo ato intemporal.

2. O TEMPO É A CHAVE DA PARTICIPAÇÃO

O problema da participação se oferece a nós de quatro formas na relação entre a parte e o todo, entre o eu e o não eu, entre o conhecimento e o objeto, entre o presente e o tempo. Mas basta lembrar as condições segundo as quais se realiza nossa presença para nós mesmos para ver que o tempo é simultaneamente o instrumento subjetivo do método analítico e a chave da participação. Ele permite explicar por que a participação é uma operação que tem sua fonte no ato puro, mas que deve ser mesclado de passividade, a fim de fazer aparecer na consciência, assim que ela se exerce, estados que a limitam e formam precisamente seu conteúdo. Não há senão esses estados que se desdobram no tempo. Mas não se há de esquecer que, todavia, eles jamais se evadem do presente: pois, se é no presente que o sujeito percebe o que o rodeia, é também no presente que rememora seu passado e prevê seu futuro.

Compreende-se com isso como o mundo, se considerado um conjunto de aparências ou de coisas que subsistem por si mesmas, pode parecer a cada instante recaído no nada do passado após ter sido tirado do nada do futuro. Mas nossa concepção é bem diferente. As aparências ou coisas não entram no tempo sem que sejam separadas do ato que as faz ser ora como percepções, ora como imagens, e que se exerce sempre no presente. Elas devem inscrever-se no ser absoluto, mas o fazem por intermédio da consciência individual. Ora, é preciso que a percepção possa transformar-se em imagem com o nome de "memória", e a imagem em percepção com o nome de "vontade", para que seja permitido ao indivíduo subtrair-se ao todo sem cessar de servir-se dele. No entanto, porque a matéria de todas as aparências é extraída, com efeito, do mesmo todo, cada experiência, conquanto rigorosamente individual, deve acordar-se com todas.

Em suma, portanto, tudo se passa como se tivéssemos de nos haver com uma confrontação perpétua de aparências infinitamente variadas com um centro imóvel, sede de uma existência que, sem nada perder de si mesma, funda cada sujeito e brilha em cada objeto. Esta confrontação só é possível porque o ser é ato: uma participação imperfeita – mas que é a condição sem a qual um sujeito finito sempre situado no presente não poderia ser – fará nascer as aparências que se desenvolvem sozinhas no tempo. Isso não quer dizer, entretanto, que elas passem alguma vez por si mesmas uma temporada num passado ou num futuro hipostasiado, a não ser por metáfora e para tentar receber ainda, para além do ato pelo qual o sujeito as evoca, uma existência que não lhes pode convir e a qual, fora da esfera de nossa participação, não poderia pertencer senão a um ato não participado. Que cada sujeito finito não possa sair do presente é prova suficiente de sua participação no ser absoluto: por outro lado, a multiplicidade infinita dos sujeitos finitos e sua comunicação são justamente os meios pelos quais o ato puro realiza sua perfeição e seu mesmo ser.

Dir-se-á que esta distribuição entre a presença real e o objeto presente é tomada da observação de uma simultaneidade como a simultaneidade espacial, e que, querendo que a análise isole no interior de uma só e mesma presença todas as presenças particulares, pensamos obscuramente no espaço, onde seria com efeito contraditório reconhecer tantas espécies de simultaneidades quantos objetos simultâneos?

Mas esta imagem seria singularmente enganosa. Pois, se a presença de que se trata aqui é a de um ato, isso é suficiente para nos preservar dessa idolatria que consistiria em ver os estados particulares que não estão presentes para nós como presentes para uma consciência infinita, sob esta mesma forma de estados em que eles poderiam revelar-se a nós. Sem dúvida, em certo sentido, não temos mais direito de expulsar do presente os dados de nossa experiência que o ato pelo qual no-los damos. Mas essa é a prova de que o tempo é puramente subjetivo, de que ele está contido no presente em vez de contê-lo e de que o presente, em vez de ser um limite irreal entre o que já não é e o que ainda não é – tese que não só tornaria o ser não captável, mas o confundiria com o nada –, constitui a forma imutável que todos os modos finitos devem necessariamente assumir para atestar que são, eles mesmos, aspectos do ser. O tempo não é nada mais que a exigência, sem a qual nossa personalidade não poderia constituir-se a si mesma, de uma oposição e de uma transição sem cessar renovadas, no interior de uma presença eterna, entre o presente da percepção e o presente da imagem.

3. Há uma aventura temporal de todos os seres finitos

Se, por um lado, o tempo é a condição sem a qual nenhum indivíduo poderia constituir, ele mesmo, sua própria natureza, e se, por outro, é impossível que no curso de seu desenvolvimento este indivíduo alguma vez se retire do ser, ainda que sua participação no ser seja sempre nova, isso é sinal sem dúvida de que as etapas do devir temporal antes dispersam a presença do que a rompem, a fim de que passando de uma a outra possamos inscrever por um ato autônomo no interior do ser eterno nosso ser participado.

Admitir-se-á facilmente que a realidade do passado não é nada mais que a realidade presente da lembrança na consciência que a evoca, e que ela nunca coincide exatamente com a percepção abolida; que a realidade do futuro não é nada mais que a de um possível, ou seja, de uma ideia presente que é objeto da imaginação e da vontade de um ser limitado e ignorante, e que ela nunca coincide com o acontecimento esperado. Em outras palavras, a lembrança não é a percepção conservada, mas um estado novo que a sugere, assim como a previsão não é o próprio futuro já representado, mas um estado diferente que o anuncia. Desse modo, a passagem de um momento do tempo a outro não nos arranca do presente, mas nos permite ao mesmo tempo constituir nossa natureza e atestar nossos limites convertendo incessantemente a presença desejada numa presença percebida e a presença percebida numa presença rememorada. Com isso deve aparecer a individualidade de nosso ser espiritual, que faz parte do ser total, mas que em certo sentido se subtrai a este pela possibilidade de antecipar e preparar subjetivamente o que ele deve perceber, de recordar e de eternizar subjetivamente o que ele percebeu.

A memória é uma vitória que alcançamos sem cessar sobre os limites no interior dos quais se efetua a cada instante nosso contato com o ser: ela dá a esse contato estreito e fugidio uma espécie de permanência espiritual. Desse modo, um contato novo, em vez de dar nascimento a uma forma do ser heterogênea àquela que o contato precedente havia manifestado, prolonga e assimila esta, esclarece-as a ambas fazendo-as entrar numa consciência resultante precisamente do contraste entre a idealidade de uma e a materialidade da outra. Far-se-ão as mesmas observações, por outro aspecto, relativamente à dualidade do presente e do futuro. Aqui é a ideia de fim e a realidade do estado que por sua oposição se lançam uma luz mútua. Bastaria acrescentar que a própria representação do futuro é constituída por imagens passadas e que o poder que temos de modificá-las ou combiná-las de maneira original nos permite até certo ponto ser os criadores de nossa própria vida antes que espectadores e historiadores dela.

Desse modo, que podemos atribuir-nos além deste ser espiritual sempre presente que é feito exclusivamente de nossas lembranças e de nossas aspirações? E de onde extrai ele mesmo a matéria ao mesmo tempo de suas potências e de seus estados algures senão de um todo eterno que não lhe falta nunca, mas que não se oferece a ele a não ser segundo as leis da participação, que são também as leis de nosso universo físico e de nosso universo psicológico? Se esse todo parece, porém, resistir a ele em certa medida e recusar-se a ele, é para lhe permitir liberar a originalidade de sua natureza finita, fazer seu tudo o que conquistou, ultrapassar o que ele tem e tender ao que ele não tem numa circulação no seio do ser que é ininterrupta, que não tem significação senão para ele e que constitui precisamente as diferentes fases de seu devir temporal. Mas o todo, que permite a aventura temporal de todos os seres finitos, não toma nenhuma parte nisso: ele se basta a todo momento, não tem necessidade de adquirir nada; é estranho a toda distinção entre percepção e imagem; é o fundamento comum de todas as formas da presença participada.

É pois porque o ser é a presença absoluta que o eu que participa da existência, mas que dela se distingue, estará sempre presente para si mesmo e estará presente sucessivamente para os diferentes estados pelos quais sua vida se realiza na duração. Assim, a noção desta presença absoluta já não aparece como uma pura quimera, um desdobramento ilegítimo na simultaneidade e até uma espécie de espacialização ulterior de todo o devir real e de todo o devir possível. A existência plenária e indivisível do todo não será menos inseparável da existência de cada objeto particular, se se identifica o ser com o ato puro: pois tal ato não pode senão estar presente por inteiro atrás de cada um desses estados que se chamam indefinidamente uns aos outros, e cuja variedade, passividade e continuidade exprimem a posição, os limites e a curva original de cada consciência finita.

4. O INSTANTE É A SEDE DOS CORPOS OU DAS APARÊNCIAS

Se o tempo é a condição da imperfeição de toda participação e, por conseguinte, também a condição sem a qual o advento dos indivíduos seria impossível, como será permitido, a partir do momento em que o tempo apareceu, afirmar ainda a identificação do ser com o presente? E não há uma diferença de natureza entre o presente eterno, característico do ser total, e este presente móvel, limite do passado e do futuro, cuja existência é evanescente e que parece ser, todavia, a única sede de todos os seres limitados? A esta forma transitória do presente é preferível dar o nome de instante. *O instante é o cruzamento do tempo e da eternidade.* Mas, por um lado, o fato de nossa existência própria não sair jamais do instante mostra que nossa ligação com o presente do ser puro não pode ser rompida, ao passo que, por outro lado, a fugacidade mesma do conteúdo do instante e a impossibilidade que experimentamos de captá-lo, e com mais forte razão de retê-lo, mostra que o eu não é um ser constituído, mas um ser que se constitui.

Apesar do caráter paradoxal de tal asserção, somos incapazes de captar o eu, ao menos primitivamente, porque ele não é então mais que pura possibilidade. Ora, esta possibilidade envolve o todo e fomos obrigados a atualizá-lo de início como uma possibilidade real, qualquer que possa ser ulteriormente seu conteúdo: tal é a experiência inicial do ser. Nesse momento o eu não tem ainda nenhum conteúdo: esse conteúdo não o fará sair do ser, mas lhe permitirá tão só apropriar-se dele. Desse modo, é captando o ser por graus que nosso eu se forma pouco a pouco, e, por conseguinte, se capta a si mesmo indivisivelmente com o ser no próprio ato pelo qual se forma. Para explicar, mantendo sua dualidade, a coincidência do ser e do eu, poder-se-á dizer que, se coincidimos com o ser totalmente pelo instante, só coincidimos com ele parcial e até tangencialmente pelo conteúdo próprio de cada instante.

É porque esse conteúdo do instante expressa nossa limitação que nossa existência no instante afeta sempre um caráter sensível; ela implica, pois, ao mesmo tempo a passividade e o corpo: a sensação é sinal no pensamento da presença do corpo, faz entrar esta presença na consciência dilatando-a no tempo, associando-a a um rudimento de lembrança e a um rudimento de tendência.

Por ser limitado, o corpo é solidário de todo o universo; a sensação não pode, pois, fazer-nos conhecer o corpo em si, mas só sua relação com todos os outros corpos. Todavia, isso não quer dizer que o conhecimento que ela nos dá do corpo seja essencialmente inadequado: pois não há corpo em si; o próprio corpo não é senão o ponto-final das influências que, vindas de todos os pontos do universo, se reúnem nele. Por isso os diferentes sensíveis nos revelam o universo revelando-nos a nós mesmos.

Quanto ao corpo, ele mostra ao mesmo tempo que é característico da individualidade e que pode servir de nó entre a objetividade e a subjetividade graças à sua aptidão para entrar num duplo sistema de representações. Há, com efeito, uma ciência objetiva do corpo, mas esta faz dele um espetáculo para outro e nos obriga a tornar-nos para nosso próprio corpo espectadores que lhe são estranhos. Nosso corpo não é então para nós senão um objeto no meio de outros, e todas as ações que ele recebe ou que lhes devolve devem ser consideradas atualmente exercidas. Mas a sensação envolve ainda o corpo de um modo de todo diferente, dando-lhe acesso a nossa intimidade individual: ele aparece então como a condição desta. O espetáculo das coisas, em vez de ser uma tela anônima em que ele ocupa lugar variável, torna-se uma perspectiva original de que ele é o centro. Com as influências que ele sofre da parte dos outros corpos ou reflete neles ultrapassando em todos os sentidos o ponto e o instante em que se exercem, a consciência se torna capaz de guardá-las de reserva e de contar com elas antecipadamente, de padecê-las ou desfrutá-las, de usá-las ou regulá-las.

No entanto, produz-se no instante uma espécie de coincidência entre a presença da sensação e a presença do corpo: é essa coincidência o que dá a cada uma delas sua realidade própria porque o corpo está ausente se é pensado em vez de ser sentido, e porque a sensação se converte em imagem quando se destaca da presença do corpo. Assim, conquanto cada corpo sofra influência de todos os outros corpos e implique a história de todo o universo, conquanto cada sensação, pelos estados que a preparam e pelos que ela suscita, implique a história de todo o eu, é no instante que a sensação e o corpo adquirem uma existência original que, para explicar-se e fundar-se, deve desenvolver-se simultaneamente na existência objetiva do real inteiro e na existência subjetiva da consciência inteira.

Também é fácil compreender por que a maior parte dos homens identifica o ser com o sensível e com o corpo. Esse preconceito é em certo sentido legítimo, não só porque o eu, enquanto é um ser limitado, não pode representar sob uma forma atual o ser total e até em certa medida sua própria natureza senão como um dado passivo, mas também porque a lembrança e o desejo, dirigidos um para o passado e o outro para o futuro, em vez de nos fazerem comunicar com o sensível com um ser ainda exterior ao eu, mas ao qual o eu se assimila a fim de ser ele mesmo algo, já não nos fazem comunicar senão com o conteúdo mesmo do eu no tempo, ou seja, com o que nos tornamos e com o que queremos tornar-nos.

5. Todas as aparências estão situadas no ser absoluto

A diversidade das presenças instantâneas e a impossibilidade de esgotá-las parecem opor obstáculos insuperáveis à adequação entre o pensamento e o ser. Pois não só se alega que não é possível captar o ser senão em um de seus aspectos, de modo que, não retendo afinal mais que o próprio aspecto, se esquece logo o ser deste aspecto, mas pretende-se também que o ser está decisivamente fora de nosso alcance e que o sujeito do conhecimento é incapaz de alcançar outra coisa além de uma aparência.

Todos os esforços que se fizeram para pôr em dúvida uma apreensão direta do ser se reduzem, com efeito, seja após se ter negligenciado que era preciso pôr o ser para pôr a qualificação, a considerar o ser um termo abstrato descoberto posteriormente pela reflexão comparando uns aos outros os diferentes objetos qualificados, ainda que, ao contrário, nenhum objeto qualificado tenha para nós valor concreto senão por sua inscrição primitiva no interior do ser sem condição; seja a relegar este a um mundo transcendente inacessível ao conhecimento, que parece inevitável ver como o único mundo real e com o qual é preciso, porém, que o mundo do conhecimento, por existir por sua vez, guarde uma homogeneidade existencial.

Mais ainda, como se pode empregar o termo "fenômeno" ou "aparência" sem reconhecer, por isso mesmo, a necessidade de pôr o ser, e até de pô-lo de três maneiras porque, por um lado, dizer que há aparências é dizer, como o reconhece a maior parte das doutrinas idealistas, que há um ser, desconhecido é verdade, cujas aparências são precisamente as aparências; porque, por outro lado, o sujeito para o qual há aparências tem a existência sem a qual nada poderia aparecer-lhe; e porque, enfim, dizendo que há aparências, atribui-se evidentemente à aparência como tal uma existência absoluta?

Assim, devendo todas as qualificações receber o ser da mesma maneira, e visto que as próprias aparências implicam o ser, na suposição de que não seja possível ultrapassá-las, vê-se bem que a ideia do ser não pode em nenhum caso ser deixada sob silêncio pelo conhecimento. Mais: todos os esforços que se fizeram para escapar a esta ideia provam decisivamente que ela está sem cessar presente para o pensamento: ela reaparece indefinidamente ao termo de todos os argumentos pelos quais se esperava exorcizá-la. A distinção entre a existência do pensamento e a existência do objeto não é, ela mesma, uma distinção que se refira a duas formas de existência, mas a dois termos diferentes a que a mesma existência se aplica.

Pretender-se-á então que o que nos interessa já não é esta existência capaz de convir indiferentemente a todos os objetos, mas sim os caracteres reais dos próprios objetos. Assim, podemos perfeitamente dar ainda o mesmo nome de "ser" à aparência subjetiva e ao que se encontra atrás dela; mas, dizendo que não alcançamos o ser, queremos dizer apenas que não conseguimos dessubjetivizar a aparência para entrar em contato com a realidade própria do ser em si, que é o fundamento de todas as aparências, tal como é antes de ser mutilada e deformada pelo sujeito das aparências. No entanto, basta reconhecer claramente que o ser, sendo uma noção indivisível, deve aplicar-se no mesmo sentido ao que aparece e ao que está situado atrás para cessar imediatamente de estabelecer uma oposição quimérica entre um ser verdadeiro, mas que não aparece, e uma aparência irreal, mas que, todavia, é o único ser que podemos captar.

A noção unívoca do ser convida-nos precisamente a descer até uma raiz comum de todas as aparências, ou seja, a fazer das próprias aparências não só, segundo uma famosa fórmula, aparências bem fundadas, mas também peças reais de um universo variado em seus aspectos, ainda que homogêneo pelo princípio que o faz ser e que não tem, ele mesmo, nenhuma existência separada. E esse resultado não seria medíocre, se nos permitisse, falando da noção de ser universal, encontrar nele um princípio sobre o qual pudéssemos apoiar não uma distinção puramente verbal, como a que acabamos de definir, entre uma coisa de que não se sabe nada e aparências cujo caráter ilusório, à falta de um termo de comparação, jamais poderia ser tocado, mas uma classificação sistemática das formas pelas quais o próprio ser deve, para manifestar toda a sua riqueza, propor sucessivamente sua inesgotável presença a uma infinidade de indivíduos finitos.

Basta, ao que parece, para provar o caráter adequado da noção de ser, juntar esses dois argumentos um ao outro: por um lado, que esta noção se impõe a nós de maneira necessária, ainda que pretendamos encerrar-nos no mundo das aparências, e, por outro, que em razão de sua perfeita simplicidade ela é rigorosamente idêntica a si mesma, qualquer que seja o objeto a que se aplique. Mas com isso o mundo das aparências se vê singularmente realçado. Pois não se vê a obrigação de inscrevê-lo inteiro no ser absoluto. A palavra "aparência" perde então esse caráter de limitação metafísica pelo qual se tornava imagem infiel de uma realidade inacessível. Ou antes, já não há aparências, no sentido pleno e forte que se dá a essa palavra, mas só perspectivas a respeito do real que se acordam e se completam, e de que o real é, de algum modo, a integração. Retificar uma aparência é sempre apelar a outra aparência mais coerente e mais bem adaptada a nossas necessidades.

Mais ainda, a própria oposição decisiva entre o mundo do ser e o mundo do conhecer tem, sem dúvida, origem num contraste hipostasiado entre esse mundo da percepção visual e esse mundo da percepção tátil que a ciência não cessa de aproximar um do outro sem nunca chegar a confundi-los. Depois a distinção entre imagem e percepção será usada para evocar uma distinção simétrica entre a percepção e um objeto que nunca foi percebido.

6. A presença sensível alimenta a presença espiritual

Se o eu não sai do presente, porque se o fizesse deixaria de ser, em contrapartida o presente não é sensível: ora, a independência relativa do eu com respeito ao ser total se realiza precisamente graças à oposição entre a percepção e a imagem. Quando a percepção tem lugar, o eu coincide momentaneamente com um aspecto do ser: mas esta coincidência permite a determinação e a fixação de uma imagem que viverá doravante na consciência de uma vida subjetiva autônoma, oferecendo às criações da atividade espiritual uma matéria infinitamente variada e infinitamente dúctil. Se esta coincidência não fosse sem cessar nova, o eu não se destacaria do ser total. E, se o eu não tivesse em si uma provisão de imagens adquiridas a que se opõem nossas incessantes descobertas no instante, estas não poderiam ser atribuídas a um eu já possuidor de uma natureza definida, mas que ainda é capaz de enriquecer-se indefinidamente.

Assim, o eu é um ser que simultaneamente imagina e percebe. Ora, a presença da imagem não pode ser confundida com a da percepção: mais ainda, elas parecem excluir-se uma à outra. É impossível que tenham ao mesmo tempo o mesmo conteúdo. O mesmo objeto não é de uma só vez percebido e imaginado. É preciso que ele seja excluído do presente da percepção para entrar no presente da imagem. E a teoria da vida interior consiste em mostrar como essas duas formas da presença se supõem uma à outra, ainda que devam contradizer-se antes de se chamarem e de se entrelaçarem mutuamente.

As imagens permitem-nos, antes de tudo, reconstituir no instante de maneira sempre inexata e parcial um passado de direito irreformável, porque foi vivido de tal maneira e porque não pode não ter sido. Elas atestam, por conseguinte, ao mesmo tempo nossa libertação com respeito ao sensível instantâneo e nossa servidão com respeito a uma realidade vivida e doravante inapagável. Há mais, porém: essas imagens revivescentes limitam e alimentam ao mesmo tempo nossa atividade criadora; servem de matéria para essas imagens indeterminadas, muito mais maleáveis, que formam o objeto do desejo e a que o evento, que será o objeto futuro da percepção, permanecerá sempre desproporcionado. Assim, nosso eu é formado menos ainda da originalidade qualitativa de nossas percepções e de sua incorporação total à nossa natureza, que se efetua amiúde sem que o saibamos, do que do duplo intervalo subjetivo e sempre renovado que separa nossas percepções antigas de nossas lembranças e os fins imaginados pelo desejo dos fins realizados.

A lembrança de nosso passado faz parte de nosso eu presente, assim como o futuro para o qual o desejo nos volta, antes de se tornar um objeto atualmente possuído, não pode ser para nós senão uma imagem presente real ou possível.

No entanto, a presença da lembrança é uma presença subjetiva inconsciente, ou seja, uma pura potência, até o momento em que se torna na reminiscência ao mesmo tempo subjetiva e consciente: a lembrança parece sempre mutilada e deformada precisamente porque esta potência nunca é plenamente exercida. Assim, a relação que mantemos com nosso passado imutável é análoga à relação que a percepção sempre variável mantém com um objeto pressuposto fixo, ou melhor, com o ser total, o único que é fixo. Na conversão da percepção em lembrança, a consciência se forma ainda por limitação, como na passagem do ser presente ao objeto percebido.

Quanto à presença em nós do desejo, é também uma presença subjetiva inconsciente ou consciente (sendo esta com relação àquela posterior e imperfeita) e que, para além dos limites da participação realizada, testemunha, no sujeito que participa, uma confiança numa presença exterior a ele, mas capaz, graças a coincidências novas, de enriquecer sua natureza indefinidamente sem nunca se esgotar. A imagem que é objeto do desejo não é, enfim, senão uma tentativa puramente subjetiva realizada com a ajuda de elementos tomados do passado e pela qual a experiência da conivência desejada entre o eu e o ser se encontra antecipada. É evidente que, estando sempre presente para nós mesmos, estamos sempre presentes para nossas lembranças e para nossos desejos, mesmo quando não são conscientes: mas é no instante que eles se atualizam por uma espécie de um clarão passageiro ao contato da percepção com que contrastam e que fazem entrar, por sua vez, na consciência graças a esse contraste mesmo.

7. O EU RECEBE DO SER A PRESENÇA QUE ELE PARECE DAR-LHE

Analisando a experiência da presença real, vem-se inevitavelmente a mostrar que a presença de um objeto é sua inscrição no todo, e que a ideia do todo é o fundamento de toda presença particular, incluída a do próprio eu.

Não há relação mais clara que a da identidade entre o ser e o todo, porque, por um lado, o ser não pode ser posto senão em sua totalidade e porque, por outro, é ao todo que é preciso dar primitivamente a existência, se a existência da parte é sempre participada. Como, com efeito, um objeto poderia ser, mesmo como um simples ser de pensamento, se não fizesse de algum modo parte do todo?

Mas como, contrariamente, ele poderia ser senão tornando-se presente, e se não há muitas maneiras de estar presente, se os objetos mais diferentes devem penetrar na própria presença, não é porque a noção de presença expressa a necessidade de pôr o ser indivisivelmente? A presença não pode ser, portanto, senão total, e pôr a presença de cada objeto é pôr sua presença própria no interior de uma presença universal. Mas isso quer dizer tanto que a ideia do todo dá a presença a tudo o que é quanto que a presença pura deve ser identificada com a ideia mesma do todo.

É possível, entretanto, manter em todo o seu rigor o princípio de que, se só pode estar presente o que é, inversamente só pode ser o que comporta uma presença real? Alegar-se-á, com efeito, que toda presença é subjetiva e inseparável do ato de consciência que a dá a si mesmo. Mas é evidente que a presença subjetiva é antes a manifestação da presença que sua essência. Pois, se situa o ser representado no interior da consciência que o representa, ela confere ao mesmo tempo à consciência seu caráter de realidade e a situa, pois, a ela mesma, no ser sem condição. É por isso que ela é apenas um aspecto particular e limitado da presença total: ela testemunha esta sem esgotar-lhe o conteúdo.

A presença do objeto conhecido é atualizada pela presença da consciência assim como a presença da consciência é atualizada pela presença do ser. Antes de tudo, a presença própria de cada objeto é evidentemente uma presença relativa, porque nenhum objeto particular pode ser pensado em si mesmo de forma independente dos outros objetos particulares com que ele mantém progressivamente novas relações ao infinito. Mas vê-se imediatamente que esta presença mútua dos objetos uns para os outros – ou sua presença comum na mesma experiência – é obra da consciência, pois todos os objetos particulares, sejam considerados em sua natureza original, sejam considerados em suas relações, são inseparáveis de um pensamento discursivo e finito que funda sua realidade. Confrontando-se alternadamente com este mesmo pensamento, eles adquirem, poder-se-ia dizer, uma face subjetiva comum. E é por ser incapaz de sair de si mesmo que todo pensamento discursivo e finito chama a possibilidade ideal da presença de todo o dado na consciência do mesmo sujeito.

Mas, assim como um objeto, ainda que devesse conter necessariamente a totalidade do ser se fosse analisado até o último ponto, não se sustenta, porém, em nossa experiência real onde ele assume uma forma particular senão pela solidariedade com a infinidade de outros objetos particulares, assim também uma consciência, ainda que desdobrando todas as suas potências devesse terminar por coincidir com o ser total, exige, para que seu desenvolvimento seja de fato limitado e de direito ilimitado, a colaboração de uma infinidade de outras consciências no interior das quais o universo inteiro será sempre adequadamente representado.

Desse modo, a própria possibilidade de uma presença mútua de todos os objetos numa mesma consciência é correlativa à possibilidade de uma presença comum de todas as consciências no mesmo universo, o que quer dizer que toda presença particular de um objeto numa consciência ou de uma consciência no universo supõe necessariamente uma presença total a que ela deve ser arrimada e sem a qual ela não poderia ser. Sem esta diversidade infinita das consciências que se acordam mas se completam, não se poderia compreender a possibilidade de um progresso de cada uma delas, nem a distinção que todas fazem, no objeto que elas representam, entre o conteúdo atual de sua representação e a realidade mesma do objeto representado, que, uma vez que não é atualizada por minha consciência, não poderia ser pensada senão como atualizada, todavia, por todas as outras consciências reunidas.

Não se pode, pois, conceber a presença do eu senão com relação à do todo. E sem dúvida a maior parte dos homens não quer dizer outra coisa, quando diz que o eu está presente, senão que ele é um pedaço do universo. Quanto ao privilégio de que o eu goza no idealismo, funda-se na impossibilidade de conhecer o que quer que seja fora da perspectiva do um eu. Mas o próprio do idealismo mais consequente é sustentar que o eu é idêntico ao todo: e esta identidade se funda evidentemente na propriedade que o eu tem de dar a presença a todas as nossas representações. Ora, o mundo da consciência, que é sem dúvida um mundo fechado porque constitui nossa própria intimidade, dá-nos com efeito acesso, pondo-a ao nosso alcance e talhando-a à nossa medida, à intimidade universal do ser.

Vê-se agora a que ponto a presença do ser eleva-o acima da pura abstração. A presença é uma experiência do todo, ou antes, é o caráter que nos dá, na experiência de cada objeto, um contato imediato com o todo. Ele faz da noção de ser uma noção viva. *Pois o ser não pode ser distinguido de sua própria revelação*. Ele é, sim, se se quiser, um dado, mas que se dá a si mesmo, uma total e mútua apresentação de si a si que não é possível senão porque o ser é um ato: ele se realiza eternamente pela infinidade de estados que preenchem todas as consciências particulares; o próprio estado não é senão um ato imperfeito e interrompido, e todo mundo vê que, em sua realidade atual, ele é ainda iluminado e envolvido por um ato que não só o sustenta e ultrapassa, mas também o atualiza e faz ser.

8. Nossos estados estão ligados entre si porque fazem parte de uma presença idêntica

Não se perca de vista nenhum dos princípios já estabelecidos, a saber: que estamos sempre presentes para nós mesmos, porque estamos sempre presentes para o ser absoluto; que nossa existência, estando em ato, não pode ser dada senão no presente; enfim, que o ser total deve estar eternamente presente para que, participando de sua natureza, nosso eu permaneça sempre atual, apesar da renovação incessante de seus estados. Sem esta identidade de uma presença eterna, como poderíamos explicar a constância desse sentimento de presença que acompanha todos os acontecimentos de nossa vida? Dir-nos-ão sem dúvida que esses acontecimentos são todos diferentes entre si, e que o eu, sendo ele mesmo variável, só se identifica a cada instante com um deles. Mas, se esses eventos sempre novos são, todavia, ligados uns aos outros, é porque são recebidos numa presença idêntica que não sofre nenhuma renovação. Que não se argumente que esta presença só é a mesma em abstrato, porque, ao contrário, ela é o caráter que dá a todo aspecto do real sua existência concreta, que permite inscrevê-lo no ser e atribuir-lhe neste último um lugar e limites.

Dir-se-á que, se o eu se identifica sucessivamente com cada um de seus estados, seria ao que parece preciso imaginar, para triunfar de sua disseminação, outro eu invisível, que, sendo ele mesmo desprovido de toda determinação, teria o encargo de realizar a síntese de todos esses estados seja na simultaneidade, seja no sucessivo, isto é, de fazê-los penetrar na mesma presença subjetiva? No entanto, parece inútil, para dar a presença a todos os nossos estados, recorrer a esse sujeito formal que seria o fundamento da fenomenalidade sem ser um fenômeno e o fundamento da individuação sem ser um indivíduo. Tal termo não poderia ser distinguido do ser puro. Se o eu individual não tem condições de se pôr a si mesmo como um primeiro termo, é porque tem sua presença própria de sua inserção na presença incondicional.

É colocando-se no coração desta presença, ou seja, na abundância infinita e rigorosamente una do ser total, que é preciso explicar solidariamente, mas sem se deixar enganar por sua aparente autonomia, por um lado as diferentes formas abstratas que correspondem no ser à análise de sua compreensão, e por outro, as diferentes formas individuais que correspondem à análise de sua extensão. A mesma presença eterna é ao mesmo tempo necessária e suficiente para assumir, por intermédio da participação, a dupla função de ligar todos os nossos estados no mesmo momento em nossa consciência e de ligá-los através do tempo em nossa memória. A presença constante do eu para si mesmo não requer necessariamente a presença de um eu estranho à experiência do eu, mas só a presença do eu empírico e variável para um ser que é constante. Este é um verdadeiro eu universal no interior do qual formamos nosso eu individual, que é o eu mesmo que conhecemos. Já se viu como é na eternidade do ser que se encontra em particular o fundamento da memória. Os diferentes momentos do tempo são ligados entre si porque, sendo todos inseparáveis do ser, transcorrem uniformemente num presente de que nunca saímos e de que jamais poderemos sair. Mas, se assim é, em que consiste este transcorrer senão na transformação incessante de uma percepção presente numa lembrança presente? Desse modo o tempo aparece como uma ordem puramente subjetiva que permite ao eu coincidir sucessivamente com cada uma das faces do ser, mas convertendo cada vez esta coincidência momentânea numa posse espiritual pessoal e duradoura.

Vemos formar-se assim todo o campo da intimidade: compreende-se ao mesmo tempo por que não podemos nunca transpor seus limites. Mas, se o eu, conquanto se constitua por análise, efetua necessariamente uma ligação entre todos os aspectos do ser de que ele participa, é sem dúvida porque eles estão ligados primitivamente na unidade do ser, mas sobretudo porque a intimidade, ou seja, nossa presença constante para nós mesmos, é indiscernível de nossa presença constante para o ser eterno, que funda e alimenta todas as formas temporais da participação.

Embora o sentimento da presença seja a experiência mesma do todo, é sem dúvida natural, porque esta experiência é simples e está implicada em todo conhecimento e em toda ação, que se cesse logo de ser sensível à sua originalidade e de manter a atenção nela para fixá-la em seu conteúdo particular. Mas, então também, cada acontecimento, destacado dos laços que o uniam ao todo, já não é senão uma imagem flutuante e suspensa num vazio em que logo se dissipa: ao contrário, assim que se firma no todo de que expressa um aspecto, ele recobra sua solidez e sua significação interior. Igualmente, no que nos concerne, é-nos impossível obter a presença para nós mesmos se nos separamos do todo: já não vivemos então senão uma vida de aparência; é como se tivéssemos evadido do ser numa ausência solitária e repleta de miragens. Só a meditação sobre a presença do todo assegura a coincidência concreta de nosso pensamento com o ser. Só o sentimento da presença do todo confere a nossos atos o princípio de sua eficácia.

Em suma, qual pode ser a experiência fundamental de um ser limitado senão a experiência de seu ser e de seus limites? Mas pensar seus limites é também ultrapassá-los, é até ultrapassá-los infinitamente; e é perceber ao mesmo tempo a identidade de natureza entre o ser que somos e o ser que nos ultrapassa. É preciso, pois, que todo ser particular se insira a si mesmo num todo de que ele se reconhece elemento; e para isso é preciso ainda que seu ser seja homogêneo e congênere do ser do todo. A partir daí cessa seu isolamento: não só ele já não é esmagado pelo todo, mas descobre em seu próprio pensamento, pelo qual cria sua intimidade para si mesmo, ou seja, sua essência original, um ato consubstancial à operação mesma do todo e que, precisamente porque de direito envolve o todo, não cessa de receber dele um alimento que nunca lhe é recusado.

9. A presença de todos os estados pende da presença do mesmo ato

No instante, opera-se uma confrontação incessante entre a realidade sensível, por um lado, e, por outro, as imagens entregues pela memória e sugeridas ou modificadas pelo desejo: é o caráter ao mesmo tempo discorde e solidário dos elementos confrontados o que assegura a presença recíproca do eu para o ser e do ser para o eu. Mais ainda, seu contraste é indispensável para definir o instante, que é uma relação indefinidamente variável entre a presença permanente do eu para si mesmo e a presença eterna do ser. De maneira geral, a presença da percepção é uma presença para o ser que nos descobre nossa presença para nós mesmos, e a presença da imagem é uma presença para nós mesmos que nos descobre nossa presença para o ser. Sendo essa dupla relação característica de nosso ser próprio, vivemos sempre no instante, embora o conteúdo do instante nunca seja o mesmo, à falta do que o eu não poderia desenvolver-se, nem, por conseguinte, distinguir-se do ser absoluto e constituir sua natureza por uma operação autônoma.

Entre as imagens, umas serão rejeitadas no passado, ou seja, num presente do eu que é ao mesmo tempo um presente do ser (porque o eu não pode ser separado do ser), mas que permanece obscuro para nós até o momento em que um ato de pensamento o esclareça de novo de maneira instantânea. Assim como o eu, para se distinguir do ser total a que, porém, está ligado, não pode coincidir com ele senão pelo limite evanescente do instante, assim também é pelo ato instantâneo da lembrança consciente que devemos coincidir com nosso passado.

Mas, se fôssemos atualmente de todo idênticos a esse passado, já não teríamos necessidade de lembrá-lo por uma operação privilegiada; limitar-nos-íamos a padecer-lhe o peso, o eu seria um fato e não um ato, e não seria possível explicar seu elã interior nem a espontaneidade da potência pela qual ele se renova. Por isso é preciso haver nele outras imagens que sejam rejeitadas no futuro, ou seja, num presente do ser que não é ainda um presente do eu, conquanto no instante o eu o chame a si para desejá-lo.

Na oposição entre esses dois grupos de imagens, umas tomadas de um eu já constituído pelo contato com o ser, e as outras exigidas, por assim dizer, do ser na operação pela qual o eu se enriquece, eclode, tal como no caráter sensível de nossas percepções, a limitação de nossa natureza, que é ao mesmo tempo fato e ato, e que, em sua passividade, é limitada por seu passado realizado e, em sua própria atividade, pela distância estabelecida pelo tempo entre o desejo e o objeto desejado.

Assim, o indivíduo situado no instante extrai o alimento de sua própria vida quer no presente do eu pela lembrança, quer no presente do ser pela percepção, quer no intervalo que, separando do ser o eu realizado, permite a este fazer de sua própria coincidência com um novo aspecto do ser, sugerido, é verdade, por sua experiência passada, o fruto de sua própria atividade. No instante produz-se, pois, para que toda participação permaneça limitada, uma incessante conversão de uma forma de presente a outra, da percepção presente à lembrança presente, quando a percepção cai no passado, e da imagem presente à percepção presente, quando o desejo se realiza. O tempo supõe, portanto, uma adesão permanente do eu ao ser no instante: este é uma ponta sem espessura, e o simples contato com ela atualiza sem cessar um sensível prestes a entrar no eu em forma de imagem a fim de nele se tornar um elemento permanente de sua natureza. Mas esse mesmo sensível está sempre associado a certas imagens revivescentes cuja presença consciente lhe dá seu caráter subjetivo, permite operar uma distinção entre o ser e a percepção e torna possível o aparecimento do desejo, que, nascido da insuficiência mesma do que nos é dado, aspira a realizar uma coincidência cada vez mais perfeita entre o eu e o todo.

Isso basta para mostrar que o eu não pode sair do presente. Mas o papel do tempo é fazer aparecer uma diferença entre o sensível presente, que é evanescente, embora expresse um aspecto do ser eternamente presente, e embora expresse um aspecto desse passado que, integralmente conservado no eu em forma de potência adquirida, constitui doravante minha natureza permanente, e o desejo presente, evanescente ainda, embora se alimente das imagens acumuladas nesse eu permanente e presuma no ser eternamente presente a realidade do objeto que ele busca alcançar. Com respeito ao ser total, a diferença entre as espécies da presença não tem nenhum sentido: não se pode distinguir entre o futuro e o passado, e, por conseguinte, tudo é presente sem ser nele objeto de lembrança, nem fora dele objeto de desejo. Nada para ele é instante, se o instante não é senão um limite entre um ato já cumprido e um ato que vai sê-lo. Mas tudo é instante, se é no instante que o próprio ato se cumpre.

Assim, a verdadeira presença consiste no ato. Como seria diferentemente se nós temos razão em identificar o ser com o ato? É no instante e por um ato que percebemos, rememoramos e desejamos. Esses atos diferem uns dos outros por seu objeto, ou seja, não pela riqueza de seu conteúdo, mas por sua limitação. A percepção, a lembrança e o desejo estão mesclados de passividade: por isso é possível descrevê-los até certo ponto como estados. Pois o ser inteiro está presente para a percepção sem que o ato da percepção lhe seja adequado; o eu passado está presente inteiramente para a lembrança sem que o ato da rememoração lhe seja adequado; enfim, o ser e o eu distintos e associados estão presentes ao mesmo tempo e inteiramente para o desejo que nasce da consciência da inadequação deste àquele. Só o ser absoluto é um ato puro a que não está ligado nenhum estado.

PARTE V

A PRESENÇA REENCONTRADA

1. A FILOSOFIA É UMA GÊNESE INTERIOR DO SER

Há um acordo tácito entre as pretensões dos filósofos e as exigências do público a seu respeito. A filosofia não goza de prestígio em todos os espíritos senão porque nos promete uma explicação total do universo. Parece que o filósofo deve necessariamente, para cumprir a tarefa que assume, poder mostrar como as diferentes partes da criação aparecem sucessivamente segundo uma ordem inteligível. Nós lhe demandamos que nos faça assistir à gênese interior do real. As mofas dos céticos sobre tal ambição, os protestos de humildade dos filósofos não devem impressionar-nos: o cético segue as empresas sempre renovadas da razão com uma desconfiança que não exclui alguma emoção; ele não dissimula que há na inteligência uma esperança infinita; mas pensa que esta não pode ser realizada; sua renúncia é semelhante à de certos ascetas que estremecem quando se conservam perto deles objetos que eles abandonaram. Quanto à humildade dos filósofos, ser-nos-á permitido dizer que é uma precaução que eles tomam antecipadamente contra suas próprias falhas: a despeito de todas as ilusões que o amor-próprio pode dar-lhes, eles guardam sempre, no fundo mais íntimo de sua sinceridade, a convicção de ter entrevisto, ao menos durante as horas em que seu pensamento estava mais lúcido, o ritmo secreto a que as coisas obedecem.

O homem é um ser limitado que é posto em face de um todo a que ele se opõe, mas com o qual é unido. Essa é uma experiência ao mesmo tempo inicial e eterna que é implicada por todas as outras e que todas as outras desenvolvem e especificam. Ora, há entre o homem e o todo caracteres comuns. Há também caracteres que são próprios ao todo como todo e ao homem como parte distinta desse todo. A origem e o valor do conhecimento e da ação dependem da maneira como se estabelecerá a comunicação entre o homem e o todo: se o homem se opõe ao todo e busca em sua natureza individual o princípio independente de sua conduta, ele sucumbirá neste esforço; contrariado de todos os lados pelo todo que o cerca e que é infinitamente maior e mais poderoso que ele, não encontrará em seu próprio domínio senão ignorância e miséria; e, rompendo, tanto quanto possa, os laços que, unindo-o ao todo, sustentam sua própria existência, contribuirá a cada uma de suas *démarches* para diminuí-la e destruí-la: sua destruição será o efeito necessário das leis a que ele busca furtar-se. Se, ao contrário, ele nutre seu pensamento e sua vontade com a representação do todo com que forma algo uno, as leis do todo lutarão com ele e não contra ele. O mundo tornar-se-á inteligível para ele. Em vez de ser absorvido pelo todo, cumprirá nele sua função particular. Em sua harmonia com o todo, encontrará o equilíbrio e a força; fundará sua existência individual deixando de pretender a independência, que é caráter do todo e não pode pertencer a um ser limitado, para reconhecer as condições que o fazem participar do todo em que seu desenvolvimento se enraíza e se alimenta.

Não só, como se disse, é descobrindo a presença do ser que descobrimos nossa presença para o ser, mas também nosso ser próprio não se constitui senão pelo conhecimento do ser do todo. Por conseguinte, o ser do eu não existiria sem este ser do todo em que ele toma lugar e com o qual mantém incessantes relações. Mais ainda, o ser do eu encerra em potência o ser do todo, mas para atualizá-lo é preciso que este ser do todo não cesse de sustentá-lo e de fornecer-lhe ao mesmo tempo o elã de sua operação e a matéria de que ela se serve.

Assim, a reflexão filosófica não nos faz conhecer o mundo como a um espetáculo, porque nos faz assistir à formação mesma desse espetáculo. Ela é um conhecimento interior ao ser. Revela-nos uma atividade sumamente eficaz de que faz nossa consciência participar. Permite-nos, graças a esta participação, criar a nós mesmos, inscrever nossa própria realidade no universo e produzi-la em vez de sofrê-la.

2. Há uma compensação entre todas as ações particulares

Um todo que não é um total, um todo que é dado antes que suas partes, a fim de que suas partes sejam descobertas nele graças a uma participação que torna possíveis ao mesmo tempo o progresso dos espíritos e a gênese das coisas, não pode ser senão o ato que fecunda todas as participações. Ele ultrapassa sem dúvida a apreensão de todos os seres individuais e os limites em que se exerce cada uma de suas faculdades. É que essas faculdades são múltiplas e diferem entre si tal como diferem de um indivíduo a outro. Mas essas diferenças vêm do objeto a que elas se aplicam ou do fim que elas perseguem, ou seja, de seus limites e ainda das condições sem as quais nenhuma participação seria possível: não vêm da fonte de onde extraem todas as suas operações e que lhes dá sua comum eficácia. Por isso nada permite distinguir deste ato universal a integralidade de suas formas participadas. Ele é superabundante com respeito a cada uma delas: não pode sê-lo com respeito a todas. Não há nada nele que permaneça em estado de pura potência. A potência marca, em cada ser individual, sua solidariedade com o todo, a possibilidade de constituir para si mesmo sua própria natureza, a carreira ilimitada aberta a seus desejos e a extensão atual de sua não participação; esta pode ser efeito quer do grau em que a evolução deste ser se deteve, quer da insuficiência atual de sua vontade.

Mas o que em um não é senão potência é sempre ato em algum outro. Isso nos permite compreender como cada uma de nossas operações apresenta o caráter de uma escolha, conquanto sua força operante não venha de nós. É por nós somente que ela vem a nós. Nós não estamos limitados a desviar um curso que, se não lhe tivéssemos oferecido abrigo, teria encontrado alhures seu escoamento.

É por isso que cada uma de nossas *démarches*, se não acrescenta nada ao universo nem suprime nada dele, tem porém infinitas repercussões. Contribui para determinar não só nossa essência e nosso destino, mas também o sentido mesmo de toda a evolução. Assim, reina no mundo uma lei maravilhosa de compensação universal que encontra dupla expressão no determinismo dos fenômenos e na harmonia do mundo moral.

Pretender-se-á, sem dúvida, que toda ação se torna doravante inútil porque o que se deixa de fazer se encontra necessariamente alhures. Ao menos parece que se tem pela frente a alternativa seguinte: ou nossa atividade será inspirada pelo egoísmo e pela avareza, porque retira de outro o que ela nos dá, ou, para que se torne altruísta, exigirá, num sentido muito mais profundo do que pensou qualquer religião, não só um sacrifício perpétuo de si, mas também uma assunção de todas as dores, de todas as faltas e até de todos os crimes que se possam conceber, sem que aquele que disso se encarregue possa jamais esperar receber por isso nenhuma contrapartida. Há nesta interpretação de uma lei natural uma tentação tão forte, que certos ascetas não conseguiram resistir a ela. Mas o desafio não pode ser mantido até o fim. E aquele que aceitasse entrar num inferno pelo puro espírito de sacrifício ali encontraria, sem dúvida, a mais pungente delícia.

No entanto, não se deve esquecer que a participação dos seres particulares no ato puro não pode expressar-se pela simples lei da concorrência, precisamente porque o tesouro em que eles mergulham é infinito e inesgotável, porque o tributo que eles retêm não lhe falta, porque sua separação é mais aparente que real, e porque, sendo solidários do mesmo princípio, eles são solidários uns dos outros, de modo que cada um, enriquecendo-se dele, enriquece todos os outros. Igualmente, se há a cada instante um equilíbrio na distribuição dos bens materiais, o aumento dos recursos utilizáveis não pode, todavia, aproveitar a um sem aproveitar a todos. E, no mesmo sentido, o equilíbrio entre as formas do ser no interior do universo é um efeito das *démarches* cumpridas por cada uma delas. Assim, pode-se admitir, se o todo é uma afirmação soberana, que o desenvolvimento de uma de nossas potências faz aparecer em nossa consciência e em todas as consciências uma multiplicidade de potências correlativas, mas não privativas, assim como o aparecimento do azul na luz branca não destrói e não empobrece esta, mas faz surgir nela um arco-íris indivisível e, no entanto, dividido.

Sem dúvida, o caráter original de cada individualidade exige que ela determine por si mesma sua própria vocação mediante uma participação cada vez mais perfeita no ser universal. Mas as relações incessantes das diferentes individualidades entre si fazem que o progresso realizado por cada uma delas não deixe nenhuma outra indiferente. Ele é para todas uma sugestão e um exemplo. Ajuda-as e em certo sentido as obriga a descobrir e realizar seu destino particular. É portanto muito verdadeiro dizer que as lacunas da participação num ponto serão preenchidas alhures, pois nada pode faltar ao todo. Mas depende de nós que elas o sejam mais cedo ou mais tarde, que tal se dê graças a nós ou sem nós. O todo é semelhante ao espaço, que está sempre presente, que é indiferente aos movimentos que o atravessam, e onde todos os movimentos possíveis serão mais cedo ou mais tarde realizados. Mas a realização de um só deles condiciona a de todos os outros. Assim, cada ação livre chama uma infinidade de outras. Mas no mundo moral não são senão proposições o que pode ser acolhido ou rejeitado. Se o universo é semelhante a uma gavela, cabe a cada um de nós ampliar e multiplicar indefinidamente as espigas. Mas uma fecundidade perfeita e sem cessar renovada encontra-se sempre em cada grão.

3. O TEMPO É AO MESMO TEMPO A MELHOR E A PIOR DAS COISAS

Se se supusesse abolido o tempo, abolir-se-ia ao mesmo tempo nossa independência e nossa vida espiritual. Pois o tempo destaca-nos do universo de que fazemos parte. Ele nos permite jamais coincidir com este senão pelo limite sem cessar variável do instante. Faz do conjunto de nosso próprio desenvolvimento uma espécie de mundo fechado, unido sem dúvida ao universo circundante por laços os mais estreitos, mas que, todavia, só pertencem a nós mesmos. Graças ao tempo, o pensamento modela uma imagem do futuro que fornece um fim à faculdade de desejar, e a ação, assim que é realizada, torna-se na memória um objeto indefinido de contemplação.

Mas, destacando-nos do todo para fundar nossa individualidade, o tempo é a causa de todas as nossas misérias. Pois, assim que o ser concebe sua separação, mesmo relativa, com respeito ao todo, ele se sente ao mesmo tempo cheio de audácia e de impotência. Ele reconhece suas responsabilidades com respeito ao futuro; e, como este futuro é sempre incerto, ele fica ansioso diante dele; o mais das vezes se deixa seduzir por fins particulares que ele despreza; e é por esta razão que a lembrança de seu passado se torna angustiante. Em outras palavras, o tempo, que é o meio no qual nossa atividade se liberta, mas permanecendo ligada ao todo, torna-lhe sensível o mau uso que ele faz desta atividade quando, em vez de buscar apoio em sua ligação com o todo, aumenta o intervalo que o separa dele. Tornado então escravo de cada objeto, ele se dissipa no jogo do sonho ou do desejo e encontra uma dupla decepção, seja porque, tendo posto sua confiança em si mesmo, o resultado vem contradizer sua esperança, seja porque, deixando que lhe penetre a ociosidade, ele demanda à ordem do mundo que produza para ele o milagre de uma satisfação interior para a qual ele mesmo não colaborou.

Não obstante, se se diz com verdade que, sem o tempo, o indivíduo não teria existência, é no uso que ele faz desta independência por meio do tempo que ele pode conquistar a potência e a alegria. Os objetos particulares, em vez de retê-lo e de dissipá-lo, aparecem-lhe então como uma manifestação do todo de que ele mesmo faz parte e com o qual pode, graças à sua mediação, associar-se de maneira sempre idêntica e sempre nova. De modo que, se o fim de nossa própria vida está na união com o todo e se esta união não pode produzir-se senão por nossa atividade, era necessário que o tempo realizasse de algum modo nossa separação material a fim de que, com risco de tudo perder, nossa reunião fosse para nós uma conquista espiritual de todos os instantes.

Assim, diremos que, sem o tempo, não somos nada, porque nenhuma distinção entre o todo e as partes que o formam pode ser operada senão por ele. Mas, assim que o tempo aparece, um duplo caminho se abre diante de nós: podemos permanecer no interior do todo como uma parte entre as partes; estas já não são para nós senão aparências variáveis; elas nos aprisionam consigo nos laços da mais dura necessidade; o passado nos esmaga com seu peso; o futuro nos fascina com suas miragens. Aí está o primeiro caminho. Mas o tempo é também o meio de nossa libertação: e é este o segundo caminho. A insuficiência de cada parte tomada em si mesma não chama só uma perpétua mudança, mas manifesta também um parentesco e uma comunidade de natureza entre as partes, e por conseguinte entre cada parte e nós mesmos no interior do mesmo todo. Assim, retornamos à unidade através da dispersão, não apenas apesar desta, mas até, em certo sentido, por meio dela.

Ao mesmo tempo, ultrapassamos as aparências para entrar em contato com o ser por um ato voluntário. Nossa liberdade encontra-se fundada não sobre a negação de toda determinação no mundo, mas sobre uma distinção no mesmo mundo entre duas espécies de relações: as relações das partes entre si, que são reguladas pelas leis mais inflexíveis, e as relações de cada parte com o todo, que nos obrigam a considerar esta parte como uma imagem do todo, um centro que a tudo alimenta, uma fonte que parece nascer de si mesma no momento em que o todo verte nela inesgotavelmente a potência que a faz ser.

Longe de dizer que a necessidade e a liberdade assim concebidas permanecem opostas uma à outra, é preciso dizer, ao contrário, que elas são inseparáveis, que elas são dois nomes de uma mesma realidade. É porque as partes não se bastam a si mesmas, enquanto o todo onde elas tomam lugar goza de suma independência, que a mesma parte sofre, como parte, a coação de todas as outras e participa da independência do todo assim que se une a ele. O determinismo e a liberdade são a face material e a face espiritual da autonomia mesma do todo.

Dando um passo mais, vemos que o tempo era necessário para que pudéssemos ultrapassá-lo a ele mesmo por um ato livre. Pensar o todo é livrar-se da servidão do instante. É até, em um sentido, produzir o advento do todo, se um todo não consiste numa justaposição de partes indistintas, mas no pensamento totalmente interior pelo qual uma parte, percebendo sua própria originalidade, reconhece em si uma potência presente em todas as outras partes, que testemunha sua identidade em cada uma delas e não as pode animar senão lhes pedindo sua colaboração.

4. O INDIVÍDUO É ESCRAVO DO TEMPO ASSIM QUE SUA ATIVIDADE DIMINUI

O tempo aparece como a condição de toda participação, de suas insuficiências e de sua reparação. Ele não pode, pois, aparecer para os seres particulares senão como uma forma de existência própria. Não há, pois, que se admirar de encontrar nele períodos de progresso e períodos de regressão e talvez até uma espécie de complemento a cada instante de perdas e ganhos. Não haveria lugar, portanto, para guardar mágoa alguma de amor-próprio se se pensasse que nenhuma de nossas aquisições não é senão para o todo, embora possa ser proveitosa para os outros seres particulares.

Indo mais longe, far-se-ão duas observações: *a primeira* é que cada um de nós só realiza sua essência uma vez que, superando os limites de sua natureza individual e renunciando a todo apego próprio, descobre em si uma graça sempre presente que, assim que encontra nele mais resistência que docilidade, busca alhures outras passagens, mas que, assim que o toca, o convida a comunicar com todos os que como ele são aptos a recebê-la. Não retendo nada para si mesmos, eles se unem a Deus, deixando prosseguir entre as coisas materiais esse jogo de causas e efeitos a que, na parte íntima de seu ser, eles de algum modo se tornaram estranhos.

A segunda observação prolonga e completa a primeira. Pois, se o tempo é a forma de nossa experiência, não nos deixamos levar por ele senão à medida que nossa atividade diminui e se detém; nós o superamos, ao contrário, à medida que ela se concentra. Desse modo, a estreiteza da participação nos obriga a dilatar a extensão da duração para abarcar o ser que, a cada instante, parece fugir de nós, enquanto, ao contrário, a duração se restringe e se torna inútil para aquele que, desinteressado com respeito a todos os modos, se agarra em cada instante ao princípio que os produz. Assim, é porque o tempo é subjetivo que cada consciência lhe fixa o ritmo regulando-o no intervalo que a separa do ser puro. Esse ritmo é indefinidamente variado, mas não pode ser contraído à perfeição da unidade senão em certos pontos culminantes de nossa vida de onde não cessamos de decair para alcançá-los de novo, pois o indivíduo só os pôde encontrar ultrapassando-se a si mesmo e, se aí ele descobre o exercício de uma atividade pura que triunfa do determinismo, é preciso que ele não guarde nunca nada do que julgou ter conquistado, que renove indefinidamente o que julga ter e que possa a cada instante tornar a ganhar e tornar a perder tudo.

5. O INSTANTE É UM MEIO DE ACESSO AO PRESENTE ETERNO

Não é preciso sair do instante senão para entrar no presente.

Reprova-se à maior parte dos homens seu não querer viver senão no instante, como se o passado não deixasse em seu pensamento nenhuma lembrança, como se o futuro não cessasse de surpreendê-los em razão de sua incapacidade de prevê-lo. Viver no instante é, pois, ao que parece, viver com despreocupação, deixar-se levar pelo curso dos acontecimentos, participar da mudança em vez de dominá-la e recusar-se a exercer esta prerrogativa essencial do espírito que, em vez de ceder como a matéria ao fluxo que a arrasta, tenta segundo suas forças abarcar o conjunto do tempo, reter o passado que foge e prever o futuro para conformá-lo antecipadamente a nossos desejos. Ora, se, como sustentamos, o ser finito não coincide com o ser total senão no limite evanescente do instante, e se é só nesta coincidência que podemos adquirir, com o ser, a potência e a felicidade, a doutrina que expomos não se torna a doutrina do instante, não devemos abandonar-nos à instabilidade do devir no momento mesmo em que buscamos um termo eterno e renunciar à obra característica do pensamento, que é ligar entre si as etapas da duração, no momento em que, apreendendo este pensamento em sua essência, pretendemos levar seu exercício até o último ponto?

No entanto, o instante pode ser considerado de dois aspectos: se não é senão um lugar de passagem entre dois estados particulares, ele nos conduz a tornar a lançar no nada o que já não é ou o que não é ainda e não nos deixa fora de nós nem em nós nenhum objeto estável que possamos captar. Então aquele que quer viver no puro instante não o consegue porque é expulso dele de maneira incessante pela mobilidade do tempo. Distinguir-se-á uma multiplicidade contínua e indefinida de instantes sucessivos? Ela faria das etapas de nossa vida não uma posse transitória, mas um abandono perpétuo. Como evitar então o arrependimento, que não é, ele mesmo, senão uma esperança frustrada? Mas o instante tem ainda outro aspecto, porque é por sua ligação com o instante que a percepção, a lembrança e o desejo testemunham igualmente sua realidade. Se a percepção parece anular-se em prol da imagem, se o objeto de nosso desejo não se converte em percepção, é nosso corpo que é frustrado: donde, é verdade, o instante manifestar nossos limites, mas, por ser ao mesmo tempo nosso ponto de junção com o ser, porque é nele que se exerce um ato idêntico cujo conteúdo se renova sem cessar, ele atesta também a eternidade atual, se não de nossa natureza própria, ao menos de seu fundamento espiritual. Nesta segunda interpretação, mais valeria dizer que se sai do instante propriamente dito para entrar no presente. Pois, se nos agarramos ainda à lembrança e ao desejo, já não é para deplorar sua irrealidade, porque ambos aparecem como elementos de nosso ser atual. Mas, para não ser desviado por eles do presente, é preciso depurá-los bastante para reduzi-los a um ato que se cumpra, desinteressando-se da passividade dos estados que o acompanham ou dos objetos a que ele se aplica, ou seja, libertando-o da ideia de uma percepção perdida ou esperada.

Desse modo, concentrando em si tanto as imagens que parecem escapar-nos num distante passado quanto as que nos atraem para o futuro por miragens fora de nosso alcance, o presente livra-nos da servidão a que elas nos reduziam; permite-nos saborear o suco de cada uma delas e nos dá um desfrute espiritual delas. Em vez de sofrer pela distância que as separa da realidade sensível, encontramos nelas uma luz nova a que a sensação não podia aspirar. E, se a imagem aparece ainda como suscetível de ser projetada já no passado, já no futuro, é só para que forneça um objeto idêntico à nossa contemplação e ao nosso amor. Mas as formas particulares do ser já não nos interessam por seu conteúdo, que buscaríamos em vão fixar ou reter. Seu papel é revelar-nos a presença absoluta de um ser eterno; e é preciso que elas sejam sempre novas para que possam permitir-nos participar de sua essência enriquecendo sem cessar nossa natureza e fazendo do curso inteiro de nossa vida um nascimento ininterrupto.

6. Não há nada de nosso além do ato no instante em que ele se exerce

É no ato que se funda nossa verdadeira realidade, e o erro da maior parte dos homens provém de eles estarem mais atentos ao conteúdo, isto é, ao limite do ato, do que ao ato mesmo. É por um ato que percebemos, rememoramos e desejamos. E em cada um desses atos, considerado enquanto ato, nossa participação no ser está presente, perfeita e indivisível. Todo o mundo o sente bem. Mas, cegos pela limitação produzida pelo tempo em nossa natureza e persuadidos de que a distinção entre o passado e o futuro é característica do próprio ser, somos levados a identificar o presente não com o ato, mas com o estado, e por conseguinte com o sensível. Daí provêm todas as nossas desgraças. Assim, os homens sofrem contemplando o passado, se era feliz, porque fugiu deles, e, se era melancólico, porque sua imagem os persegue até na posse da felicidade presente. Tentando adivinhar o futuro, eles sofrem ainda por estar privados de alegrias que esperam, e temem sempre a ameaça de algum perigo. É que, transportando-se ao passado e ao futuro, que eles consideram estados abolidos ou ainda por nascer, não podem senão desviar-se da realidade presente, comprazer-se num sonho impossível de atualizar e envenenar toda a sua vida por comparações que não fazem senão aguçar a consciência de seus limites. Ao contrário, solidarizando-nos com o ato, permanecemos vinculados ao presente do ser, reencontramo-nos com a inocência da fonte mesma de toda a nossa potência. O passado mais miserável torna-se um elemento de nossa força presente: ele é a prova benfazeja que a nutre e a esclarece. O instante presente, fazendo concordar nossa existência com a do universo, inscreve de algum modo na abundância infinita deste a perfeição atualizada de nossa essência. E o futuro mais incerto, dando ao ser a forma próxima e subjetiva do ato por oposição ao dado, abre diante de nós caminhos nos quais se implica nossa liberdade, que tornam possível nosso progresso, que nos permitem reencontrar o concreto de que o sonho nos havia afastado, e que não deixam nunca de propor à nossa atividade algum novo emprego, nem de lhe permitir, se ela sabe alcançá-los, frutos melhores que todos os que ela já saboreou.

Na busca das novidades passageiras, o eu não pode senão dissolver-se. Mas cada objeto particular, aquele que está bem diante de nós, que está presente no instante, e é sempre novo ainda que nos pareça de todo familiar, basta porém para nos dar contato com o ser absoluto; pois ele deve tomar lugar no todo que ele implica e expressa à sua maneira. Com isso adquire um relevo e uma suficiência que o libertam de algum modo da relatividade onde o mantinha a simples consideração de seus limites com respeito a nós mesmos e com respeito aos outros objetos. No entanto, para que esse resultado possa ser obtido, é preciso que o ser cesse de ser para nós um imenso dado que buscaríamos abarcar sem consegui-lo. É preciso que, indiferentes ao conteúdo de cada dado, possamos unir-nos em cada um deles ao ato universal que o funda com todos os outros. É apenas assim que poderemos assegurar nossa ligação com *o ser absoluto e onipresente* e firmar-nos num ponto fixo de onde poderemos doravante, sem desejo, nem medo, nem arrependimento, assistir ao desenvolvimento ilimitado de nosso ser limitado e colaborar para isso.

Assim, não poderemos ser censurados por deter e encarcerar por antecipação o desenvolvimento do eu inscrevendo num todo imutável ao mesmo tempo sua origem, seu fim e o intervalo mesmo que os separa e lhe permite eclodir. Se alguém preferisse abrir diante de si uma carreira misteriosa e indefinida, mas rejeitando a ideia de um todo de que se alimenta, estaria de todo impedido de explicar como pôde enriquecer-se e até simplesmente mover-se. Ao contrário, vê-se bem como, por um contato sem cessar renovado com um ser imóvel, nosso eu empírico se acrescenta, por assim dizer, sem pensar, integrando em sua natureza própria todos os aspectos sucessivos que seus diferentes encontros com o ser lhe revelaram. Para evitar a idolatria que consistiria em pôr um todo no qual todas as manifestações do ser seriam realizadas de uma só vez, anteriormente ao aparecimento dos indivíduos, basta admitir que essas manifestações não existem, com efeito, senão para indivíduos, mas admitindo também que, sob pena de excluí-las do ser e de torná-las ininteligíveis, é preciso pô-las em ato no interior da totalidade das coisas com todos os indivíduos que as atualizam por suas operações autônomas. O todo, tal como o definimos, não está separado de suas partes: ele é o princípio que não só contém em si, de maneira indivisa, todas as possibilidades, mas exige e realiza a passagem ao ato de cada uma delas segundo as condições definidas que permitem a todas as partes, no momento em que aparecem, constituir, elas mesmas, seu ser participado.

7. O ATO É UNO E INTEMPORAL

Porque para ser o ato tem necessidade de se exercer, ele está sempre situado no instante e é sempre novo. Parece, pois, que os atos diferem uns dos outros a uma só vez pelo tempo, pelo lugar, pelas circunstâncias, pela matéria que modelam, pelo desígnio que perseguem. Mas isso implica dizer que diferem por seus limites ou pelos obstáculos que encontram, não por sua natureza nem por sua essência. Entre os atos que o homem é capaz de cumprir, só os que ele confiou em si ao hábito e fora de si à máquina estão encerrados em formas rígidas e especializadas. Mas, se se considera a atividade da mão num operário hábil, encontra-se esta tão ágil que se é incapaz de prever todos os gestos que pode fazer: e, no entanto, eles dependem de sua estrutura e das resistências que lhe são opostas. Quando a atividade se torna artística, ela multiplica infinitamente seu prestígio: e, nas figuras que fixa, faz esquecer as lutas que travou para não deixar transparecer senão as marcas visíveis de sua facilidade e de sua liberdade. Se consideramos o herói e o santo, a perfeição de sua atividade não decorre de que, em vez de se expressar por atos conhecidos de antemão, ela se encontra espontaneamente adaptada às circunstâncias mais variadas, de modo que, após ter provocado nossa surpresa, logo nos parecerá ser a única justa e natural? E não é principalmente nela que observaremos o verdadeiro efeito da atividade, que é o se exercer pela simples presença? Ela age tanto mais quanto menos parece agir. É que ela age antes por seu ser mesmo que por seu movimento. E sua influência imóvel basta para chamar sem esforço todos os que a sofrem à consciência de sua própria natureza e de sua própria função.

Manter-se-á sem dúvida que um ato não pode exercer-se senão no tempo, que ele comporta um ponto de partida e um ponto de chegada, que ele produz uma transformação visível do universo e, para dizer tudo, que ele converte uma potência numa coisa. Mas esses caracteres só pertencem de fato à ação: e esta é mesclada de materialidade e passividade. Ela expressa um símbolo do ato no devir. É como se este se deixasse atrair e penetrar pelo ato buscando imitá-lo à sua maneira.

Ao contrário, se se considera o ato em sua pureza, ele não tem existência fora do presente em que se exerce. O passado não pode ser senão um estado, e, como já não o podemos modificar, é preciso que o padeçamos: assim que tentamos repensá-lo por um ato, ele se torna presente numa forma nova. Igualmente, o futuro não é senão objeto do desejo: e, quando a vontade se aplica a ele, é para atestar seus limites e a distância que separa a realização do desígnio. Mas aquele que pudesse pensar no futuro por um ato sem passividade já não teria necessidade de desejar que ele se produzisse para conhecê-lo e desfrutá-lo.

Pretender-se-á que é impossível não implicar no tempo este ato mesmo, que ele não tem sempre a mesma tensão e que ele sofre transformações interiores à medida que o efeito esperado se cumpre. Mas o ato não tem efeito. Seria preciso para isso que ele pudesse cessar de ser, transmutar-se em estado, decair à categoria de coisa. Seria preciso que ele não tivesse em si a totalidade de sua perfeição. O efeito depende dele sem dúvida, mas ao mesmo título que da causa, porque a própria causa é só a condição ou o dado cuja ligação com o efeito traduz, é verdade, a realidade do ato, mas com relação a certas circunstâncias definidas e tal como se manifesta aos olhos de um espectador que cessa de experimentar-lhe interiormente a inalterável presença e a inesgotável plenitude.

A partir do momento em que tentamos captar o ato no tempo, substituímos o ato mesmo pelo rastro que deixou em nossa memória. Isso não implica dizer que cessamos de cumpri-lo para considerar de fora o intervalo ocupado por seu vestígio? Mas o que contribui para provar que o tempo, em vez de ser uma condição primitiva do ser, é apenas um meio de proporcionar o conhecimento do ser à nossa natureza finita é que, se devemos captar a natureza do ser puro em forma de um ato sempre presente, mas de uma presença que é superior ao tempo, e que funda a possibilidade deste em vez de se renovar nele – o devir, todavia, após ter transcorrido no tempo, de que evidentemente é inseparável, não pode evitar ser abarcado, por sua vez, num ato de contemplação que é, ele mesmo, intemporal.

8. O SÁBIO É INDIFERENTE AOS ESTADOS

Convir-se-á sem dúvida que cada um de nós vive num mundo puramente representado e que este mundo é obra sua, que ele difere de um indivíduo para outro em riqueza e em profundidade e que ele mede, por assim dizer, a qualidade e a potência de nossa própria participação no ser total. Mas não é à multiplicidade de nossos contatos com o todo que nossa ambição deve ser consagrada. Pois tal progresso tem seu preço: nenhuma das formas particulares do ser pode satisfazer-nos; elas nos lançam a uma busca indefinida cujo termo nos escapa sempre. Elas nos misturam a seus conflitos, onde o eu se esgarça.

De fato, sempre nos apartamos de nós mesmos enquanto não liberamos em nós a simplicidade do ato puro. Tornamo-nos joguete das paixões; tropeçamos por todos os lados em nossos limites; nossos votos cada vez mais numerosos continuam, sempre, a malograr-se; nossa impotência, que cria reparar-se, não faz senão crescer. É que nenhuma de nossas aquisições tem valor em si mesma: ela é apenas um meio que deve permitir-nos abrir em nós o acesso a uma operação que vem do alto, que as engendra e compreende, sim, mas ultrapassa a todas. A atividade não tem estados por fim: ela própria é o princípio e o fim; e os estados a expressam, mas como sombras que a acompanham e que no-la tornam sensível. É só quando nos destacamos de cada estado particular que podemos descobrir a fonte superabundante de que todos emanam. Desse modo, não há que se admirar se temos a impressão de só receber a graça e a força inseparáveis da inocência primitiva e de um contato constantemente renovado com o ser se nossa alma parece ter-se tornado semelhante a esta folha branca em que nenhum caractere se escreveu antes do ditado da inspiração, a esse espelho vazio de imagens mas que reflete a pureza da luz, a esse movimento espontâneo que se faz com desenvoltura num meio dócil e mesmo cúmplice em que nenhum obstáculo o retarda nem detém.

Por isso os sábios e os santos, especialistas em usar de todos os recursos da alma para obter a potência e a alegria, veem como à primeira condição da iniciação espiritual esta virtude negativa pela qual o ser, renunciando antes de tudo a todas as imagens exteriores a que se aplicou até então sua preocupação, fica enfim sozinho consigo mesmo e, por conseguinte, face a face com o ato que o faz ser. Pode-se dar a esta virtude o nome de purificação, de despojamento ou de indiferença.

Mas ganha-se tudo quando se crê perder tudo: pois, se alguém se purifica, é só das misérias do amor-próprio; se alguém se despoja, é só dos objetos que o encarceravam; se alguém é indiferente, é só a todos os desfrutes separados que ele buscava em vão reter. Assim, crendo abandonar o que nos pertence, nós só abandonamos o que nos limita. Descobrimos a identidade do ser que preenche nossa capacidade e do ser que a desborda. As diferentes formas do ser não se opõem entre si, ainda que cada uma delas não possa assegurar sua ligação com o todo senão cumprindo exatamente sua vocação e seu destino particulares.

Portanto, ninguém pensará que a alma, afastando sua atenção e seu amor de todos os objetos, deva de fato tornar-se semelhante a um deserto e possa abolir em si sua presença sensível. Como admitir que um ser finito possa, sem ser aniquilado, ver desaparecer em si todos os seus estados? Em um sentido, cada um desses estados será, ao contrário, singularmente realçado: aparecendo tal como deve ser e no lugar onde deve ser, ele se tornará em sua ordem um termo único e absoluto. Mas para isso será preciso precisamente que o eu cesse de se interessar por si como por um fim que ele pudesse modificar, reter, ou até produzir, porque está seguro de encontrar em todos os estados, quaisquer que possam ser, o ato sumamente inteligível, ao mesmo tempo idêntico e sempre novo, de que dependem ao mesmo tempo sua potência espiritual e sua alegria interior.

9. A ALEGRIA É A PERFEIÇÃO DO ATO PROPRIAMENTE DITO

Todos os homens buscam o conhecimento, a potência e a alegria.

Mas a alegria é o bem supremo. Ela se basta a si mesma. Contém e ultrapassa o conhecimento e a potência.

Ela repele e obriga as consciências particulares. Produz uma luz própria que a justifica. Descobre sua vocação ao ser que a experimenta. Dá sentido ao universo. É este universo que lhe permitiu nascer: mas ela o envolve agora em seu resplendor.

Igualmente, a alegria não é um efeito da potência, nem um testemunho que dela se dá; é apenas sinal dela, não consequência: está além. É indiferente a seus sucessos; não tira nenhuma vantagem de seu exercício, nem de seus efeitos. Não tem consideração para com suas formas divididas, não realiza sua unidade; dá-nos infinitamente mais que cada uma delas havia prometido e podia ter: não deposita sua confiança nelas. Reúne-as e supera-as ao mesmo tempo.

Há nela uma luz, uma facilidade, uma serenidade que não se encontram na potência e no conhecimento senão quando atingiram seu objetivo e, por conseguinte, já terminaram de se exercer. É na alegria que ambos encontram o fim e o porto.

Mas eles esquecem então os objetos particulares que tinham perseguido e que não eram senão os obstáculos de que deviam triunfar. A perfeição da alegria a impede de deixar-se prender por qualquer objeto. Este seria para ela não uma razão de ser, mas uma limitação. Ela nos une a um princípio capaz de engendrar todas as verdades particulares, à fonte de que derivam todas as nossas ações, todas as vitórias e todas as conquistas da potência. E até se pode dizer que na alegria o princípio do conhecimento se identifica com o princípio da ação. De modo que o sucesso num ou noutro desses domínios não é senão um meio para nós de ir mais longe. Na alegria, a atividade, indiferente a todos os fins particulares, esquecida de que se ramifica em faculdades distintas, alimenta-se de seu puro exercício.

O conhecimento e a potência são meios para produzir a alegria. Sem dúvida eles nos dão uma alegria própria que é como o acompanhamento de seu desempenho. Mas no fim é preciso que ambos venham desatar-se e perder-se nela. Nesse momento, o pensamento e a ação fazem nascer em nós uma emoção nova e incomparável: a que acompanha o aniquilamento de sua operação própria e separada na consciência que eles têm, desaparecendo, de seu conseguimento.

A alegria não difere da presença mesma do ato. É que o ato não pode conhecer fracasso, porque não reside em seu efeito, mas no princípio que o faz ser. Ele não se distingue da personalidade que o cumpre e cuja essência viva e desmaterializada ele expressa. Ou antes, a matéria cede a ele como a vontade à graça. Ninguém poderia conceber que ele fosse outro: e, todavia, ele é soberanamente livre, assim como é soberanamente desembaraçado. Só é possível concebê-lo acabado, mas de maneira natural e que exclui qualquer esforço.

Ele não conhece dispersão nem obstáculo: traduz aos nossos olhos o sucesso de uma personalidade que, cumprindo-o, experimenta a alegria de se cumprir a si mesma por uma operação que se parece ao mesmo tempo com uma libertação e com uma criação. Ele apresenta uma unidade interior que nenhum transcurso do tempo pode alterar. Apesar da variedade das circunstâncias em que ele se exerce, encontramo-lo sempre semelhante a si mesmo: é sempre o mesmo ato que nos mostra que ele não havia cessado de estar presente. Nenhuma aplicação o força a modificar-se, nenhum fim o ultrapassa. Quando nós mesmos o cumprimos, ele nos revela o mesmo rosto familiar. Parece nascer acima da vontade, que só produz ações. É objeto de uma espécie de contemplação como um modelo inacessível até o momento em que, vendo-o reaparecer, nós o reconhecemos, produzindo em torno de si o sossego e a certeza, desatando dificuldades em aparência insuperáveis e tornando visível uma ordem que nos espantamos de haver perdido, assim que ele a restabeleceu.

ANEXO

Participação Criadora e Participação Moral

por Louis Lavelle

Com préfácio, posfácio e estudo introdutório do membro da Academia Brasileira de Letras

Tarcísio Padilha

Tradução

Paul Albert Simon

Prefácio

Existência e transcendência[1]

1º centenário de nascimento de Louis Lavelle (1883/1951)

por Tarcísio Padilha

A filosofia de Louis Lavelle viveu um longo período de hibernação, mesmo após a morte do genial filósofo francês. Curioso paradoxo deve ser registrado: os quatro primeiros livros dedicados ao estudo do lavellismo foram de autoria de dois professores italianos, de um holandês e do signatário desta apresentação.[2] Somente após a morte de Lavelle é que

[1] Publicado na revista *Presença Filosófica*, Anais da VI Semana Internacional de Filosofia, v. XVI, n. 1-4, 1991, promovida pela Sociedade Brasileira de Filósofos Católicos.

[2] O. M. Nobile, *La Filosofia de Louis Lavelle*. Firenze, G.C. Sansoni Editore, 1943, 144 p.; Pier Giovanni Grasso, *Lavelle*. Brescia, La Scuola Editrice, 1949, 211 p.; Bernard M. I. Delfgaauw, *Het Spiritualistisch Existentialisme van Louis Lavelle*. Amsterdã, N.V. Noord-Hollandsche Uitgevers Maatschappij, 1947, 137 p. (com ótima bibliografia e correspondência epistolar do autor); Tarcísio Meirelles Padilha, *A Ontologia Axiológica de Louis Lavelle*. Tese de cátedra apresentada na Universidade do Distrito Federal, Rio de Janeiro, 155 p. (com ampla bibliografia e um resumo em francês e alemão). Publicada em 2012 pela Editora É.

surgirão os primeiros livros de autores franceses. O período de purgatório – salienta Henri Gouhier – não traduziu esquecimento.[3] Paul Ricoeur é bem mais otimista, ao comentar:

> Em torno da obra de Louis Lavelle, de seu estilo perfeito, de sua serenidade quase espinozista, produziu-se na França um silêncio a um tempo respeitoso e embaraçado; os jovens quase não o leem mais e os adultos discutem de preferência obras menos perfeitas, porém mais incisivas para o seu gosto, que os tornaram menos atentos à imensa empresa do filósofo do ser; isto era perfeitamente natural; isto não é, sem dúvida, durável; quando o tempo houver polido as reputações, as verdadeiras grandezas se restabelecerão; eu estou convencido de que Louis Lavelle, ao fim desta prova, será plenamente reconhecido.[4]

Abre-se, pois, a perspectiva de um retorno do lavellismo à arena dos grandes debates filosóficos. Cabe, contudo, sublinhar que Lavelle não encoraja seguidores, discípulos. Para ele a leitura dos grandes filósofos deve constituir apenas ensejo para as nossas reflexões pessoais. Jamais itinerário prefixado para a trilha de nosso pensamento. A filosofia é, no fundo, um pensamento disponível para eventualmente unir-se a uma reflexão em marcha, disto resultando uma nova abertura para o ser. De resto, a densidade da metafísica lavelliana desestimula os espíritos ávidos de simples modismos. O lavellismo é um estuário em que se encontram os grandes temas da filosofia clássica com os desafios da modernidade nos planos da *theoria* e da *práxis*. O ser, o ato, o valor, a participação, a existência, o tempo e a eternidade, a sabedoria recebem tratamento consentâneo com a tradição metafísica do Ocidente e se defrontam com as situações-limite geradas nas oficinas brutais das duas grandes guerras mundiais. Lavelle foi um filósofo que viveu os horrores das duas hecatombes e sorveu suas lições. Daí o

---

[3] Henri Gouhier, Prefácio a *Une Doctrine de La Présence Spirituelle – La Philosophie e Louis Lavelle*, de Christiane d'Ainval. Louvain, Editions Nauwelaerts; Paris, Béatrice-Naauwelaerts, 1967, p. 5.

[4] Paul Ricoeur, Prefácio a *La Participation à l'Être dans la Philosophie de Louis Lavelle*, de Bechara Sargim Beauchesne et Sés Fils. Paris, 1957, p. 7.

valor imenso de suas meditações sobre o mal e o sofrimento, o narcisismo, a consciência de si mesmo, a santidade. Nunca nele se vislumbra o catedrático distante, senão que a atenção ao próximo é marca frisante de sua personalidade acolhedora.

Seu estilo é caracterizado por uma tal harmonia estética que Gaston Berger chega a temer que a densidade de expressão e a perfeição e elegância da forma logrem enganar-nos.[5] O que nunca temi. Cuido antes que o acolhimento ao próximo em Lavelle exprime o convívio espiritual distante de qualquer intrujice. Disse certa feita o Padre Xavier Tilliette, S. J., que devemos nos aproximar do outro sempre na ponta dos pés. O recolhimento gera uma modéstia estrutural que explica em grande parte o fato de que os especialistas em Lavelle não sejam ainda numerosos. E mais. O que muita vez projeta um sistema filosófico ou mesmo a pessoa de um pensador é a forma polêmica com que suas ideias são apresentadas.

A exibição de teses não se coaduna com a discrição que sela o lavellismo, sempre mais propenso a gerar os fatores ascensionais do enriquecimento do homem, do que a produzir seguidores de meros *slogans* de sabor retórico. "Julgamos todas as polêmicas inúteis", asseverou Lavelle, com convicção. Impende, isto sim, criar as precondições para o encontro, no sentido que lhe atribuiu Buytendikj.[6]

O pensamento de Lavelle resultou de um contato permanente com os problemas do homem moderno, objetivando, invariavelmente, solucioná-los à luz do seu realismo espiritualista. Particularmente, o existencialismo prendeu a atenção do filósofo, pois nenhum outro sistema traduz, de maneira tão expressiva, o estado de crise de nossos dias. Atestado cruel da época em que vivemos, acentua os traços amargos da miséria humana. Retrata, pois, o homem como um ser prisioneiro de

[5] Gaston Berger, *Louis Lavelle. Les Études Philosophiques*, 1951, n. 2-3, p. 125.

[6] F. J. J. Buytendikj, *Phénomenologie de la Rencontre*. Paris, Desclée de Brouwer, 1952.

uma vida sem sentido, sendo a morte um ponto final na cadeia de absurdos de uma existência nauseante. O existencialismo não se apresenta, portanto, como uma terapêutica capaz de reintegrar o homem nas coordenadas de um destino transcendente, mas se limita a uma análise fenomenológica do homem decaído, onde não se apontam os antídotos contra o desespero. Eis por que ele não obtém sucesso senão nas almas já desesperadas ou que o querem ser. Daí proceder a observação de Lavelle de que o existencialismo se cingiu a uma física da existência, ao substituir o empirismo do objeto pelo empirismo do sujeito.[7] O mal do existencialismo consistiu em não se estruturar como metafísica e sim como fenomenologia. Preferiu secretar um humanismo totalmente centrado no homem, mas num ser humano cujas amarras foram destroçadas e que, assim, navega sem bússola nas águas tortuosas de seu mundo interior. Lavelle pondera que o homem assim concebido rompe todos os elos com o ser no qual se encontra sua própria razão de ser, a luz que o ilumina, a eternidade que o sustenta e a chave de sua própria vocação temporal.[8] Talvez caiba aqui recordar a tese de Hegel de que negar o Absoluto constitui postura irracional.

O homem que agride sua natureza, desligando-se da fonte de que promana, perde o sentido de seu próprio existir. Nesta direção, o professor Paul Albert Simon – da Universidade Gama Filho – vem desenvolvendo paciente pesquisa a respeito da tecnologia e seu impacto na existência humana, nomeadamente no campo da linguagem. O sucesso científico-tecnológico vem abalando as culturas e os valores tradicionais. Isto porque a sociedade hodierna se caracteriza por uma série de concentrações desenraizadoras do homem, eliminando a reciprocidade. A concentração urbana, a economia, a política correspondem a uma tendência ocidental de buscar sempre um centro. Daí, o teo-centrismo, antropo-centrismo,

---

[7] Louis Lavelle, Prefácio a *L'Existence de Dieu*, de Michele Federico Sciacca. Paris, Éditions Aubier-Montaigne, 1951, p. 8.

[8] Louis Lavelle, *De L'Être*. Paris, Éditions Aubier-Montaigne, 1947, p. 35.

geo-centrismo, helio-centrismo. Esta preocupação centrista gerou um pertinente comentário de Pascal: "É uma esfera infinita cujo centro está em toda parte, e a circunferência em nenhuma". A reação ao centrismo foi radical e os movimentos de reabilitação das minorias, dos marginais, a proclamação do niilismo foram meros corolários.

Diz-se por vezes que Hegel foi o último filósofo sistemático. Lavelle desmente a assertiva *in actu exercito*. Sua filosofia constitui uma síntese coerentemente estruturada, em tudo obediente aos ditames da perfeita racionalidade. Ao apreciar o *De l'Acte* de Lavelle – 2º volume da série prevista para cinco volumes, *La Dialectique de l'Éternel Présent* – Gabriel Marcel reconhece na filosofia lavelliana "a força e a originalidade de um dos pensamentos mais coerentes e mais profundos de nosso tempo".[9] A travação lógica das teses, a articulação do pensamento, o respeito à marcha das mediações oferecem um espetáculo a um tempo de harmonia racional e emoção estética, graças ao condimento da forma que arrancou o comentário entusiástico do mestre da estética italiana contemporânea, Luigi Stefanini: "E o imediatismo vivo do seu pensar era igual à espontaneidade quase fluida do seu estilo que, por esta virtude, constitui um presente oferecido em nossos dias à literatura e à filosofia".[10] A perfeição do estilo retrata a harmonia interior, a força vivificadora do espírito sempre atento às oscilações da realidade circundante, à presença do outro, mas sobretudo e, paradoxalmente, indiferente aos estados, consoante o exige a postura do sábio.

Esta nova modalidade de *ataraxia* que Lavelle edificou decorreu exclusivamente da sabedoria e da santidade que configuram o perfil deste "santo leigo". O santo se encontra na encruzilhada de dois mundos: o visível e o invisível. No mundo dos problemas, o santo, por sua conduta, nos traz as soluções, O papel dos santos consiste em mostrar o que cada um pode

---

[9] Gabriel Marcel, Recensão de *De l'Acte*, em *La Nouvelle Revue Française*, fev. 1938, p. 317.

[10] Luigi Stefanini, "In Morte di Louis Lavelle", em *Humanitas*, 1951, n. 10, p. 962.

fazer de si mesmo.[11] É a transposição para o plano espiritual do pensamento de Nicolai Hartmann: "a fé que manifestamos no valor de outra pessoa possui um caráter criador, capaz de dotá-la de todas as qualidades que atribuímos a ela".[12]

Cumpre discernir na produção intelectual de Lavelle as obras metafísicas dos livros de moral. As primeiras obedecem em tudo ao cuidado beneditino em seguir uma trilha ajustada aos reclamos da logicidade, às exigências metodológicas mais rígidas, ao temor reverencial pelos passos necessários das mediações irredutíveis. As obras morais revelam uma sensibilidade invulgar em face da complexidade do homem visualizado na sequência pascalina como *grandeur* e *misère*. As modulações do comportamento, o sentido da ação, a harmonia da vontade e do amor, a busca da integração dos diversos planos e níveis da existência, o equilíbrio entre o sensível e o inteligível fazem desses escritos joias de uma literatura e certamente, se conhecidos de muitos, haverá de aportar-lhes bálsamos a realimentar as *puissances du moi*. As obras metafísicas assegurarão a Lavelle a condição perene de um clássico da filosofia. Os livros de moral, por força do profundo conhecimento da alma humana que revelam, situarão o filósofo na grande galeria dos moralistas de todos os tempos.

A filosofia de Lavelle é, antes de tudo, uma filosofia do ser. Mas o ser, como concebe Lavelle, não se confunde com o conceito clássico de cunho escolástico. O *genus generalissimum* está longe de se compaginar com a riqueza irradiada pelo ser lavelliano. Já em sua tese doutoral – *La Dialectique du Monde Sensible*, escrita no campo de prisioneiros

---

[11] Para uma compreensão do papel dos santos no mundo, remetemos o leitor para a leitura de *Quatre Saints*, de Louis Lavelle. Paris, Éditions Albin Michel, 1951, 212 p.

[12] Nicolai Hartmann, *Ethik*. 3. ed. Berlim, Walter de Gruyter & Co., 1949, p. 472, apud Hanns Ludwig Lippmann, *Pedagogia Existencial e Aconselhamento de Adolescentes*. Tese apresentada a concurso para provimento de cátedra de Psicologia Educacional da Faculdade de Filosofia, Ciências e Letras da Universidade do Estado da Guanabara, Rio de Janeiro, 1962, p. 125.

franceses, em Giessen, durante a Primeira Guerra Mundial – o filósofo assevera que a noção de ser é o fundamento de todo o seu edifício:

> Pusemos à base de toda nossa análise a noção de ser, não somente porque todas as outras a supõem, mas porque ela constitui um princípio de uma fecundidade indefinida: em lugar de ser, como geralmente se acredita, um gênero abstrato e inerte, ela reside na unidade perfeita de um ato que se exprime por uma distinção sempre renovada e engendra uma diversidade regrada, semelhante à voz, que é uma e emite uma inesgotável variedade de sons e que continua uma, conquanto uma multidão de indivíduos a ouça.[13]

A filosofia de Lavelle não se adstringe a uma descrição fenomenológica da consciência a estruturar um pensamento assistemático e revolucionário, mas parte de uma afirmação inicial e pujante da primazia do Ser como anterior a todas as distinções que em seu bojo se realizam. Esta primazia, de resto, pertence de direito ao Ser. Fugindo às distinções que o antecederiam, o Ser é marcado pela universalidade e pela univocidade. Não se trata de uma univocidade idêntica à de Duns Scot, mas do que, judiciosamente, Nicolas Balthasar denominou univocidade não imanente do ser total.[14] Conquanto haja significativa presença de Platão no lavellismo, foi Plotino que lhe inspirou temas decisivos. Quando a dialética de Lavelle intenta harmonizar o Uno e o múltiplo, o Ser e os seres, ou ainda, quando busca a unidade da metafísica, da moral e da mística, é Plotino quem deve ser evocado.

"Estou ligado à univocidade", diz Lavelle, "mas sem querer opor Scot a Santo Tomás. Parece-me que a univocidade é o único meio que temos para conservar ao ser sua simplicidade

---

[13] Louis Lavelle, *La Dialectique du Monde Sensible*. 2. ed. Paris, Presses Universitaires de France, 1954, p. 36.

[14] N. J. J. Balthasar, "L'Univocité non Immanente de l'Être Total", em *Giornale di Metafisica*, 1952, n. 4, p. 422-50.

e sua grandeza". E conclui: "é a univocidade na escala do ser que funda a analogia na escala da consciência ou da coisa".[15]

O tema da univocidade provocou sérios debates concernentes à acusação de panteísmo endereçada a Lavelle ou, pelo menos a ele insinuada. Sciacca manteve a respeito importante correspondência com Lavelle.[16] Certamente, é difícil de se aceitar a tese metafísica da coexistência da univocidade com a analogia. A impressão que se tem é de que não apenas a univocidade repele a analogia, como postula ainda o panteísmo. É que a univocidade e a analogia constituem duas perspectivas diferentes e complementares sobre o ser, referindo-se a primeira à sua unidade onipresente e a segunda aos seus modos diferenciados. Sciacca, Ceriani,[17] Lachièze-Rey[18] e Grasso[19] insistem em levantar dúvidas, por partirem rigidamente da tese de que a univocidade chama o panteísmo como decorrência natural. Ora, a analogia supõe a univocidade, porque nela se funda. A diversidade analógica dos seres supõe uma unidade primitiva. Em verdade, a acusação de panteísmo vem sendo manipulada com frequência e sem nuances ao longo da história das ideias. Irinée Chevalier[20] e Étienne Borne,[21] da mesma sorte que Gabriel Marcel[22] e De Waelhens[23] repelem o

---

[15] Louis Lavelle, Carta dirigida a Michele Federico Sciacca em 11 de setembro de 1949, em *Giornale di Metafisica*, 1952, n. 4, p. 495. No mesmo sentido, remetemos o leitor às notas das páginas 1 e 2 de *La Dialectique du Monde Sensible*.

[16] Michele Federico Sciacca, "Dal Mio Cargeggio con Louis Lavelle", em *Giornale di Metafisica*, 1952, n. 4, p. 486-500.

[17] G. Ceriani, *Rivista di Filosofia Neo-Scolastica*, 1935, II, p. 182-84.

[18] Pierre Lachièze-Rey, *Le Moi, le Monde et Dieu*. 2. ed. Paris, Éditions Aubier-Montaigne, 1950, p. 101.

[19] Pier Giovanni Grasso, op. cit., p. 158-77.

[20] Irinée Chevalier, O. P., "Aperçu sur la Philosophie de M. Lavelle", em *Revue Thomiste*, 1939, p. 523.

[21] Étienne Borne, "De la Métaphysique de l'Être à une Morale du Consentement", em *La Vie Intellectuelle*, 1936, p. 465-66.

[22] Gabriel Marcel, op. cit.

[23] Alphonse De Waelhens, "Une Philosophie de la Participation. L'Actualisme de M. Louis Lavelle", em *Revue Néoscolastique de Philosophie*, maio, 1939, p. 227-28.

simplismo da acusação de panteísmo endereçada a Lavelle, de forma enfática e, a nosso ver, conclusiva.

Penetrar na metafísica lavelliana é proceder a uma experiência fundamental, ao mesmo tempo primitiva e permanente: a descoberta do eu no ser.[24] Mas o eu não é fenômeno de nada, obtempera Lavelle. E assim alija a visão kantiana para reinterpretar o *cogito* cartesiano, numa perspectiva de superação. Lavelle ultrapassa, no particular o *cogito* de Descartes, o *effort* de Maine de Biran, o medo angustiado de Kierkegaard e Jaspers,[25] abrindo-se para um plano qualitativo, que se evidencia num trecho de *De l'Âme Humaine*: "é que a ideia de infinito já era o *cogito* infinito em ato, de que é necessário por não apenas a possibilidade, mas a existência para sustentar em mim a passagem, no ato do pensamento, da possibilidade à existência".[26] Num certo sentido, se poderia dizer aqui: eu penso, logo Deus existe. A presença do Absoluto é patenteada no desenrolar do processo da existência humana. "É próprio da filosofia fazer-nos volver à fonte comovente de nosso ser individual e secreto que busca sempre, dizia Kierkegaard, sua relação absoluta com o Absoluto".[27] Quando confrontamos o *De L'Être* e o *De l'Acte*, respectivamente primeiro e segundo volumes da monumental *Dialéctique de l'Éternel Présent*, colhemos numa abordagem inicial a impressão de que Lavelle evoluiu em sua concepção metafísica. Ledo engano. Desde o primeiro volume de seu ciclópico

---

[24] Louis Lavelle, *De l'Être*, p. 211-49.

"Être et Acte", em R*evue de Métaphysique et de Morale*, 1936, p. 190. A mesma experiência fundamental é vista por J. Hanslmeier na perspectiva da participação no Ser: "Diese Teilhabe am Sein ist fuer Lavelle, eine *Urerfahrung*, an deren Richtigkeit und Unmittelbarkeit er keinen Augenblick zweifelt". Cf. "Philosophie de l'Esprit Von Louis Lavelle und Renée Le Senne", em *Philosophisches Jahrbuch*, 1953, n. 2, p. 309.

Expendem a mesma ideia: Diamantino Martins, "Louis Lavelle", em *Revista Portuguesa de Filosofia*, 1952, I, p. 53.

Gaston Berger: "Elle [o pensamento] creusait autour d'un point central, faisant apparaître dans une lumière de plus en plus nette la signification d'une découverte initiale". Op. cit., p. 123-24.

[25] James Collins, "Louis Lavelle – On Human Participation", em *The Philosophical Review*, março, 1947, p. 168.

[26] Louis Lavelle, *De l'Acte*, p. 102.

[27] Louis Lavelle, "Être et Acte", p. 187.

opus magnum, o filósofo havia delineado os desdobramentos de seu pensamento diretor. Trata-se de uma dinamização do ser que não é estranho ao exercício da inteligência, porque esta dinamização não se apresenta como uma forma de voluntarismo a devorar o intelectualismo. Isto implica em reconhecer uma identidade do ser e do ato, e é esta identidade que torna o ser participável, sustenta Lavelle.[28] A participação é criativa e não simples adesão estética a um Ser absoluto. Neste sentido, não se pode falar em participação, sem mencionar a liberdade. A participação na causalidade divina é, pois, o ápice da liberdade. Aqui nasce a ideia do intervalo, como condição de viabilidade de efetiva participação. E mesmo de instante, uma vez que o instante expressa em sua inteireza a encruzilhada entre o tempo e a eternidade. Lavelle não acolheu o passado como elemento explicativo do porvir, como timbrou em afiançar Henri Bérgson. Este *poids du passé* foi substituído pela ênfase no porvir, enquanto traduz a possibilidade para o ser finito de partir, por uma operação que lhe é própria, do ato imutável da criação. Há assim um privilégio ontológico do instante que não é, segundo Lavelle, uma transição temporal, senão para nos dar o meio de penetrar num presente eterno. O tempo se transfigura como que por encanto na transtemporalidade de nosso destino. Representa, destarte, o sulco de nossa existência na eternidade.

É preciso salientar aqui o papel da liberdade na problemática do tempo. Lavelle fala de uma ambição de durar que é a própria consciência em sua luta contra o devir. Mas esta vontade de durar, em sua essência profunda, é a expressão desta perenidade do ato de que participamos. Há três graus de liberdade que se espraiam no itinerário lavelliano de tempo: o devir, que nos põe em contato com o mundo exterior; a duração, sem a qual não nos seria possível nenhuma comunicação com a nossa consciência, nem com as demais; a eternidade, que nos une a Deus.[29]

---

[28] Louis Lavelle, *De l'Acte*, p. 70.

[29] Louis Lavelle, *Du Temps et de l'Eternité*. Paris, Éditions Aubier-Montaigne, 1945, p. 425, 428 e 434.

O ser no dinamismo do ato preludia o advento do valor. Poderíamos multiplicar as citações para ratificar os vínculos entre o ser-ato e o valor na *Introduction à l'Ontologie*, no *De l'Acte*, no *De l'Être*, em *Le Mal et la Souffrance* e em *O Erro de Narciso*. Isto porque, para Lavelle, a filosofia não há de ser exclusivamente teórica.

A filosofia dos valores hodierna sepultou a visão estática do valor inserido num ser igualmente opaco. Sua vigência correspondeu à dinamização do ser e à compreensão de que a inteligência e a vontade não hão de buscar uma primazia absoluta, uma em detrimento da outra. Para Lavelle, toda teoria do valor e todas as discussões de que ele é objeto se produzem no caminho que vai do sentimento ao querer e que nos obriga a converter continuamente as avaliações imediatas que a sensibilidade nos fornece em ações que possam ser assumidas e, se se pode dizer assim, que devem ser objeto de atos de vontade.

Toda filosofia dos valores põe em evidência a existência de um abismo entre o que somos e o que devemos ser ou o que queremos ser. Lavelle timbra em mostrar que a existência reside no exercício de um ato de liberdade que, quando não se produz, reduz nosso ser ao estado de uma coisa: ele perde, ao mesmo tempo, sua interioridade e sua razão de ser. O lavellismo consagra o princípio de que o verdadeiro ontológico é o interior e não o exterior. O autoaprofundamento é, pois, a via de acesso ao Ser, que, munificentemente, se abre à participação e, portanto, ao diálogo, ao encontro.

É imperiosa a continuidade dos instantes em que pomos as nossas complacências. Sermos fiéis a eles é gerar a aragem interior capaz de iluminar nossos passos na ascensão espiritual em que afinal consiste a urdidura de cada existência.

Em página inspirada, Lavelle retratou a transcendência da perspectiva do filósofo haurida da meditação diuturna de momentos sublimes:

> Há na vida momentos privilegiados, em que o universo parece iluminar-se, em que nossa vida nos descobre seu

significado, em que queremos o destino que nos cabe, como se nós mesmos o houvéssemos escolhido. Depois, o universo se fecha; tornamo-nos novamente solitários e miseráveis, não caminhamos então senão às apalpadelas pelo caminho obscuro em que tudo se torna obstáculo a nossos passos. A sabedoria consiste em salvaguardar estes momentos fugitivos, em saber fazê-los reviver, em transformá-los na trama de nossa existência quotidiana e, por assim dizer, na morada habitual de nosso espírito".[30]

---

[30] Louis Lavelle, "Témoignage", em *Les Études Philosophiques*, n. 2-3, 1951, p. 128. No mesmo sentido, Louis Lavelle, *Du Temps et de l'Eternité*, p. 47: "Ce n'est que dans les minutes les plus rares et les plus heureuses de notre vie que se produit cette coïncidence rigoureuse entre l'acte et la donnée où il semble qu'il soit impossible de les distinguer".
Este pensamento volta incessantemente na obra de Lavelle. Assim, no artigo "La Pensée Philosophique en France de 1900 à 1950", em *La Revue de Deux Mondes*, 1º de julho de 1950: "À tous les moments graves de son existence, et peut-être à certaines heures privilegiées de loisir, il arrive qu'il se trouve tout à coup en présence de son être profond, anxieux et denudé dont le contact lui est révelé comme dans un éclair. Mais il s'en détourne vite comme s'il n'en pouvait pas soutenir le regard: il revient presque aussitôt vers les besognes quotidiennes qui, quelles que soient les souffrances qu'elles peuvent lui apporter, lui laissent plus de sécurité en comparaison. De cette interrogation sur lui-même qui est inséparable de la conscience que chacun a de soi, de ces fugitives lueurs qui traversent la conscience sans y demeurer, la philosophie tente de faire le séjour habituel de notre pensée: loin de tourner le dos à la vie, elle est la vie considerée dans sa pointe la plus aigüe, c'est-à-dire dans la conscience qu'elle a d'elle-même", p. 33-34.
La Conscience de Soi, p. 74: "Tout homme a vécu quelques moments d'exception oú, soit au contact d'un autre esprit, soit dans une illumination solitaire, il s'élevait au-dessus de la suite des événements ainsi que du cours passager de ses propres états, où il parvenait sans effort à ce sommet que l'on croit avoir toujours connu quand on s'y trouve, qui laisse misérable dès qu'on le quitte et d'où l'on éprouve, dans un sentiment radieux de stabilité et de certitude, la joie de participer au dessein secret de la création".

1. Participação criadora

por Louis Lavelle

Entre os inéditos deixados por Louis Lavelle encontra-se uma obra em preparação, intitulada Système de la Participation.

A obra devia abranger duas partes: a primeira, A Participação em Geral; a segunda, Formas, Graus e Modos da Participação. O texto que aqui apresentamos deveria entrar num capítulo da primeira parte.

Não podemos fixar sua data com certeza. A participação é um dos temas centrais da filosofia de Louis Lavelle, que se encontra no conjunto de sua obra. Podemos, entretanto, assinalar que determinados textos do manuscrito datam de seu curso no Collège de France do ano 1944/1945: Formas e Graus da Participação.

Este manuscrito não tinha ainda sido datilografado nem revisto pelo autor. As raras palavras cuja leitura permanece duvidosa foram indicadas entre colchetes.[1]

---

[1] Os dois textos inéditos de Louis Lavelle sobre a problemática da participação foram enviados pela sra. Claire Lavelle, filha do insigne filósofo francês, ao prof. dr. Tarcísio Padilha, que sobre a filosofia de Lavelle escreveu e publicou sua tese de cátedra em 1955 para provimento da cadeira de História da Filosofia da então Universidade do Distrito Federal, hoje Universidade do Estado do Rio de Janeiro, com o título *A Ontologia Axiológica de Louis Lavelle* [publicado em

A Participação Criadora

Se a participação apresenta um caráter indivisível, se ela é a experiência que temos de nosso próprio ser, enquanto ele é inseparável do todo do Ser, parece que esta experiência inteiramente espiritual deva justificar-se realizando-se e produzir, na sua própria realização, as razões que a fundamentam e explicam. É preciso acrescentar: mesmo que a ideia de criação e a ideia de participação pareçam opor-se uma à outra, que a criação evoque sempre o ser enquanto surge do nada, ao passo que a participação exclui a ideia do nada e evoca o ser enquanto ele se limita e se diversifica, porém, se é verdade que, pelo menos no que nos toca, tudo o que chamamos de criação revela-se como participação, é a própria análise das condições da participação que deve instruir-nos a respeito da significação que podemos dar à ideia de criação.

A experiência da participação é a experiência do ato interior que nos faz ser, mas é tal que ele próprio nada mais é do que a atualização de uma possibilidade que nos é constantemente oferecida. E cada um de nós é causa de si próprio na medida em que adota esta possibilidade e a faz sua. Entretanto a possibilidade como tal não pode sustentar-se sozinha. Ela é a mediação da participação, não o objeto desta. É o ato que me faz ser, que me revela o próprio ser de que participo, e que só pode ser ele próprio um ato, mas um ato que é ato, inteiramente interior a si próprio, que nenhuma exterioridade limita, que nenhuma possibilidade condiciona e que é tal que só posso defini-lo, numa linguagem emprestada do pensamento discursivo e que porém é a negação deste, como a causa eterna de si. Pouco importa que este ato não possa ser isolado de todos os atos que participam dele e que o exprimem: isso não muda absolutamente sua natureza. E mesmo importa fazer aqui duas observações que são de um alcance considerável a respeito da interpretação que se pode dar de toda a doutrina

---

2012 pela Editora É]. Os dois inéditos foram publicados em 1983 (ano de centenário do nascimento de Lavelle), nas revistas *Presença Filosófica* e *A Ordem*, ambas dirigidas por Tarcísio Padilha.

da participação: a primeira é que a ideia de um ser que é causa de si, longe de nos ser estranha, é apreendida numa experiência que é a que temos de nós mesmos enquanto seres livres. E esta experiência parece contraditória e impossível somente porque entendemos sempre por experiência a própria experiência do objeto. A dificuldade não subsiste menos em saber como um ser que é causa de si é ao mesmo tempo um ser de participação. Mas da solução desta questão depende toda a luz que pode penetrar no mistério metafísico. Ora, cada ser só causa de si ali onde sua liberdade se exerce e na própria pureza de seu exercício, mas se sabe que este exercício é submetido a muitas condições e limites. No entanto uma liberdade pura não é somente o ideal para o qual tende uma liberdade entravada, é o próprio poder pelo qual esta age no meio dos próprios entraves e que gradualmente permite-lhe libertar-se destes. O nascimento da liberdade e sua purificação progressiva só tem sentido pela presença no próprio coração do ser de uma faculdade absoluta de autodeterminação, de que eu próprio disponho de uma maneira desigual e sempre imperfeita. Na medida em que sou a causa do que sou, participo de um ato que é incondicionalmente causa de si. E se se pudesse pensar que a participação, subordinando-se ao ser de que participo, suprime em mim a possibilidade de ser causa do que sou, responder-se-ia que participar de uma coisa é receber de alguma maneira os caracteres que a definem, de tal modo que participar de um ser que é causa de si é tornar-se por sua vez causa de si, pelo menos no interior de determinados limites. Assim estaríamos livres novamente de todas as críticas que se pode fazer à teoria da participação, de estar inclinada naturalmente para o panteísmo, já que é na própria medida em que minha participação do absoluto é mais perfeita e, por conseguinte, em que a participação é ela própria mais plena, que adquire o máximo da independência e de suficiência, que me torno mais verdadeiramente causa de mim e que minha liberdade se exerce e se afirma com mais certeza. É o que testemunha a experiência de todos os que vivem de uma vida religiosa, contra a opinião de todos os que são desprovidos desta e que tentam debalde representá-la por conceitos. Mas a vida religiosa é uma união com Deus que nos faz participar de sua essência. Esta participação, é verdade, fundamenta nossa independência, em lugar de aniquilá-la. É no ponto em que nossa dependência é estreitíssima que nossa independência é perfeitíssima. A participação nos torna, nós mesmos, Deus na esfera que nos é própria, o que explica bastante bem como se fundamenta nossa existência particular, que pode voltar-se contra Deus, mas submetendo-se a determinações, isto é, dando-se a si própria cadeias. É o que se verifica ainda nas relações das liberdades particulares: ali onde elas comunicam verdadeiramente, cada uma delas age sobre uma outra liberando-a e não escravizando-a.

A segunda observação versa sobre a ideia de um ser causa de si. Deste ser causa de si nada sabemos senão pela participação, isto é, no momento em que nos torna causa de nós mesmos. E a limitação da experiência fundamental, que só me revela o ser causa de si na relação que ele tem comigo, permite-me imaginar sem dúvida que, neste poder que ele tem de ser causa de si, ele ultrapassa singularmente o poder limitado que ele me dá tornando-me causa de mim, mas ele não me permite, de modo algum, conceber um ser que fosse causa de si e cuja eficácia poderia exercer-se independentemente desta participação de si próprio sempre oferecido a uma infinidade de outros seres sejam reais, sejam possíveis. Haveria então identidade entre um ser causa de si e um ser infinitamente participável. E não basta dizer que é esta possibilidade de ser participado que constitui sua essência e que faz o ser e a razão de ser de todas as coisas: não basta mesmo que se encontre a mesma concepção na ideia de Deus definido como um soberano poder que nada mais é senão ali onde ele exerce, isto é ali onde ele se comunica, ou como uma soberana bondade que nada é senão ali onde ele age por um dom de si que nunca se interrompe ou como um ser criador que cessaria de ser se ele cessasse de criar e que não pode criar criaturas sem dotá-las do mesmo poder de que ele próprio dispõe eternamente. Pois, conforme nosso método, podemos encontrar, nas próprias condições em que se exerce nossa própria existência participada, a realização desta grande lei, que é sem dúvida a lei fundamental da criação, e que me mostra que nosso próprio eu só causa de si próprio pelo exercício de uma atividade que só pode produzi-lo produzindo alguma outra obra que difira dele. Por aí conseguiríamos primeiro reintegrar o tempo no desdobramento desta atividade causa de si e, por conseguinte, distinguir no próprio eu entre o que ele é no momento em que ele age e o que ele se torna depois de ter agido, isto é, captar a liberdade na própria operação pela qual ela se encarna. No entanto, se formos obrigados a produzir obras visíveis, que, no próprio decorrer de sua execução, contribuem para nos determinar por uma espécie de resposta que sem cessar elas obrigam o real a dar-nos, não se deve duvidar de que a formação de nosso ser profundo depende, de uma maneira muito mais imediata, de nossas relações com os outros seres, enquanto conseguimos despertar neles atos de liberdade ou que nossa própria liberdade entra em jogo por seu intermédio. Nosso nascimento a nós mesmos aparece portanto como inseparável menos das modificações que imprimimos às coisas (e que só interessam em nós nosso ser limitado e determinado) do que de nossas relações com outros seres cujo encontro mútuo os cria um para o outro e cria cada um deles para si próprio. E é bem notável que a própria palavra *intimidade* tem dois sentidos que não se pode separar completamente um do outro, uma vez que a intimidade consigo talvez só se realize de uma maneira perfeita na intimidade com um outro. Portanto, como se admirar que, ali onde tentamos apreender o ato da participação na relação originária da existência particular com o absoluto de que ela participa, e não nas relações mediatizadas das existências particulares umas para com as outras, encontremos ainda a mesma identidade secreta entre o ato de criar-se e o ato de dar-se. É sem dúvida o que se procura exprimir quando se considera que é o amor que é ao mesmo tempo criador dos espíritos e dos corpos.

Todavia a noção de participação criadora tem necessidade de ser mais elucidada. 1º) Sentiu-se sempre a impossibilidade de considerar o mundo como criado por Deus da maneira que um artesão cria sua própria obra. Há aí uma concepção antropomórfica que encontra sua expressão no mito de uma demiurgo que não se quer absolutamente confundir com Deus. Por outro lado, para manter uma tal concepção, é necessário torná-la solidária de uma hipótese que é, ela mesma, o resultado de uma extrapolação ou de uma passagem ao limite. Com efeito, todas as obras que saem de nossas mãos aparecem como modificações de uma matéria preexistente, de tal modo que a marca do poder infinito seria tirar o mundo do nada. Mas não se pergunta se para um poder infinito haveria ainda um mundo, isto é, se ele seria capaz de criar algo exterior a ele, que pudesse limitá-lo e tornar-se para ele um objeto de espetáculo; 2º) a ideia comum que se tem da criação implica ainda uma hipótese realista, segundo a qual o mundo tal como Deus o criou é independente da representação que podemos fazer-nos dele, enquanto porém sabemos bem que para nós ele nada mais é do que uma aparência e que, quando buscamos de que ele é a aparência, podemos sucessivamente supor que ele o é de uma coisa que lhe é semelhante, ou que só possui alguns de seus caracteres, ou da qual não se pode dizer nada, ou que ele é o efeito, como o quer Berkeley, de um ato da vontade divina que o produz imediatamente sob uma forma representativa nas diferentes consciências como um meio que lhes permite comunicar ao mesmo tempo com ele e umas com as outras. Esta última concepção nos sugere a ideia de que só há mundo para as consciências particulares, o que nos convida a pensar de fato que a existência do mundo é o efeito da participação criadora.

Se a experiência fundamental é a de uma participação sempre oferecida e cuja assunção depende de mim e se o que ela revela primeiramente é a relação do ato constitutivo de minha consciência com este ato causa de si a que empresto o próprio poder de dizer eu, pode-se dizer que uma tal experiência encontra a que Descartes descrevera no *cogito* e que, de um lado, exprime a participação de meu pensamento individual e do pensamento universal e, de outro lado, não tem ainda necessidade do mundo, pode sem contradição supo-lo abolido ou, segundo uma expressão mais moderna, o põe entre parênteses. Tratar-se-ia portanto agora de reencontrá-lo. E sem dúvida pode-se fazer apelo a uma outra forma de experiência, e limitar-se a reintegrar o que se deixara para buscar em que medida ele resiste ao pensamento, e em que medida este é capaz de assumir a posse e o domínio dele. É o que Descartes fez. O mundo é para ele somente uma representação confusa cuja confusão é um efeito de nossa limitação e à qual tentaremos substituir uma representação clara e distinta. Mas há uma realidade que lhe corresponde, na qual nos convidam a crer o movimento espontâneo de nossa consciência e a confiança que temos na veracidade divina. Mas desta realidade poderíamos dispensar-nos? E em que consiste o mundo tal como foi criado por Deus ou tal como ele sai de suas mãos? Não é sem dúvida o mundo sensível que nada é senão em sua relação com nosso corpo e com nossos sentidos, e que se reduz ao mundo inteligível, desde que se tente destrinçá-lo. É o próprio mundo inteligível? Mas este mundo por sua vez é feito de verdades eternas, que podemos encontrar graças às ideias inatas que Deus depositou em nossa consciência; e se pode dizer sem dúvida, utilizando a linguagem de Descartes, e para distingui-las das *démarches* do querer, que elas nos dão a representação de uma realidade, mas que, se é verdade que em Deus a vontade está acima do entendimento, é Deus que as criou, como um meio que ele nos dá de comunicar sem cessar com ele, isto é de encontrar, ajustando nelas nosso querer, o segredo de seu próprio querer. Assim, portanto, o mundo inteligível aparece como uma mediação entre nós e Deus, que pode tornar-se uma mediação entre cada um de nós e todos os outros.

Desta forma é o mundo inteligível, ao mesmo tempo que o mundo sensível, que aparece como tendo sentido somente para nossa consciência, isto é, para definir suas relações com o ato supremo que é o ato da vontade divina ou para tornar nossa vontade participante deste. O mundo inteligível exprime a participação no nível da consciência em geral, isto é, de um ser finito que não é ainda tal ser finito, daí seu caráter de universalidade, e o mundo sensível exprime a participação no nível da consciência particular, isto é, de um ser finito que é determinado ser finito. Daí o acordo das consciências entre elas no que concerne à representação abstrata do mundo que só corresponde à sua possibilidade, e seu desacordo no que diz respeito à representação (concreta) que corresponde à sua atualidade. Mas o que queríamos mostrar é que sob esta dupla forma a representação que temos do mundo preenche o intervalo que separa o ato puro do ato de participação, ou melhor, o caráter inseparável destes e a maneira pela qual o primeiro impõe sua presença ao segundo, na própria medida em que ele o ultrapassa. Por isso as leis do mundo inteligível impõem-se a nós como as condições sem que nenhuma consciência, isto é, nenhuma participação seria possível, e os dados do mundo sensível como o limite e o efeito do ato de participação em cada ponto.

Não se pode portanto conceber que haja uma criação de um mundo de coisas, ou de objetos, ou de fenômenos. E mesmo esta fórmula contém uma espécie de contradição. O fenômeno ou a aparência é o modo sob o qual o ser pode mostrar-se. Mas não há criação verdadeira senão a de um ser, e não de um aparecer, e por um ser que lhe comunica ele próprio seu ser, isto é, que não exerce o poder que ele tem de ser causa de si senão fazendo-o participar, isto é, apelando a outros seres para tornarem-se causa de si próprios, como nos mostra o testemunho imediato de nossa consciência na experiência fundamental. O que se poderia exprimir mais simplesmente dizendo que, como se pressentiu frequentemente, Deus não pode criar nada a não ser outros espíritos, que só há espíritos que sejam dignos de sua criação e aos quais ele possa fazer o dom do próprio ser que é o seu, mas que o próprio mundo só pode ser um efeito da criação dos espíritos, isto é, das condições sem as quais eles não poderiam nem se separar, nem se unir.

Encontra-se uma espécie de pressentimento da doutrina da participação criadora nesta tese de que Deus nos criou criadores, de tal modo que, se ele próprio é definido como criador, nós mesmos somos cocriadores. Mas as fórmulas não podem ser aceitas sem reservas. Pois Deus é primeiramente criador de si e torna assim cada ser criador de si próprio. De tal maneira que a criação do mundo não é de modo algum o produto de um gesto do homem que o gesto de Deus não cessa de retificar. Mas, para justificar a aparição do mundo, é possível colocar-se em dois pontos de vista diferentes e mostrar sucessivamente: 1º) que a participação é em relação ao Todo uma análise, mas uma análise criadora; 2º) inversamente, que os próprios caracteres que pertencem ao mundo devem ser considerados como as condições ou os efeitos do ato de participação.

A Análise Criadora

Todo ato do conhecimento e do querer acrescenta sem cessar ao que eu sou. Por isso é natural considerá-lo como uma síntese constantemente progressiva. O que pode bastar ao humanismo. Mas deste próprio progresso o humanismo não busca as condições de possibilidade. Ele não vê que, no objeto do conhecimento ou no efeito da vontade, há alguma coisa que me é trazida, que me vem, por assim dizer, de fora e que define ao mesmo tempo o sucesso de minha operação e seu limite, o que deve inclinar-me a pensar, em sentido inverso, que esta operação é analítica em lugar de ser sintética, e que ela põe em destaque um aspecto do real, em lugar de produzi-lo. Assim se constitui uma espécie de empirismo do pensamento e da ação cujo papel só seria de desvendar-me o conteúdo de um mundo que se constituiu sem mim e de fazer surgir, diante de mim, suas diversas partes segundo a direção do pensamento e do querer.

Mas isso não é completamente verdadeiro. Pois, de uma parte, não há mundo já feito antes de que eu comece a tomar possessão dele: seria uma espécie de contradição imaginar que ele possa subsistir às condições universais ou particulares que me permitirão percebê-lo: aí está o aspecto do conhecimento que foi admiravelmente descrito pelo idealismo crítico. E, por outro lado, não posso dizer também que a participação só reside no espetáculo que o mundo me dá ou nas modificações que posso fazê-lo sofrer. É o ato que realizo em sua dupla forma intelectual e voluntária que constitui o ato de participação: a representação que ele determina, os efeitos visíveis de que ele e a causa são somente seu vestígio e sua imagem que vêm, por assim dizer, esboçar-se no que o interrompe e ultrapassa, semelhantes ao vestígio e à imagem que minha mão imprime na areia apoiando-se nesta.

As dificuldades inseparáveis do problema da participação provêm todas do fato de que se considera a participação sob sua forma realizada como já presente no próprio ser de que ela participa antes mesmo de que ela se realize. Mas nenhum dos modos particulares da existência reside no ser puro anteriormente ao ato que, isolando-o, o faz ser. No tocante ao ser absoluto, ele só contém sua possibilidade. Mas esta fórmula deve ser ainda interpretada: pois nada há no absoluto, considerando por assim dizer em si, que possa ser dito possível, senão para com uma liberdade que dispõe dele a fim de fazê-lo seu: e mesmo, num determinado sentido, é menos na possibilização[2] do ato puro do que na atualização desta possibilidade que reside a participação se esta for considerada em sua eficacidade positiva. Abrimos um caminho, encerramos entre determinados limites uma eficacidade de direito infinita: e, assim, nasce diante de nós um mundo povoado de determinações. Pois não há nada que possa ser recebido em mim de outro modo que segundo minha própria capacidade e que não seja obrigado a tomar a sua forma. Assim as coisas impõem-se a mim ou se tornam coisas modelando-se segundo a própria abertura que lhes ofereço e da qual se pode bem dizer que, sob sua forma abstrata e geral, ela é definida pelas categorias que são com efeito, como o queria Kant, as condições de possibilidade de toda experiência, mas, sob

---

[2] Palavra criada pelo autor. (N. T.)

sua forma concreta e individual, pela direção da atenção e do desejo. Todavia não se pode reduzir assim a explicação da aparição das coisas particulares a um simples "recorte" de uma matéria indeterminada por uma atividade que não cessaria de impor-lhe a marca de seus próprios limites. Pois a própria presença desta matéria nada mais é do que a própria ideia de sua limitação, de tal modo que a marca que lhe imponho é a de uma atividade que encontra esta limitação e de um certo modo a supera. Daí a impressão que sempre tenho de que a atenção ou o desejo não se limitam a reconhecer determinados caracteres que pertencem ao real e que os abalam, mas ainda determinam, no próprio objeto, o contorno que permite apreendê-lo ou o caráter que o torna desejável. Num caso como no outro estamos perante um ato de liberdade, mas que, em nós, está engajado numa determinada natureza e, fora de nós, se aplica a uma determinada experiência. O caráter original de uma liberdade, desde sua primeira *démarche*, é de determinar-se nos dois sentidos que se dá a esta palavra, pois ela só se exerce limitando-se, e esta limitação encontra uma expressão ao mesmo tempo nesta natureza de que ela é inseparável, embora ela sempre a ultrapasse, e nesta experiência sobre a qual ela age, mas sem que nunca seus efeitos concordem exatamente com seus desígnios. Com efeito, a matéria que ela encontra diante de si não é totalmente indeterminada. Nunca a observamos no estado puro como um limite ideal que nossa atividade tenta recuar sem cessar e no qual ela deixaria assim sua marca. É tão inútil imaginar uma matéria que nada mais fosse do que matéria e que permanecesse por conseguinte separada de todo ato que a informasse, quanto imaginar o ato que só fosse ato, como independente desta participação sempre oferecida pela qual precisamente ele se realiza enquanto ato, como se tentou mostrá-lo acima. É preciso acrescentar: esta matéria pura aparece como uma limitação de nosso ato próprio somente na medida em que ela exprime a presença, no ato puro, de tudo o que nos ultrapassa e, se se quiser, do participável não participado. Mas ele é sempre participado, de algum modo, por outros. De tal modo que minha relação com esta matéria traduz a ação que exercem sobre mim todos os outros seres que estão no mundo, que a determinam de uma certa maneira e determinando-a impõem a mim mesmo uma solidariedade com o ato de participação que os constitui. Vivo portanto num mundo de determinações de que é preciso dizer, ao mesmo tempo, que as produzo e as sofro. Assim se realiza a conexão da consciência e do mundo e, por meio do mundo, a conexão das consciências entre si. E se compreende facilmente que o mundo seja uma representação que me dou a mim mesmo e que varia segundo a direção de minha atenção, mas da qual os materiais são, se se puder dizer, modelados por minha atividade própria e pela atividade de todos os outros seres. Num sentido pode-se dizer que o mundo resulta do encontro dessas atividades diferentes e que é este encontro que transforma ele próprio em espetáculo. Assim minha atividade representativa e minha atividade produtora são sempre inseparáveis uma da outra, mas a atividade representativa descobre-me na atividade produtora, inclusive na minha, o por que ela me ultrapassa e me limita, ao passo que a atividade produtora, enquanto a exerço, me produz antes de produzir algum efeito no mundo e não é suscetível de ser, ela mesma, apreendida pela representação. É importante notar que, de uma parte e de outra, o que é propriamente meu reside num consentimento interior, a atenção sendo um consentimento a uma presença dada, e a volição um consentimento a um ato pelo qual eu me dou esta presença. O que mostra como o eu não cessa de dar nascimento a todos os modos ou todos os efeitos da participação, que surgem no real como tantas quantas respostas a uma determinada direção seja do olhar, seja da intenção.

Não há portanto nenhuma dificuldade em definir a participação, mas a condição de que se trate de uma análise que faz aparecer no real os próprios elementos da análise. Por isso se pode chamá-la, como o fizemos muitas vezes, uma análise criadora. E toda criação é, sem dúvida, necessariamente uma análise, no sentido em que ela supõe no ato criador o discernimento de uma possibilidade de que ela é atualização. Mas é singularmente difícil resistir ao preconceito comum que aquilo de que se participa é tal no participado como no participante: a (participação) evoca um mundo já feito enquanto ela é a operação pela qual ele se faz. Toda participação é participação de uma eficacidade criadora, mas por um ato livre de que se pode dizer que ele não reside nesta própria eficacidade, senão por sua possibilidade, que é uma possibilidade que lhe cabe atualizar: ele é em relação com esta eficacidade a disposição que temos desta, ao menos no interior de determinados limites, o consentimento que lhe damos. E por seus próprios limites o ato livre faz aparecer um mundo de dados ou qualidades a respeito de que seria absurdo imaginar que eles possam existir de outro modo que por este ato de liberdade e no próprio momento em que ele se exerce. Diremos também destes que sua possibilidade estava contida, de uma certa maneira, na eficacidade criadora, mas que ela só se realiza numa consciência particular desde que sua atividade própria encontre um limite, isto é, a própria infinidade de tudo o que a ultrapassa e que se lhe revela como uma presença dada. Se portanto a participação parece implicar uma identidade entre o participado e o participante, o próprio exercício da participação basta para criar entre eles uma diferença e até esta infinidade de diferenças que englobamos numa mesma noção que é a própria noção do mundo.

Na participação parece que tudo o que me é dado recebo-o, mas acrescento a isso o ato de recebê-lo sem o qual não me seria dado. Empresto ao absoluto determinados modos da realidade que nada são senão pelo próprio empréstimo que faço deles. E o que Claudel diz de Deus: que ele conhece o mundo não pelo que ele subtrai a este, mas pelo que ele lhe acrescenta, poderia ser dito, com muito mais razão, de nossa própria consciência, se não fosse mais verdadeiro ainda que é pelo que ela subtrai ao absoluto que ela lhe acrescenta sua própria existência e a do mundo. Na participação cada um dentre nós cria a possibilidade, ao mesmo tempo, de si próprio e do mundo: e ele os atualiza um e outro ao mesmo tempo. O próprio do eu é dar-se a si mesmo um mundo de que parece que ele o torne independente da fonte de toda participação no próprio ato pelo qual ele retira dela todos os materiais pelos quais ele o constitui.

Mas o caráter criador da participação aparecerá de uma maneira mais clara ainda se não se esquecer que a participação como tal implica um ato que, sem dúvida, se produz ele mesmo, em lugar de nada produzir que seja exterior a ele, mas um ato imperfeito e limitado, tal, por conseguinte, que tudo o que o ultrapassa, tudo o que o limita impõe de um certo modo à consciência sua presença proporcionando-a sempre à especificidade deste ato de que ela exprime, se se puder dizer, ao mesmo tempo a insuficiência e o acabamento. Assim se constituem fora de nós o mundo dos objetos, em nós o mundo dos estados, a respeito dos quais somos levados a pensar que eles contêm o todo da realidade, enquanto que, porém, eles somente são aparências ou fenômenos, não no sentido em que exista atrás deles algo que seja comparável às coisas de que eles seriam cópias, mas neste outro sentido em que há um ato de que eles procedem e que, participando somente do absoluto, obriga-nos a sofrer tudo o que ela é incapaz de dar-se. Não basta, portanto, retomar a comparação clássica que todo objeto de experiência é como uma estátua que a consciência tira de um bloco de mármore informe, mas onde sua configuração estava porém traçada de tal maneira que se pode dizer, ao mesmo tempo, que ela estava ali e que ela não estava. Pois esta configuração era somente suscetível de ser traçada não, sem dúvida, somente pelo arbitrário de nossa atividade própria, mas por um encontro entre todos os modos de atividade de participação enquanto eles se limitam um ao outro e que cada um deles pode ser considerado alternativamente como determinante e determinado, como percebente e percebido. Assim a participação, longe de opor-se à criação, é por assim dizer a realização desta: é ela que, exercendo-se, dá ao mundo sua forma, isto é, que haja um mundo.

O Mundo, ou a Condição e o Efeito do Ato de Participação

Compreende-se então não somente por que há um mundo, mas ainda qual é sua significação. Pois, se o absoluto só se revela a nós no ato de participação, o próprio ato de participação nos obriga a definir o absoluto como o participável que se torna o mundo, logo que ele é participado. Percebe-se no mesmo momento a distância e porém a relação entre a ideia da participação criadora e a ideia da evolução criadora. Pois o próprio da participação criadora é justificar, por assim dizer, o advento do mundo em cada instante por aí engajá-lo num tempo em que parece evoluir. Mas na realidade o tempo nos aparece como sendo derivado, como uma condição e um produto, ao mesmo tempo, do ato de participação, longe de querermos engajar nele o ato absoluto de que ele exprimiria a virtude criadora. Pois não podemos esquecer-nos de que o que nasce no tempo perece também no tempo, que o tempo é indivisivelmente a lei da vida e a lei da morte, que ele só tem sentido em relação a um presente eterno, que a presença sensível é sempre possível mas intemporal, em que não cesso de estabelecer-me. A evolução só é o efeito da participação: poder-se-ia dizer que para ela a eternidade é uma aquisição. Mas nela encontra ao mesmo tempo sua origem e seu caminho.

Mas a solidariedade da criação e da participação pode ainda ser explicada de outra maneira. A experiência da participação nos descobre o próprio nó da existência na constituição de nosso ato livre, que é o primeiro começo de nós mesmos por uma dupla *démarche* de união e de separação em relação a um ato absoluto, que lhe comunica sua virtude própria e que lhe aparece sob esta reciprocidade não unívoca que nos permite considerar, ao mesmo tempo, o ato livre como uma participação sempre assumida e o ato absoluto como uma participação sempre oferecida. Mas não se esquecerá de que a participação é um ato primeiro que se produz na ordem do ser e não na ordem do conhecer, ou melhor que, gerando-se, gera o conhecimento que tem de si mesmo. E é porque se produz na ordem do ser que, como acontece com o *cogito* cartesiano, ele não pressupõe ainda que haja um mundo, isto é, aparências ou fenômenos. Todavia cabe-lhe mostrar como eles se formam. Poder-se-ia explicar a mesma concepção de uma maneira mais simples e mais conforme à linguagem tradicional, dizendo de Deus que, se Ele é o ser absoluto e se para Ele criar é comunicar a outros seres como Ele, isto é, interiores a si, capazes de criarem-se a si próprios por uma iniciativa de que eles dispõem, isto é, liberdades. A criação do mundo é de alguma maneira uma criação secundária que é a condição da criação das liberdades particulares e o meio sem o que elas não poderiam nem exercer, nem se distinguir umas das outras, nem entrar em relações mútuas.

É esta concepção que importa agora desenvolver. Ela depende inteiramente do princípio de que o mundo preenche o intervalo que separa o ato absoluto do ato de participação. Num sentido pode-se dizer que ele nada acrescenta a este diálogo perpétuo da liberdade suprema e das liberdades particulares, ou das liberdades entre si ao qual se reduz para as almas mais espirituais toda essência do real. O mundo nada mais é do que uma imensa máquina destinada a exprimi-lo e a torná-lo possível. Ele é portanto criado com a própria participação de que ele exprime ao mesmo tempo os meios e os efeitos. É por isso que se pode bem dizer, como queria Platão, que ele é somente a sombra da verdadeira realidade e até que ele é a imagem mutável e sempre esvanecente desta, se bem que nunca se possa suprimi-lo em proveito de uma ordem eterna, se é verdade que esta ordem eterna só se cria com seu meio. O mundo só pode portanto ser concebido como um sistema de determinações pelo qual cada liberdade acusa sua própria limitação em relação, ao mesmo tempo, com o absoluto em ato e com as outras liberdades. É por isso também que ele se constitui fora como um sistema de objetos e, dentro, como um sistema de estados. Isso não significa que toda realidade destes objetos ou destes estados seja puramente negativa, já que ela exprime ao contrário, na realização do ato de participação, um acréscimo que lhe é trazido, dado, imposto por aquilo mesmo que o ultrapassa, mas é porém notável que não haja para nós, no mundo, nada mais do que objetos e estados, de tal maneira que aquele que o estuda cientificamente não pode encontrar nele outra coisa mais do que estes, enquanto toda realidade destes objetos e estados se apaga e se reduz a pó naquele que só vê neles signos, em certas *démarches* espirituais que formam a própria substância do ser ao mesmo tempo presente e fazendo-se.

Daí os três caracteres essenciais pelos quais a realidade do mundo pode ser definida:

1º) Ele é uma aparência ou, com outras palavras, não tem interioridade. Ele não é o objeto de participação embora seja suscitado por ela. O ser só pode ser apreendido no ser que se torna meu, graças ao próprio ato que me faz participar dele. Mas o mundo é o que o ser é para mim enquanto precisamente ele me ultrapassa. Nunca se identificará comigo, e só será apreendido na sua relação comigo, isto é, como fenômeno para mim. É uma tendência instintiva do pensamento, e que a filosofia confirma, identificar o mundo com um puro fenômeno. Mas se erra em imaginar que haja atrás do fenômeno uma realidade mais sólida, seria como que um objeto puro, transparente à inteligência e subtraído a todas as variações contínuas que são inseparáveis do objeto fenomenal. Aquilo de que o mundo é aparência nunca pode ter o caráter de um objeto, pois todo objeto é fenomenal. O corpo de um outro é o fenômeno do ato espiritual pelo qual ele se dá o ser a si próprio. Assim somos naturalmente levados a imaginar que há uma alma das coisas, e Leibniz, introduzindo a ideia de uma escala infinita dos graus da consciência, mostra que há almas por toda parte de tal maneira que a hierarquia das formas da organização no mundo da matéria é representativa da hierarquia das próprias formas da existência no mundo espiritual. Todavia mesmo deixando de lado a questão de saber se não há fenômenos, que são puros fenômenos, isto é, que são fenômenos de nada e que exprimem somente as leis gerais da limitação das diferentes consciências sem que esta limitação possa ser considerada como o efeito atual de uma ação positiva exercida sobre um eu por outro eu, e reservando também o problema de uma limitação do ato de participação pelo ato puro, excluindo sua limitação por outros atos particulares (o que permitiria sem dúvida explicar a aparição de uma matéria que só é ainda matéria, isto é, que não é ainda o corpo de alguma alma), poder-se-ia fazer observar, de um lado, que nunca podemos reconhecer com segurança, na existência infraorgânica e até nos graus mais baixos da existência orgânica, quais são os sistemas de elementos que podemos considerar legitimamente como formando o corpo de uma alma individual, por outro lado que, quando a alma se retirou dele, o corpo subsiste ainda como cadáver, isto é, como aparência pura. E talvez se deva dizer que em toda parte em que no mundo dos fenômenos acreditamos lidar com uma matéria privada de vida, esta própria matéria nada mais é do que o cadáver da vida. Enfim é porque o mundo é uma aparência que ele é para nós um espetáculo que pode tornar-se o objeto de um conhecimento objetivo, pois neste espetáculo podemos distinguir dois aspectos: *primeiramente* aquele pelo qual ele é espetáculo para toda consciência em geral e que basta para fazer-nos descobrir nele leis gerais de possibilidade, sem as quais ele não poderia em seguida tornar-se um espetáculo para tal consciência. O que basta para defini-lo como uma perspectiva subjetiva sobre o Todo, que na sua forma concreta e individual não se assemelha a nenhuma outra.

2º) Mas o mundo não é somente uma aparência ou pelo menos a palavra aparência tem uma contrapartida. Pois se ele é uma aparência para mim enquanto lhe sou exterior e o olho, ele é, para este ser interior a si mesmo de que ele é a aparência e para mim cujo corpo é para um outro uma aparência, um testemunho e uma manifestação. O mundo é a própria intimidade do ser enquanto ela se mostra. E é porque ela nunca se mostra como intimidade, o que seria contraditório, mas somente como espetáculo, é porque a intimidade reside num ato que se realiza e o espetáculo num dado que se oferece, que há sempre uma espécie de inadequação entre o que sou e o que faço parecer, o que está na origem do problema da sinceridade e talvez de todos os problemas da existência, enquanto eles envolvem todas as relações que posso ter seja comigo seja com outrem. Entretanto, se o mundo é a manifestação de uma atividade oculta, parece que ele nada acrescenta a esta atividade, e até, mais exatamente, que ele subtrai algo. Na realidade a manifestação de uma atividade nada mais é do que a expressão de seus limites. Uma forma visível é o conjunto dos pontos onde o *élan* interior que a sustenta e a produz vem para morrer: é uma configuração que traça a linha fronteira entre o ser de uma coisa e o ser do que a cerca. Isso é bem visível se se observar, por exemplo, a forma de nosso corpo: ela é a manifestação de nosso eu verdadeiro tal como ele se constitui por um ato livre; mas ela o exprime e o trai ao mesmo tempo. No entanto, através do aspecto do corpo, seu estilo e seus movimentos mais imperceptíveis, um observador bastante penetrante é sempre capaz de discernir todas as variações de nossa vida secreta: ela se inscreve por aí num mundo de fenômenos, mas que é comum a todos. Importa somente acrescentar uma dupla observação: a primeira é que, mais ainda que a ideia de um mundo reduzido a um sistema de aparências, a ideia de um mundo reduzido a um sistema de manifestações deve convidar-nos a buscar o ser ali onde este está, isto é, num ato espiritual de que o mundo é somente a expressão. Mas convém (notar) que quase todos os homens agem como se o mundo constituísse a verdadeira realidade: é nele que eles põem todos os fins que eles não cessam de perseguir, enquanto há somente fim verdadeiro na formação de seu ser espiritual por uma participação do absoluto que não cessa, ela própria, de aproximar-se. Só podemos observar no mundo o traçado e por assim dizer o nível de uma participação já efetuada. A segunda observação é destinada a mostrar que é o mundo, enquanto ele nada mais é do que uma manifestação, que introduz em nossa vida seu caráter trágico. Pode-se pensar, sem dúvida, que o fenômeno tem um caráter frívolo, uma vez que não é o ser verdadeiro e é sempre evanescente. Mas precisamente não podemos dissociar o ser da aparência, nem o ser que se manifesta do ser manifestado. O trágico é que nos ocorre confundi-los, é que podemos arbitrariamente preferir um ao outro, e mesmo inverter os nomes e por conseguinte seus valores respectivos. É impossível desconhecer que existe entre eles uma desproporção, mas se pode mudar o sentido desta. E se pode dizer que o trágico encontra seu ponto extremo na morte em que o ser e a manifestação se separam e decidem sua verdadeira relação.

3º) Entretanto, o mundo não pode ser reduzido a este duplo caráter de ser uma aparência ou de ser uma manifestação. É uma aparência para um outro, na medida em que este é incapaz de igualar-se ao Todo do ser e se ele pode ter somente a representação do que o ultrapassa, e ele é uma manifestação do próprio ser considerado em sua atividade própria, enquanto esta atividade encontra em toda parte um limite pelo qual ela se dá, de uma certa maneira, a si própria uma fisionomia que lhe é própria. Nos dois casos, enquanto aparência para um outro e enquanto manifestação de um eu particular, o mundo nada mais é do que a realização da própria participação. Ele exprime a impossibilidade, em que me encontro, de separar-me do ser total que, no momento em que eu me separo dele, só pode ser-me presente como um dado que se impõe a mim apesar de mim, mas que é tal porém que ele exprime a limitação de cada uma de minhas operações e, por assim dizer, a resposta que o real não cessa de fazer a cada uma destas e que a finaliza. Ora esta aparência e esta manifestação só nos revelam seu sentido verdadeiro quando o mundo é definido como sendo o instrumento da participação. Que o corpo seja o instrumento da vida da alma, é o que muitos filósofos pressentiram embora esta expressão seja ambígua e deva ser tomada num sentido diferente do que a metáfora sugere. Pois o corpo não está ligado à alma como um instrumento o está a um agente que se distingue dele e que o utiliza. O corpo não pode ser separado da alma já que ele nada mais é do que a atividade da alma considerada em suas condições limitativas e, por assim dizer, a face negativa da própria alma. Nestas condições como poderia ele ser considerado como um instrumento no sentido em que um martelo o é nas mãos do operário? É um instrumento porém não somente porque é graças a ele que se estabelece a comunicação com tudo o que no ser está além do eu, mas ainda porque sem o corpo o eu permanece encerrado no universo da possibilidade, enquanto por intermédio do corpo todos seus possíveis atualizam-se. Não que sua atualização deva ser confundida com sua realização material, mas é necessário que esta realização se cumpra para que a atualização espiritual de minhas potências se produza, como o mostra esta transformação incessante do evento numa lembrança sem a qual eu não poderia nem depreender sua essência nem fazê-la minha. É preciso ainda dizer: o corpo, que me põe em relação com o mundo, isto é, com todos os outros modos da participação, que por ele me permite adquirir uma existência, não somente para mim mas para todos os outros, que permite a todas as consciências agirem umas sobre as outras e comunicarem-se, encontra seu prolongamento no mundo que é ele próprio um instrumento como meu corpo. O mundo é uma espécie de corpo comum de todos os seres que distinguem dele seu corpo particular, mas sem poder separá-lo dele nem defini-lo de outra maneira que pelas inúmeras relações que ele mantém com todos os outros corpos. Assim o corpo do mundo não é somente a imagem do mundo espiritual; mas, se se observar por um lado que esta imagem se constitui pelo próprio jogo de nossa atividade interior, considerada em sua dupla função representativa e volitiva, para permitir-lhe pôr a prova suas próprias possibilidades, e por outro lado que este mundo não tem existência senão no instante e se evanesce sem cessar logo que ele serviu, então é o mundo inteiro que poderá ser definido como sendo o imenso instrumento com o qual as próprias almas não cessam de formar seu ser próprio, ao mesmo tempo pelo que as separa e pelo que as une.

No ponto em que estamos podemos dizer que o mundo só existe em sua relação com o homem ou ao menos com uma consciência individual. Não que ele seja o puro produto de sua atividade ou uma imagem representativa criada por assim dizer com ela, como sugerem determinadas espécies rudimentares do idealismo. Pois ela nasce daquilo que, no absoluto do ser ou nas relações mútuas das consciências entre si, ultrapassa cada uma delas e se lhe torna presente sob a forma de um dado. Ele mede a cada instante o estado da participação. Encontram-se nele todos os caracteres pelos quais as diferentes consciências convêm umas às outras, e todos os caracteres pelos quais cada uma delas se distingue de todas as outras. Tudo nele é ao mesmo tempo meio e imagem. Ele é o meio, para todas as consciências, de sua própria realização espiritual por sua mediação recíproca. Ele muda, a cada instante, com o estado de todas as consciências sem que por isso o ato puro se encontre ele próprio modificado. Todas as variações que se pode observar no aspecto do mundo nada mais fazem do que traduzir as oscilações e as alternativas da participação. Na representação que nos damos dele tudo é para nós descoberto, já que o mundo é sempre, em relação com o ato que realizamos, como que um além que age sobre nós e que somos obrigados a sofrer. E é porém uma invenção, porque ele muda, sem cessar, segundo a direção ao mesmo tempo da atenção e do querer. Assim se pode dizer que, se bem que o universo não seja nossa obra, cada um de nós tem porém em si o universo que merece. A representação que nos damos do universo é uma espécie de resposta que o ser não cessa de dar a cada uma de nossas *démarches*; ela exprime ao mesmo tempo nosso poder e nossa impotência: ela leva em si a marca de todos os nossos sucessos e todos os nossos insucessos; ela exprime as condições sem as quais a consciência em geral seria impossível, o estado atual da consciência humana, as exigências próprias a cada eu individual e o grau de satisfação que ela chegou a lhes dar. É por isso que o universo é para nós ao mesmo tempo imutável e mutável, pleno de luz e de obscuridade, ora favorável, ora hostil: ele responde com docilidade ao que cada um de nós lhe pede e dele espera. É um encantamento para quem se encanta e uma desolação para quem se desola.

Se se quisesse agora adquirir uma visão de conjunto sobre a concepção que nos damos da participação criadora, seria necessário (observar) primeiramente que esta forma de participação descobre-se em nós numa experiência de que se pode bem dizer que ela é nossa, mas que em nosso acesso à existência revela-nos as condições de acesso de toda coisa à existência. Se se aceitar que possamos fazer a experiência de nossa própria participação de um ser que nos ultrapassa, não convém admirar-se que este próprio ser tenha necessidade de ser participado ou de oferecer-se à participação. Pois, por um lado, na experiência da participação os dois termos são dados indivisivelmente se bem que numa reciprocidade que já chamamos de não unívoca. Mas, por outro lado, e observando que para nós ser é sem dúvida participar, mas é pôr em execução esta participação tornando-se, ela própria, participável, bastaria mostrar ao mesmo tempo que o princípio supremo de toda participação nunca nos é dado independentemente desta própria participação, em seguida que, qualquer que seja a própria maneira pela qual tentamos concebê-lo e se não quisermos reduzi-lo a um puro nada, é necessário, em linguagens um pouco diferentes, que a essência do ser *absoluto* ou a bondade infinita de Deus residam justamente nesta comunicação contínua de si próprias que as torna infinitamente e mesmo integralmente participáveis. Nestas condições: 1º) a participação opera-se no interior, isto é, o ato causa de si, de que ela procede, permite defini-la, ela mesma, como causa de si, isto é, como liberdade; 2º) cada liberdade por sua própria limitação evoca uma multiplicidade de outras liberdades de que é solidária e com as quais ela forma uma sociedade real e possível: o liame de uma tal sociedade não é somente o princípio comum ao qual todos os membros emprestam igualmente o que os faz ser, é ainda de uma maneira mais precisa esta espécie de mútua interação pela qual cada um deles é, em relação com todos os outros, ao mesmo tempo participante e participado; 3º) os fenômenos ou, se se quiser, o mundo só tem existência em relação com as consciências particulares de que eles exprimem a limitação para com o ato puro e a limitação mútua, ao mesmo tempo o que as separa e o que lhes permite comunicar. Daí resulta: 4º) que cada indivíduo envolve o todo numa perspectiva que lhe é própria e que concorda com a de todos os outros indivíduos justamente enquanto eles são todos indivíduos finitos sujeitos às condições gerais que tornam a participação possível, se bem que ela própria seja única e insubstituível enquanto ela é uma participação realizada por tal indivíduo e que exprime ao mesmo tempo o ato próprio de sua liberdade e as condições particulares em que ela está obrigada a inserir-se. Enfim: 5º) pode-se dizer que o mundo é a criação de cada consciência, se bem que ele exprima porém sua limitação. Ele preenche todo o intervalo que separa as consciências particulares umas das outras e do ato puro. Ele só pode ser dado a cada uma delas, graças ao poder que ela tem, não de produzi-lo, porém de fazê-lo surgir por assim dizer diante dela; 6º) e se se considerar a criação primeira que é a criação dos seres livres, ou a participação de todas as liberdades de um absoluto causa de si, a criação do mundo é uma criação segunda, que é o efeito e a imagem do ato de participação pelo qual cada consciência constitui ela mesma o ser que lhe é próprio, a diversidade infinita dos fenômenos não sendo ela própria nada mais do que uma expressão da diversidade infinita das consciências e da infinidade dos modos de ação pelos quais elas não cessam de determinar-se mutuamente.

2. Participação moral

por Louis Lavelle

Entre os inéditos deixados por Louis Lavelle encontra-se uma obra em preparação intitulada Système de la Participation. *Esta obra devia abranger duas partes: a primeira: Da Participação em Geral; a segunda, Formas, Graus e Modos da Participação. O texto que aqui se apresenta deveria entrar num capítulo da segunda parte.*[1]

Moral e Metafísica

É próprio da arte mover-se no mundo da aparência e de dar à aparência uma significação humana ou espiritual. Tudo muda com a participação moral e religiosa. Aqui deixamos o domínio da aparência para entrar no domínio da existência.

---

[1] Os dois textos inéditos de Louis Lavelle sobre a problemática da participação foram enviados pela sra. Claire Lavelle, filha do insigne filósofo francês, ao prof. dr. Tarcísio Padilha, que sobre a filosofia de Lavelle escreveu e publicou sua tese de cátedra em 1955 para provimento da cadeira de História da Filosofia da então Universidade do Distrito Federal, hoje Universidade do Estado do Rio de Janeiro, com o título *A Ontologia Axiológica de Louis Lavelle* [publicado em 2012 pela Editora É]. Os dois inéditos foram publicados em 1983 (ano de centenário do nascimento de Lavelle), nas revistas *Presença Filosófica* e *A Ordem*, ambas dirigidas por Tarcísio Padilha.

Tudo toma logo um caráter sério e grave. É nosso próprio ser que está em jogo na sua relação com os outros seres. Estamos no ponto em que nos criamos a nós mesmos, em que a criação do nosso ser próprio repercute na criação de todos os outros seres e do mundo de que fazemos parte com eles. É o absoluto de nós mesmos e de nossa própria relação com o absoluto que, de agora em diante, é questão. Não podemos impedir-nos de pensar que há sempre na arte não se sabe o que de frívolo, como se, mudando a fisionomia do mundo, ela não mudasse o mundo, nem o que nós mesmos somos diante do mundo. Da mesma forma não podemos impedir-nos de pensar que há na natureza uma espécie de coação que nos é exterior e que deixa fora dela a vida própria de nosso eu. Mas no tocante à ação moral, a coisa é diferente, nós mesmos a escolhemos em razão do valor que procuramos encarnar nela e de que nos tornamos assim solidários. O ato pelo qual a fazemos, é o próprio ato pelo qual o somos. Encontramo-nos aqui num mundo onde ninguém pode ser espectador, onde o espetáculo desaba e nada mais é senão enquanto efeito ou expressão visível da *démarche* invisível que o criou.

Só a observação interior basta, sem dúvida, para estabelecer que é na ação moral que atingimos a própria essência de nosso ser, não somente porque estamos lá onde agimos e que sempre agimos somente em vista de um bem afirmado ou suposto, mas ainda porque o conhecimento que temos de nós mesmos ou de outrem nunca é o conhecimento de uma coisa como tal, mas o conhecimento de um ser que se determina por razões, de tal maneira que para conhecê-lo, trata-se sempre de saber qual é para ele o valor supremo, a fidelidade que ele conserva para com este e a própria maneira pela qual ele o põe em execução. O que mostra que a psicologia não pode mais ser dissociada da moral do que a própria moral pode sê-lo da metafísica.

Com efeito, na participação moral encontramos uma verificação da identidade do Ser não somente com o ato que o faz ser, mas ainda com o ato que o justifica. Pode surpreender-se com efeito que Platão tenha podido limitar a participação do Bem. Entretanto é fácil ver que foi por ele reconhecido que só o Bem é capaz de satisfazer todas as aspirações da consciência e que nele somente nossa atividade encontra seu termo, isto é, a própria perfeição de seu exercício. Ela mesma porém permanece sempre desigual ao Bem. Poder-se-ia portanto, imaginar que ela tende para ele como para um fim ideal, isto é, irreal e que ela não atingirá jamais. De fato é assim que se define em geral a relação da atividade moral e do Bem, mas é somente porque se considera o Bem como um fim que se pode possuir, análogo aos fins particulares que podemos dar-nos no decorrer de nossa experiência temporal. Todavia, só se trata aí de uma projeção do Bem no mundo da objetividade. A questão situa-se num nível superior: ela consiste justamente em saber como pode haver em nós uma atividade que possa assim propô-lo como fim a si mesma. Pois o Bem reside na própria atividade e não no objeto que ela procura atingir e que só é a sua imagem. Diremos portanto do Bem que, apesar de nunca podermos coincidir com ele, é aquilo mesmo de que procede a atividade que o procura e que não cessa de animá-la. Ora é nisto que consiste, com efeito, a experiência da participação se é verdade que ela não nos faz participar de um ser já feito, mas de um ser que se faz ele próprio eternamente e que traz em si as razões que o justificam.

É verdade que se pode pôr em dúvida esta coincidência do ser e da razão de ser, que constitui a essência própria do intelectualismo; pode-se mesmo pretender que isso só era possível colocando a razão de ser acima do próprio ser, ou o entendimento divino acima do querer, tese contra a qual Descartes protestava expressamente. Entretanto, mesmo no primado do querer, que só tem sentido, porém, numa distinção antropomórfica entre essas duas funções, isto é, na escala da participação, poder-se-ia dizer que as razões de ser estão incluídas no ser ou que o querer cria sua própria inteligibilidade, de tal maneira que as razões de ser devam recobrir toda a superfície do ser e a inteligibilidade do querer ser a expressão de sua essência. É portanto uma mesma coisa para um ser querer-se e querer as razões internas que o justificam e que não podem ser distinguidas de seu próprio Bem. Mas não há bem que possa ser o bem absoluto de um ser particular. Ou ainda nenhum ser particular pode encontrar em si sua própria suficiência. Ele participa do Bem; mas é incapaz de igualá-lo. Esta desigualdade do bem e da existência não cessamos de observá-la em nós, ela é inseparável da consciência que temos de nós mesmos. Não podemos explicá-la imaginando um bem quimérico para o qual tendemos e que sempre nos escapa. Pois se perguntará donde provém o próprio poder que temos de imaginá-lo. Se ele deriva do sentimento de nossa imperfeição, qual é a origem deste próprio sentimento? Aqui, como em toda parte, a negação é correlativa de uma afirmação que ela nega. Ora, é esta afirmação que é suposta e limitada pelo bem que está em nós, ou mais exatamente pelo bem que somos capazes de realizar. Na participação moral, de uma maneira mais evidente do que em toda outra forma de participação, vê-se bem que não participamos de uma coisa, mas de uma atividade que nos ultrapassa e à qual não cessamos de criar obstáculos. Medimos a cada passo a distância que nos separa dela e nossa impotência para fazê-la nossa. É preciso uma singular insensibilidade e uma fé exclusiva no que se vê e no que se toca para não se perceber que, se nossa própria existência é espiritual, é justamente porque ela participa de uma existência que ela chama de ideal para mostrar, não que ela a leva em si como uma ideia, mas que ela a coloca em si e além de si como uma interioridade absoluta a que ela permanece, até um determinado ponto, sempre exterior, embora ela empreenda, aprofundando-a, igualar-se a ela. Não se evita esta afirmação querendo reduzir o Bem, tal como o definimos e sem o qual a participação moral seria inexplicável, à possibilidade incluída no ser de todas as boas ações que podem ser realizadas no mundo. Ou então deve-se dizer que esta possibilidade é ela mesma uma possibilidade real: e mesmo ela não é uma possibilidade senão em relação as *démarches* particulares da participação, ela é este bem ativo e mesmo este bem agente sem o qual nenhuma consciência encontraria um fim digno de ser perseguido, nem uma iniciativa digna de ser exercida. Quanto ao mal, vê-se muito claramente que ele não é, ele próprio, participado nem participável, mas que ele é um simples efeito de nossa participação do bem, ou que ele testemunhe a enfermidade da própria participação ou que ele acuse esta independência que o ato de participação nos confere e que lhe permite voltar contra seu princípio a própria atividade que ele não cessa de emprestar-lhe. E é o caráter distintivo da religião em relação à moral pura, e que explica sua eficacidade maior sobre todas as consciências, não fazer do ideal uma ausência pensada, mas uma presença vivida, nem um fim longuínquo e que sempre recua, mas um ser atual que é o nosso ser e de quem recebemos a cada instante a luz que nos ilumina e o *élan* que nos anima.

A Moralidade ou a Passagem da Possibilidade para a Atualidade

De uma maneira geral podemos dizer que a experiência moral permite-nos atingir o íntimo da participação justamente porque ela nos coloca perante nosso próprio ser no ato pelo qual ele se constitui ou mais exatamente ainda no ato pelo qual ele converte sua possibilidade em atualidade. E de fato embora todos os problemas morais recebam para nós sua forma mais aguda no próprio ponto onde esta conversão se produz, onde nos é pedido agir, onde o eu consente em comprometer-se, porém podemos remontar mais alto ainda na gênese da vida moral, pois ela começa sem dúvida com a consciência que cada um de nós toma de suas próprias possibilidades, com a sinceridade que lhe permite reconhecê-la como suas, com a ordem de profundidade e a ordem de urgência que ele é capaz de discernir entre elas. Trata-se ali propriamente de uma investigação moral que dá sua verdadeira significação à investigação psicológica do "Conhece-te a ti mesmo". Mas só sentimos este estremecimento moral, que é inseparável do sentimento de que nosso destino está em jogo, no próprio momento em que a possibilidade não fica no estado de possibilidade, no momento em que ela entra na existência e se transforma em nossa própria existência. Ora, sabemos que é preciso distinguir na possibilidade aquela que depende de nossa situação e de nossa natureza daquela que reside no puro exercício da liberdade, e da qual se pode dizer que ela contém em si o todo da possibilidade, o que lhe permite exatamente ultrapassar infinitamente nossa situação e nossa natureza. Ninguém pode duvidar que a consciência que temos de nós mesmos, enquanto somos um ser cuja essência consiste em fazer-se, é consciência de estabelecer uma apropriação entre esta possibilidade do Todo que define nossa liberdade e as circunstâncias no meio das quais ela penetra para agir e que imprimem nesta possibilidade certas determinações privilegiadas. Talvez se pudesse mostrar que o valor é esta própria apropriação quando ela está exatamente salvaguardada, e que é tal que ela nos permite cumprir exatamente o que nos é pedido e que somos nós a poder cumprir: daí nasce também o sentimento de vocação. Mas não temos outro dever senão realizar nossa vocação. E justamente o dever por sua vez só tem sentido para tornar possível a passagem, que nos é constantemente oferecida, da possibilidade para a atualidade. A única presença da possibilidade cria em nós uma interrogação sobre nosso dever. Toda possibilidade é uma proposta que nos é feita, da qual se vê bem que ela não pode permanecer no estado de possibilidade, mas que não podemos realizá-la de outra maneira senão descobrindo nela razões de fazê-lo; a essas razões damos o nome de valor. Só o valor fundamenta, isto é, exige a passagem da possibilidade à atualidade, sem que porém a liberdade seja forçada a cumpri-la, o que a reduziria à natureza. Mas se ela se recusa a isso, ela é infiel à sua essência, seja que ela permaneça ela própria no estado de possibilidade pura, seja que entre as diferentes possibilidades ela reconheça onde está o valor e porém decida, para mostrar seu poder, traí-lo. De qualquer maneira o próprio da vida moral só pode ser pôr em ação todas estas possibilidades: de tal modo que a imoralidade afete por assim dizer três degraus, quer recusemos buscar nossas próprias possibilidades ou que as deixemos no estado de puras possibilidades sem atualizá-las, segundo desconheçamos aquelas que nos são próprias, (ou) por cegueira ou por inveja procuremos despertar outras que têm para nós mais brilho e que nunca se tornam completamente nossas, quer recusemos reconhecer entre elas uma diferença de valor ou a neguemos depois de tê-la reconhecido. É dizer que a moral nada mais nos ensina senão nos realizar e que o dever de realizar-se comanda todos os outros.

A Relação da Intenção e da Ação

Entretanto, se pode dizer que a relação da intenção e da ação vai permitir-nos dar novo passo na análise da participação moral definida pela relação da possibilidade e da atualidade. Pois se o ato de participação é um ato completamente interior mas que está obrigado, por sua própria deficiência, a procurar o que lhe falta, se estiver obrigado por isso a engajar-se no tempo e a orientar-se para o valor, pode-se dizer que ele é intencional na sua própria essência. Por isso pensamos justamente que só a intenção depende de nós, que só ela é propriamente espiritual e que é nela que reside a originalidade da participação como tal. Neste sentido é preciso reconhecer que não há moral senão da intenção. A intenção acusa ao mesmo tempo uma iniciativa que nos é sempre interior e uma subordinação a um fim que nos é primeiramente exterior. Esta iniciativa resolve-se talvez numa simples *démarche* de consentimento ou de recusa. E este fim é sempre um dom que recebemos e que só se realiza interiorizando-se. Entretanto é próprio da intenção ser incapaz de bastar-se. O próprio nome o indica: ele exprime nossa vontade de uma coisa que não temos e que desejamos ter. Ele define o primeiro termo de uma relação com a ação que a põe em execução e que a termina. Tal é também a situação da possibilidade em relação com a atualidade: não há possibilidade separada e que não evoca uma atualidade à qual ela se opõe, mas que ela apela e sem a qual ela não poderia ser pensada. É preciso ainda acrescentar: é no momento em que estamos no ponto de converter nossa intenção em ação que nossa responsabilidade está comprometida e que ela compromete nosso destino. Isto poderia surpreender se a ação não fosse nada mais do que uma expressão puramente fenomenal das intenções. Mas ela é muito mais do que isso. Ou melhor, esta travessia do fenômeno pela intenção lhe permite realizar-se e pôr-se ela própria à prova enquanto intenção. Nossa intenção nada mais é do que uma possibilidade assumida por nós na solidão enquanto ela não se transforme em ação. A ação a obriga a penetrar no mundo. Por conseguinte, não somente ela a faz entrar na trama das determinações, mas ainda ela nos remete o próprio efeito de nossa liberdade como uma determinação que somos obrigados a sofrer. Pelo contato sempre renovado com um objeto que a ultrapassa, ela não cessa de modificar e enriquecer nossa intenção primitiva. Ela é um testemunho válido, não somente para nós mas para todos, que nos fixa um lugar numa experiência constituída por todos os modos possíveis da participação. Ela nos obriga a uma existência ao mesmo tempo subjetiva e objetiva, válida tão bem para os outros como para nós mesmos, e que nos obriga a perguntar se os dois aspectos da existência como ato e como fenômeno não devem ser necessariamente associados um ao outro para constituir a existência em si, que é a única existência que podemos considerar como capaz de bastar-se.

Acrescentemos somente que, se a ação parece o desfecho e o último estado da intenção, é porque ela é o único meio pelo qual a unidade do ser rompida pela participação pode ser restabelecida na unidade de um mundo que permite a todas as consciências separar-se e unir-se, comunicar-se entre si e ser umas para com as outras ao mesmo tempo determinantes e determinadas.

A Descoberta dos Outros Seres

O estudo das relações entre a possibilidade e a atualidade basta para mostrar que não há outro dever para nós senão nos realizar. O estudo das relações entre a intenção e a ação mostra que não podemos realizar-nos senão pela relação que sustentamos com as outras consciências num mundo que é para nós um *habitat* comum e que edificamos em comum. Por conseguinte a participação não implica somente esta relação de nossa liberdade com o absoluto de que ela se destaca para fundar seu próprio absoluto, embora seja nele que ela busca sua própria "absoluidade"[2] por uma espécie de contradição de que é preciso dizer que ela é o próprio segredo da participação; é preciso também que ela evoque todas as liberdades com as quais ela nos põe necessariamente em relação, à falta de que ela não poderia, ao que parece, nem fundar sua própria independência com ele depois de ter-se destacado dele. Ora, sobre este ponto vamos ainda observar determinadas correspondências singulares entre a ordem metafísica e a ordem moral que terminarão de confirmar e de justificar a identidade profunda que pressentimos entre elas.

Pois na ordem metafísica o próprio da participação é de pôr em relevo esta relação do finito e do infinito, isto é, este primado do infinito ao qual o finito deve estar subordinado, e do qual ele recebe tudo o que ele próprio tem de ser, que Descartes afirmou em termos imperecíveis. A participação portanto distinguir-nos-ia, ao que parece, do infinito somente por nossos limites e nada mais seria do que um progresso no infinito – o que nos levaria inevitavelmente para o panteísmo como se vê em Spinoza – se ela própria não fosse uma participação ao poder de fazer-se que é a própria característica do ser absoluto, isto é, de um ser que encontra em si sua própria razão de ser. Assim a participação só se realiza pelo advento de uma liberdade. Entretanto, dizer que esta liberdade é uma liberdade de participação, não é diminuí-la enquanto liberdade, mas é dizer que esta liberdade não pode ser confundida com o poder criador, ou ao menos que ela própria só se cria pela disposição do sim ou do não, do consentimento ou da recusa. É verdade que o sim e o não, este consentimento

[2] "Absoluidade", palavra traduzida do original francês "absoluité". (N. T.)

e esta recusa não cessam de limitá-la ou de aumentá-la, de permitir-lhe apropriar-se ou tornar seu aquilo mesmo que no absoluto ultrapassa-a e que ela não cessa porém de fazer surgir dele pelas operações da inteligência e do querer. Entretanto, nesta vinculação com o absoluto, a consciência particular nunca sai de si mesma. Dir-se-á que ela tenta sempre igualar-se ao todo de que ela procede. Mas se ela é incapaz de conseguir isso, não é somente porque ela está separada dele por uma distância infinita, é ainda porque ela própria é somente uma perspectiva sobre o todo e que tudo o que ela será capaz de adquirir deverá sempre penetrar numa perspectiva que é a sua. Tal é a razão pela qual se pode pretender que cada consciência está eternamente trancada na sua própria solidão. Por conseguinte, a distância que me separa do absoluto não é simplesmente esta distância por assim dizer subjetiva que é a medida de minha própria insuficiência e da qual se pode dizer que, mesmo se ela fosse transposta, ela não exprimiria outra coisa que a possibilidade do todo, ou faria desta possibilidade minha própria realidade: esta distância é uma distância ontológica no sentido em que ela é essencial a minha própria independência correlativa da independência do absoluto, e sem a qual o próprio absoluto não seria participado. Ela própria só pode ser preenchida ontologicamente, ela só pode sê-lo por esta pluralidade infinita de consciências diferentes da minha, independentes como eu e, por conseguinte, independentes de mim, mas suscetíveis porém de entrar em comunicação comigo na medida em que é do mesmo absoluto que elas são tributárias. Aqui se encontram reunidas todas as dificuldades que são inseparáveis do problema da participação e cuja solidão, porém, é a única capaz de dar sua significação ao mundo em que vivemos. Pois se poderia confessar que toda participação do absoluto é ela mesma criadora de um absoluto, e disso tirar como consequência que então todos estes absolutos são eles próprios insulares e tais que não podemos comunicar com nenhum deles, nem com o absoluto que é sua fonte comum, nem com um outro absoluto que o absoluto de nós mesmos. Esta tese correria o risco de obter um grande crédito junto a todas as consciências se não se devesse reconhecer primeiramente o que há de contraditório na ideia de uma multiplicidade de absolutos insulares, depois, a própria contradição entre a ideia de participação e a ideia de insularidade. Entretanto, se a participação é uma experiência que ninguém entre nós pode recusar, deve-se dizer que ela nos permite comunicar com o absoluto de Deus sem nos permitir comunicar com o absoluto de outras consciências? Ou, ao contrário, que a comunicação com uma outra consciência é um fato patente e que não pode ser posto em dúvida, ao passo que a comunicação com Deus é uma quimera contra a qual protestam igualmente os ateus e aqueles que fazem de Deus um ser transcendente e inacessível?

Todavia, encontramo-nos aqui sem dúvida na presença de uma única experiência, mas que (aparece) sob dois aspectos solidários. Na sua relação com Deus a consciência permanece, se se puder dizer, encerrada no interior de sua própria subjetividade. E é a razão pela qual se pode considerar essa relação como se reduzindo a uma relação do eu consigo próprio: ela desperta em nós este infinito da possibilidade onde procuramos encontrar uma expressão de nossas exigências e de nossas aspirações mais profundas e mais essenciais. Mas esta ascensão para Deus deixa-nos sempre infinitamente afastados de Deus. Enquanto ele é o termo para o qual tendemos, ele não nos é verdadeiramente presente. Ele só o é no dom que nos faz desta própria tendência que nos leva, para ele, numa espécie de toque misterioso que cada um de nós é o único a poder ressentir, na atribuição de determinados movimentos secretos de nossa consciência cuja fonte só pode estar nele e não em nós. Mas nesta atribuição podemos sempre errar. É necessário que possamos sempre errar para que Deus permaneça um ser oculto, que não atenta contra o exercício de nossa liberdade, se bem que ela não passa nada sem ele, e que ela esteja sempre num estado de insegurança e não de posse, de tal maneira que estivesse como que arruinada se ela jamais soubesse discernir um dia o que ela se deu e o que ela recebeu.

A relação de nossa consciência com Deus é nosso segredo, já que escapa a todos os outros seres, mas ela escapa também a nós mesmos e é primeiramente o segredo de Deus. Mas este segredo incide sobre o próprio uso que fazemos da participação, pois é possível que encerremos em nós aquilo mesmo de que participamos ou aquilo mesmo que Deus nos dá a fim de nô-lo atribuir e dele gozar, ou que ao contrário nossa participação seja verdadeiramente aberta e nos leve sempre para fora de nós numa espécie de desinteresse para conosco no qual o destino do universo é assumido e não somente o nosso. O que é possível à condição que estejamos em relação com outros seres como nós, que sejam como nós centros independentes de participação que nos resistem e que são tais que possamos separar-nos deles ou unirmo-nos a eles. Assim a subjetividade de nossas relações com Deus, na qual corremos sempre o risco de confundir o que vem de nós e o que vem dele, só pode ser confirmada pela objetividade de nossas relações com outras subjetividades ou pela possibilidade que temos de transformar em relações propriamente subjetivas nossas relações objetivas com um outro. Podemos dizer ainda que na intersubjetividade tomamos consciência de uma subjetividade que ultrapassa a subjetividade propriamente individual de tal maneira que segundo a palavra do Evangelho, quando duas consciências conseguem tornar-se presentes uma à outra é o próprio Deus que está entre elas e no meio delas. A comunicação entre duas consciências rompe sua própria finitude e lhes descobre a infinitude no interior da qual elas se "finalizam uma e outra".

Nunca se insistirá bastante sobre o milagre de descoberta do ser por um outro ser, que é para nós a única maneira possível de romper nossa solidão primitiva e de quebrar o solipsismo dos filósofos. Não há porém afirmação mais clara, nem que inaugure de uma maneira mais decisiva a reflexão filosófica, do que a desta certeza interior que o eu adquire de sua própria existência na experiência íntima e da necessidade em que ele está de considerar todo objeto possível de pensamento como nada mais sendo do que sua representação. Mas, se para entrar na filosofia é necessário entrar no idealismo subjetivo, pode-se dizer que descobrir a verdade filosófica é descobrir como se sai deste. Ora, se se permanece fechado nele, é somente por se imaginar que tudo o que é exterior a nós só pode nos ser revelado sob a forma de uma representação ou de um objeto. Ora, como poderia haver representação de uma consciência ou de uma liberdade, como se poderia transformar em objeto o que é por essência um sujeito diferente de nós? A questão é, portanto, de saber como um sujeito é capaz de pôr um outro sujeito sem justamente transformá-lo em objeto. Ora, trata-se aí de um fato de experiência, tão indiscutível quanto o da representação ou da objetividade, e que a filosofia deve buscar explicar e não reduzir. É até um fato primeiro e que precede o outro, se é verdade que todo pensamento é naturalmente animista, e que é somente por um esforço crítico, que nunca triunfa completamente, que chegamos a reduzir um objeto qualquer à objetividade pura, despojando-o de toda relação com uma subjetividade de que ele é o signo. Tal é o empreendimento da ciência. Mas ela está condenada não somente a deixar no mistério a natureza e a significação do fenômeno como tal, como também, tomando-o como o próprio tipo da existência, a fazer da própria consciência, não a condição ontológica do fenômeno, mas o fenômeno de um fenômeno. Ao passo que , se só apreendo o ser em mim mesmo e se só posso sair de mim mesmo buscando fora de mim outros seres comparáveis a mim, o fenômeno conserva sua independência como fenômeno, mas na medida em que ele exprime a limitação recíproca de todos os seres uns pelos outros e os meios pelos quais eles se comunicam. Portanto basta, em lugar de aboli-la, retificar esta visão espontânea que faz de cada fenômeno a manifestação de uma subjetividade que o anima, para perceber no mundo dos fenômenos a realização de todas as condições sem as quais as consciências não poderiam nem se constituir elas mesmas, nem fundar sua independência, nem vencer sua separação. E esta concepção se encontra do mesmo modo naqueles que fazem da aparição da consciência o clímax da evolução do mundo que naqueles que fazem do próprio mundo o testemunho de nossa queda e de nosso resgate.

Entretanto, é necessário reconhecer que, se a afirmação de uma existência outra que a nossa é uma afirmação imediata na medida em que ela exprime ao mesmo tempo a experiência, que sentimos em nós, de não permanecermos fechados em nossa limitação, e a necessidade para nós de considerar toda outra existência como semelhante à única de que possamos ter a experiência, que é aquela que somos, a realização de uma tal experiência não é tão simples quanto se poderia imaginar e ela própria comporta graus: em primeiro lugar, já que inicialmente só temos consciência de nós mesmos como de um corpo animado (antes de que tenhamos podido introduzir uma distinção entre nossa realidade e nossa aparência), buscamos também em toda parte, ao redor de nós, outros corpos animados, e é provocando movimentos de reação num corpo de aparência inerte que a criança busca nele um testemunho de sua existência. Em segundo lugar, a consciência que cada ser tem de si próprio é uma consciência utilitária, que se forma no decorrer do tempo, que é a da correspondência entre suas necessidades ou seus desejos e os meios de satisfazê-los, e que tende a dissimular-se num corpo de hábitos cada vez mais complexos e cada vez mais seguros. Os outros entram num tal sistema e, embora cada um deles forme um corpo de hábitos independente, há entre eles um jogo de ações recíprocas que se distingue apenas do jogo das ações naturais e abole as relações entre as consciências no lugar de aprofundá-las. Mas acontece em terceiro lugar que se produza uma ruptura dos hábitos, um ultrapassamento da espontaneidade instintiva. A vida espiritual é sempre uma ressurreição, ela é sempre uma revelação. Não é da primeira vez que o ser consegue descobrir-se como eu no sentido em que o eu é um centro de ações totalmente interiores e dos quais o próprio mundo é somente uma manifestação. É desta descoberta que datam porém não somente toda iniciativa filosófica, mas ainda todo acesso à existência absoluta enquanto tínhamos parado até aí nas condições que a sustentam. E não é preciso admirar-se que haja um estádio, nesta descoberta de nossa própria existência, no qual toda outra existência é considerada, em relação com ela, como exclusivamente representativa. É nesse estádio que permaneceu frequentemente o idealismo. A descoberta que faço de mim não pode ser separada da descoberta que faço de um outro eu. Esta me dá, se se puder dizer, tanta emoção quanto a outra. Só ela me permite ir além de meus próprios limites. Jamais sairei de mim mesmo pela representação. E tenho assim às vezes a ambição de igualar-me, por seu desenvolvimento desmesurado, à própria totalidade do universo. Mas trata-se aí de uma bolha de sabão infinita de que eu próprio sou o centro e que só me dá do universo uma visão perspectiva que, ao que me parece, conserva em relação ao universo real um caráter de virtualidade. Sei bem que, se este conhecimento se tornasse de repente infinito, ele me identificaria com o universo e, para estender meu ser até o limite, o aniquilaria. Aí está sem dúvida a punição e a contradição interior do orgulho condenado a arruinar pelo sucesso aquilo mesmo que ele tenciona servir; tanto é verdade que, como nos ensina a participação, só podemos enriquecer-nos daquilo que nos ultrapassa e que só podemos conhecer por uma desapropriação contínua de nós mesmos. No entanto, fora de nós, nada possui a existência senão outros seres semelhantes a nós e com os quais nossa própria existência, de repente, parece redobrar-se e multiplicar-se indefinidamente. Então nosso eu arranca-se de si mesmo, rompe as barreiras desta existência puramente subjetiva, adquirindo uma existência para um outro, funda ao mesmo tempo a objetividade de sua própria subjetividade. Ora, não há emoção maior na vida do que a que experimentamos quando podemos adquirir o contato com um outro ser de que sabemos que ele traz nele um segredo como o nosso, que ele possui uma iniciativa interior como a nossa, e que ele é um ser de participação como nós, tal que ele nos descobre o foco comum de que ambos participamos, e tal que entre nós o próprio mundo é uma testemunha. Neste sentido pode-se dizer que a relação da consciência com Deus permanece uma relação virtual até que ela se atualize nas minhas relações atuais com os outros seres.

Pode-se descrever as coisas de uma outra maneira: entre Deus e nós há um intervalo que é infinito. É esta impossibilidade de alcançá-lo que faz com que se o considere como a transcendência absoluta, isto é, como incognoscível e inacessível: haveria portanto impiedade em achar possível seja dar-se a presença de Deus, seja formar a ideia dele. Mas não seria uma menor impiedade crer que haja em nós algo que só venha de nós e de que ele próprio não seja a fonte, qualquer que seja o uso que possamos fazer de todos os empréstimos que dele fazemos. Assim é tão impossível atingir Deus em sua realidade plena como nos destacar dele. Mas este intervalo infinito, porém, que nos separa dele, não podemos imaginar que, para transpô-lo, bastar-nos-ia crescer indefinidamente. É somente nossa relação com os outros seres, isto é, não como o infinito do participável, enquanto ele ultrapasse nossa própria participação, mas com a infinidade dos outros modos de participação, que é capaz de preencher para nós este intervalo. Deste modo, a separação não cessa, por assim dizer, de reparar-se ela mesma. Longe de ficar encerrados em nós mesmos, até em nossas próprias relações com Deus, saímos sempre de nós mesmos e fazemos a experiência, no encontro dum outro, daquilo que sendo de fato outro que nos é reconhecido e querido por nós como outro em sua própria relação conosco. Toda relação de um ser como um outro ser é uma relação ontológica, que põe sua existência ao mesmo tempo que a nossa num mundo formado de seres diferentes, mas que são solidários uns com os outros porque todos tiram do mesmo Ser o ser de que eles participam. A dificuldade é de definir esta solidariedade na qual cada ser, em lugar de procurar absorver os outros ou de desenvolver-se às suas expensas, os quer como outros e encontra na sua alteridade a própria condição das relações que ele sustenta com eles, que definem sua existência própria e que, abolindo-se, aboliriam-no, isto é, o deixariam na sua absoluta solidão. Ali está também a origem da distinção entre o bem e o mal, se é verdade que todos os homens foram sempre unânimes em chamar de imoralidade o que destrói ou somente altera esta solidariedade entre os seres e de moralidade, ao contrário, tudo o que a produz ou somente a fortalece.

Desta forma se encontra confirmada esta observação que já assinalamos e da qual podemos dizer que está no centro de toda a análise que fazemos da participação moral, a saber que a descoberta de nós mesmos é ao mesmo tempo moral e ontológica, ou ainda que não há psicologia separada, ou ainda que só estamos presentes ali onde agimos escolhendo e realizando um valor que compromete nosso destino. Assim não há estado propriamente psicológico de uma intenção que ele dissimula e de uma avaliação que ele implica. Portanto, a relação entre dois seres nunca é tampouco um simples dado nem uma pura relação de fato, ela acusa sempre, numa determinada intencionalidade recíproca, uma questão que cada um deles coloca ao outro e que espera uma resposta versando sobre o que cada um deles pode ser para o outro, isto é, sobre a própria maneira de eles poderem realizar, um pelo outro, o destino que lhes é próprio.

Parênteses: Participação Social e Interindividual

Convém aqui, no entanto, abrir um parêntese. Pois se poderia pensar que esta interdependência mútua de todos os seres numa participação comum de uma mesma fonte de existência justifique o primado da sociedade sobre o indivíduo e nada mais seja do que uma interpretação primitiva e quimérica desta participação social, em que teoria e prática tendem igualmente hoje a ver a forma positiva de que a participação moral e religiosa devem ser derivadas. Mas é uma concepção que não podemos admitir. Ela só pode triunfar no espírito daqueles que pensam que a verdadeira realidade é visível e fenomenal, de tal maneira que a sociedade torna-se para eles a própria fonte da participação, ao mesmo título que a natureza no panteísmo. Mas a natureza e a sociedade são igualmente os efeitos da participação; nem uma nem outra é seu princípio. É preciso ainda acrescentar: a sociedade nada mais é do que uma espécie de natureza. E como a natureza, ela pode bem dar conta da participação na medida em que ela é sofrida, mas não da participação na medida em que é agida: e nada pode acontecer nela de sofrido que não seja o limite e a contrapartida do que há nela de agido. E como a natureza pesa sobre nós com todo seu peso como o ser inteiro, enquanto ela ultrapassa o que podemos assumir dele, assim a sociedade é o peso que exerce sobre nós a presença de todos os outros homens, enquanto justamente ela ultrapassa a relação real que podemos assumir com cada um deles. Entretanto, só há participação em e por uma consciência individual, e sem ela não haveria natureza nem mesmo outros seres. Não podemos destacar-nos mais da sociedade do que da natureza. E se compreende sem dificuldade que possamos divinizá-las uma e outra já que tanto uma como a outra impõem-nos sua lei. Mas só há participação no próprio ato pelo qual nos libertamos de sua escravidão, buscando ultrapassá-las ou transfigurá-las, fazendo com que nada haja em nós que possa ser reduzido a uma ação exercida sobre nós, seja pela natureza, seja pela sociedade, que nossa individualidade conquiste por graus sua própria autonomia, isto é, sua própria interioridade, buscando atingir na autonomia ou na interioridade de uma outra consciência a ruptura de sua própria solidão subjetiva e a penetração num mundo espiritual que é comum a todos os seres, e onde cada um encontra o fundamento de sua independência própria e de sua comunicação com todos os outros.

A sociedade, como a natureza, é ao mesmo tempo o reverso da participação e o campo em que ela se exerce, uma condição que a limita, a matéria que ela não cessa de penetrar e de transfigurar. De um lado e do outro a técnica e a linguagem tornam-se os instrumentos pelos quais procuramos tornar-nos mestres delas, mas que devem ser ultrapassados um e outro, a técnica numa espontaneidade espiritual que ela libera e a linguagem numa presença mútua que a torna inútil.

A Participação Interindividual e a Amizade

Por oposição à participação social, a participação interindividual implica sempre uma relação entre duas iniciativas: ela exprime a participação não nos limites que ela recebe da própria pluralidade de suas formas mas na própria operação que a constitui, enquanto ela chama outras operações que a multiplicam e sem as quais além de sua própria possibilidade ela só encontraria um oceano de possibilidades. Um outro ser é para nós uma outra possibilidade que se atualiza fora de nós e sem nós. É (como) que um mundo no qual entramos com ele e que até então nos estava fechado, já que não tínhamos podido transpor nossa própria barreira. Mas descobrir fora de nós uma possibilidade que se atualiza em nós, já é convertê-la, até um certo ponto, em nossa própria possibilidade. Não há problema mais difícil do que o de saber como uma comunicação real pode estabelecer-se entre consciências. Isso supõe que elas permaneçam centros de iniciativas que eu não tente conquistar. É mister ao mesmo tempo que as ponha como distintas em mim e não somente que as aceite, mas que as queira como tais. A relação dos seres uns com os outros não se acrescenta à sua essência: ela a constitui e contribui para formá-la. Ora, o próprio de cada ser é dar-se o ser a si mesmo, mas por um ato que é um ato de participação em que a totalidade do ser, por conseguinte o destino dos outros seres ao mesmo tempo que o seu, encontra-se comprometido. Toda relação entre dois seres é portanto uma relação ontológica, isto é, que os torna independentes no próprio ato que os faz ser: ela vai infinitamente além do sentimento que os une ou da vontade de cada um sobre o outro, ou melhor, o sentimento e o querer nada mais são que a expressão e a realização desta solidariedade essencial que pode ser definida como uma espécie de reciprocidade criadora. Aqui, como em toda parte, a participação comporta graus: posso ser indiferente para com um outro e considerá-lo somente como uma coisa, só o descubro numa espécie de interrogação muda; posso começar a me interessar por ele, isto é, a dar-lhe um lugar na minha vida, antes de saber se ocupo um lugar na sua; posso prosseguir com ele esta espécie de jogo alternado pelo qual ele age sobre mim e ajo sobre ele como poder de evocação e de sugestão, ainda que esta ação permaneça misteriosa e nos escape frequentemente; posso enfim atingir uma espécie de clímax, onde esta relação mútua atinge como uma perfeição ideal, onde não sei mais distinguir entre o que lhe dou e o que recebo dele, como se cada um só descobrisse sua própria intimidade no toque infinitamente delicado emanado da única presença de um outro. Aqui se reconhece o signo da verdadeira amizade: é de ser mais de si próprio com um amigo do que quando se está só, ao passo que a presença de um ser que nos é estrangeiro nos torna com efeito estrangeiro a nós mesmos. A amizade é sempre única e inimitável. Ela exprime o clímax da participação moral no sentido em que ela manifesta e põe em ação entre dois seres o que há de comum, e em cada um deles o que há de próprio. Ela os quer como tais, ela não cessa de aprofundá-los e de receber deles sempre mais alegria. Na amizade descobrimos o verdadeiro papel dos seres individuais que é de ser mediadores uns em relação com os outros. A individualidade encontra-se aqui ao mesmo tempo justificada e ultrapassada pela vontade de um outro que a ela se aplica e a toma, ela própria, como fim.

A amizade descobre-nos a própria essência da moralidade, que é tratar todo homem que encontramos em nosso caminho como um outro de nós mesmos, isto é, como um amigo possível, com quem uma amizade real começa a esboçar-se. A análise da amizade permite-nos talvez descobrir o caráter mais profundo e mais paradoxal da moralidade, que não é tratar todos os homens segundo uma regra universal, porque então não levo mais em conta sua essência individual que só me permitirá ter com eles relações reais, nem os tratar como eu desejaria que eles me tratassem, porque então o egoísmo, encontrado nele seu próprio remédio, torna-se o árbitro supremo da moralidade; ora sinto bem porém que há uma contradição invencível entre o egoísmo e a moralidade, o que só é possível à condição de que o bem do outro seja o que busco, e que meu próprio bem só me advenha por acréscimo. O que por um lado aparece como sendo inseparável de toda atividade finita que só pode exercer-se saindo de si, e por outro lado é a única maneira pela qual a solidão individual pode ser vencida uma vez que todo ser só pode realizar para si aquilo mesmo que ele realiza para os outros. No entanto, a natureza desta comunicação entre as consciências deve ainda ser mais determinada. Até aqui nos limitamos a defini-la em toda sua generalidade. Fundamentando-a na mediação mostramos que ela só tem sentido porque ela implica uma dupla participação em relação a um absoluto, mas sendo este tal que ele conserva um caráter de subjetividade e mesmo, num determinado sentido, de possibilidade até o momento em que as formas particulares da participação, para atualizarem-se, mediatizem-se. Mas sabemos que a participação, em toda parte onde ela se realiza, produz na consciência uma oposição da passividade e da atividade, de tal maneira que a comunicação entre as consciências põe em jogo este duplo caráter, não somente neste sentido em que é ativo numa e passivo na outra e reciprocamente, mas nesse outro sentido mais sutil em que cada uma delas deve na sua própria passividade encontrar um eco na passividade da outra e na sua própria atividade despertar na outra uma atividade que lha responde.

A Simpatia

Primeiramente se pode tentar analisar esta participação mútua entre as consciências que se realiza pela simpatia. A simpatia manifesta um dos caracteres essenciais da participação. Pois ela realiza a relação do finito e do infinito somente permitindo à consciência do ser finito reconhecer nele o próprio infinito da possibilidade. Por isso se mostrou que há em cada um de nós uma infinidade de seres possíveis, entre os quais há um que escolhemos atualizar, ou melhor, que se atualiza ele próprio por uma espécie de concurso que se estabelece entre a sequência de nossas ações e as circunstâncias em que elas se encontram comprometidas, sem que porém os outros seres possíveis, que estão no interior de cada um de nós, se encontrem inteiramente abolidos. Eles subsistem sempre em mim de alguma maneira, sempre prontos a despertar-se, isto é, a manifestar-se na existência, e os outros seres que encontro são estes possíveis que descubro em mim e que se realizam sem mim. Mas não posso descobri-los sem reconhecê-los como meus. E, no momento em que eles se realizam num outro, realizam-se também em mim, como se a existência de um outro prolongasse a minha e completasse seu pleno desenvolvimento. Pode-se dizer que o próprio da simpatia é restabelecer a unidade entre o todo da possibilidade e a multiplicidade infinita das formas de existência que o atualizam. Ela deixa subsistir nelas, entretanto, uma diferença entre a atualização que se produz num outro e da qual ele é o princípio, e que transforma suas relações com o mundo, e a atualização que se produz em mim por seu intermédio e que transforma somente minhas relações com ele. É no intervalo que as separa que se exerce a simpatia, que une dois seres um ao outro mas sem confundi-los. Facilmente se compreenderá a aparição de todas as formas da simpatia, desde a indiferença através da série de seus graus até o próprio contrário em que ela se converte, se se medir a proximidade ou distância dos diferentes possíveis em relação ao próprio possível que escolhi realizar e se se pensar que alguns destes possíveis podem ser para mim um objeto de lamento e que outros não têm relação comigo senão pelo próprio ato que os rejeitou. Daí compreende-se como se pode dizer da simpatia que ela me descobre a existência de um outro enquanto outro e que, todo o tempo em que lhe sou indiferente, ela nada mais é para mim do que uma coisa. Assim a simpatia (sem dúvida com seu contrário, a antipatia) seria justamente em relação a um objeto. Ela me tornaria esta consciência presente de alguma maneira. E se é verdade que não há outra existência senão a existência puramente interior *d'un soi*, poder-se-ia dizer que a simpatia tem um alcance ontológico, ali onde a percepção tem um alcance exclusivamente fenomenal. A todos aqueles que protestariam contra o caráter cognitivo que se atribui assim à simpatia, precisaria responder que, sem dúvida, só é cognitiva a percepção que me dá a representação de um objeto enquanto ele me é exterior, mas que a simpatia está além, na medida em que ela atinge o ser e não somente o conhecer, e o ser na sua própria gênese enquanto esta gênese é ao mesmo tempo comum a todos os seres e particular a cada um deles. Mas é preciso elucidar esta relação do universal e do individual que a simpatia manifesta e que forma a própria essência da participação. Pois se pode absorver a simpatia numa comunidade do sentimento que nos obriga a confessar uma comunidade de origem, a reconhecer que até um certo ponto a vida de um outro é também a minha. A simpatia dissolveria aí os limites da consciência individual. Ela atestaria somente minha subordinação em relação à natureza ou à sociedade. Ela me introduziria num corpo mais vasto que não poderia ser atingido, em nenhuma de suas partes, deixando-me insensível. Entretanto, a simpatia já é interindividual, pode-se dizer que ela se impõe a mim apesar de mim: mas ela é eletiva. Ela não tem sentido senão por seu contrário, a antipatia. E, na medida em que a sofro, pode-se dizer que ela está fundamentada na semelhança dos corpos, numa aptidão em experimentar os mesmos abalos, ou a ressoar em uníssono. Porém, só se trata aí do grau inferior da simpatia que a consciência sempre ultrapassa. Pois o que ela implica é um consentimento dado à emoção, pelo qual ela é assumida e espiritualizada e que é tal que ele pode em determinados momentos superá-la, resistir a seus ataques, ou mesmo convertê-la em seu contrário. Estamos aqui no ponto onde a atividade e a passividade não cessam de entrelaçar-se em nossa consciência, onde a atividade pressupõe uma passividade à que ela se aplica e que ela penetra, mas que ela reforma e acaba ela própria por determinar. Tal é a relação que se verifica em todos os domínios onde a vida sensível deve converter-se em vida espiritual.

Entretanto, em relação ao modo de participação que a simpatia realiza entre duas consciências individuais, não se pode contentar-se em dizer somente que elas participam uma e outra de uma existência que lhes é comum, o que excluiria da simpatia o que há de individual nelas, nem em dizer que na simpatia o sentimento se propaga somente de uma a outra, como se a repetição de um mesmo sentimento bastasse para produzir entre elas uma comunicação real. Esta comunicação supõe uma participação, isto é, compromete sempre, de uma certa maneira, minha atividade como acabamos de dizer. Mas este ato é singularmente complexo, é o ato pelo qual o sentimento de outrem é reconhecido como meu, não enquanto sua causa age sobre mim ou que padeço para com ele, mas enquanto ela age sobre o outro e que eu padeço para com este próprio outro que o padece. Se assim acontecer, compreende-se bem, de um lado, como a simpatia coloca necessariamente a existência de um outro e, de outro lado, como ela opera uma transmutação do simples contágio afetivo, convertendo, na minha consciência, num ato consentido o que só era inicialmente um estado sofrido. Não queremos dizer que todos os elementos sejam discernidos em nós pela consciência clara logo que a simpatia começa a despertar-se. Eles só surgem pela análise. A simpatia mais pura é ela própria sentimento simples. Mas é próprio dos sentimentos mais simples interessar a consciência em sua totalidade, isto é, a própria infinidade de que ela é portadora.

É preciso acrescentar ainda: a simpatia desperta a simpatia. Ela se repercute da consciência que a experimenta na consciência que a suscita. E nesta ela acrescenta ao sentimento primitivo um sentimento secundário que provém do próprio eco que ele encontrou, e que é como o eco de um eco. Este sentimento que se duplica envolve um ato paralelo ao que observamos na consciência onde a simpatia tinha nascido, e pelo qual este próprio sentimento é ao mesmo tempo penetrado e consentido. Assim se verifica como duas consciências conseguem formar-se e se enriquecer uma pela outra. Há uma espécie de reciprocidade entre sua passividade e sua atividade, que faz não somente com que cada uma delas sofra uma ação exercida pela outra, mas de uma maneira mais sutil que cada uma delas, sofrendo não mais o que ela própria padece, mas o que um outro padece, o assume e obriga o outro a assumi-lo por sua vez. Mas esta reciprocidade prossegue indefinidamente. Pois se acolho a simpatia de um outro, este por sua vez não é insensível ao acolhimento que lhe dou. Há aí um poder de renovação e enriquecimento indefinido que, logo que um contato começa a estabelecer-se entre duas consciências, nos faz sentir a presença de um infinito atual que é indivisivelmente um dom e uma promessa como o experimentam todos os que fizeram a experiência das formas mais elevadas da simpatia, da amizade ou do amor.

Privilégio da Dor

Compreende-se facilmente como na simpatia a dor goza de uma espécie de privilégio. Pois é próprio da dor revelar ao ser sua individualidade subjetiva enquanto separada e miserável. Incontestavelmente estou ali onde sofro. E mesmo se pode dizer que a dor é a presença irrecusável do eu a si mesmo, do eu no momento em que ele é obrigado a reconhecer-se eu. É a razão pela qual em todas as formas da maldade e da crueldade, é o eu do outrem que pretendo atingir fazendo-o sofrer. Mas cada um está só quando sofre. E na dor o eu, em lugar de ser causa de si próprio, experimenta sua própria subordinação para com uma causa estrangeira que o invade e que ele tenta repelir com toda força.

Desde então se vê qual é a situação original da dor para com a participação: 1º) pode-se dizer que ela exprime o limite da participação, aquilo a que recuso minha participação ou que ma impõe sem que eu consinta; 2º) este próprio limite é porém constitutivo do que sou, ele me individualiza colocando-me em oposição com o resto do mundo (ao passo que o prazer tende a confundir-me com ele, parece que ele sempre excede os limites da consciência individual e que eu devo esforçar-me para retê-lo como meu). Assim a dor, que sempre tento repelir fora de mim, descobre-me por isso mesmo até que ponto ela é minha. E ela só é minha por uma participação negativa de alguma maneira, isto é, impossível ou recusada, a uma realidade de que ela exprime o limite ou a privação. Aqui é a falta que faz a carência e aquilo mesmo de que sou privado que rompe meu equilíbrio. Assim na dor a consciência encontra-se inteiramente ocupada pela invasão de um objeto imenso e intolerável que é somente a sombra de um objeto ausente, que pareceria ele próprio desvanecer-se se ele viesse a lhe ser dado. Aqui encontraríamos nesta união excepcionalmente intensa da dor e da consciência a confirmação de uma lei mais geral: a consciência só se alimenta da ausência que constitui para ela uma presença espiritual, ao passo que na presença material ela se extingue. Nisso também descobriríamos uma espécie de parentesco entre a ideia e a afeição (que é ela própria insensivelmente dor, o prazer sendo somente o movimento que nos libera dela). Pois a dor é a ausência enquanto ela é ressentida pelo corpo, ao passo que a ideia nos liberta até mesmo da presença do corpo.

A dor é, portanto, o fator da separação. Ora, é próprio da participação superar esta separação. Para isso, é necessário que da própria dor, isto é, daquilo mesmo que separa, ela faça um princípio que possa unir-nos. A alegria acusa, se se puder dizer, uma espécie de ultrapassamento incessante de nossos limites e esta presença atual do infinito ao finito que faz com que pareça bastar-se. Mas no tocante à dor é exatamente o oposto: é pelo contato com os outros seres finitos que nós, conscientes como nós de seus próprios limites, sujeitos como nós a sofrer e capazes de levar em si mesmos nosso próprio sofrimento, atravessamos por assim dizer nosso próprio sofrimento, que é uma participação do sofrimento humano e inseparável de sua condição. Não que o sofrimento possa jamais realizar-se fora de uma consciência particular, mas a impossibilidade de ela ficar indiferente ao sofrimento de uma outra acusa de uma certa maneira a impossibilidade de nenhuma delas aceitar a separação ou, para dizer a mesma coisa, a necessidade de vencê-la comungando com todas as outras naquilo cujo efeito é justamente separá-las. Este mal inerente à condição humana só pode ser ressentido por indivíduos: ele os obriga a participar uns dos outros. É por isso que o egoísta se coloca ele próprio fora da humanidade, que ele se define pela indiferença para com o sofrimento de outrem, que no seu tipo mais agudo, ali onde todo outro ser é considerado por ele como um rival que lhe disputa a existência, ele se alegra dos males que o atingem, que querer ignorar o sofrimento comum numa catástrofe como a guerra ou procurar uma segurança solitária é recusar a participação do absoluto, enquanto ela implica uma multiplicidade de seres particulares todos solidários uns com os outros, que cada um no sofrimento que ele experimenta leva uma parte do sofrimento humano, apesar de todos os que o desconhecem ou o renegam e que o Cristo pode assumi-lo na sua totalidade, de tal modo que todos os que sofrem, sofrem de seus sofrimentos e participam do sofrimento de todos os seres que estão no mundo.

Assim a união da dor e da participação é singularmente estreita, se é verdade que, em lugar de unir-me diretamente à fonte de toda participação, ela me une a todas as formas da existência participada, no ponto onde cada uma delas ressente mais vivamente seu próprio limite. Aí está a razão pela qual há na atitude de cada ser em relação à dor experimentada por outrem uma espécie de prova da participação. É aí mesmo então que a palavra participação recebe na linguagem mais comum sua acepção mais forte: o vínculo que os une a mim, é quando sofro que ressentimos um e outro sua força. Na participação à alegria de outrem sou arrastado e, salvo quando o egoísmo se aplica a manter a separação, sua alegria me invade e se torna a minha. A dor de outrem ao contrário me aperta, fujo dela ou defendo-me contra ela. Só posso prender-me a ela porque prendo-me a outrem nela, ao passo que na alegria que me dá a alegria de outrem, pode acontecer que eu esqueça outrem. Ela é minha enquanto ela é sua. E o que me faz eu mesmo sofrer é o fato de ele sofrer, mais do que aquilo de que ele sofre. A relação com o absoluto só se opera através da minha relação com o outro. Ela eleva esta relação até o absoluto na medida em que ela transcende nosso duplo limite, fazendo deste próprio limite o meio de nossa comunicação. Aí está o sentido do sofrimento em toda religião que pode levar a pensar que toda religião era uma religião do sofrimento, o que não é verdadeiro se bem que ela deva passar necessariamente pelo sofrimento não somente, como se diz um pouco simplesmente, para curá-lo, mas para nos permitir descobrir a miséria de toda existência de participação e triunfar desta miséria por esta própria miséria no momento em que ela cessa de ser um instrumento de separação para tornar-se um instrumento de comunhão.

Schopenhauer não se enganou quando ligava tão fortemente o sofrimento à individualidade, que ele fazia da piedade para com o sofrimento a própria essência da virtude. Mas sem falar do pessimismo radical que é a marca desta doutrina e que provém do preconceito de que a fonte suprema de toda participação pertence ao domínio da infraconsciência, enquanto ao contrário se deveria, se a palavra tivesse um sentido, ligá-la ao domínio da supraconsciência, isto é, considerá-la como exprimindo o ponto mais alto da consciência, pode-se observar que a palavra "piedade" designa um sentimento que deixa subsistir, entre as duas consciências que une, uma relação de inferioridade e de superioridade que torna impossível toda verdadeira comunhão. Não é certo que na piedade a dor de um outro não possa ser nem aliviada nem assumida. Ou é necessário que a própria piedade seja inseparável do amor. Mas todo amor supõe a reciprocidade: só ele pode produzir uma participação real, só ele permite que a piedade seja aceita. Mas sobretudo ele afasta e até pode chegar a suprimir a causa do sofrimento, ele é uma pura relação entre pessoas, só dele é verdade dizer que ele sofre somente do sofrimento da pessoa amada, que sofre deste próprio sofrimento que ela produz, numa espécie de repercussão mútua que se prolonga até o infinito, que já está presente integralmente desde a primeira de suas *démarches,* se bem que o tempo não cesse de multiplicar e de variar de uma maneira inesgotável as modalidades que a exprimem.

A Participação Moral enquanto Ela Interessa em Duas Consciências Sua Atividade e Não Mais Sua Passividade

Quisemos distinguir a comunicação que se produz entre as consciências nos dois aspectos do seu ser participado, isto é, ao mesmo tempo na sua atividade e na sua passividade. Todavia importa observar o seguinte: da própria passividade pode-se dizer que é pela atividade que se aplica a ela enquanto passividade e por aí mesmo a ultrapassa, que ela cessa de separar os seres uns dos outros e consegue uni-los. É este modo de união entre dois centros diferentes da mesma atividade de participação que é preciso examinar agora. Mas se pode notar que a dificuldade é comparável à que tentamos vencer há pouco no que diz respeito à própria afetividade: pois se é segredo, parece que só haja atividade no centro de iniciativa onde ela se exerce. E embora toda atividade seja dirigida para o exterior, como pode ela encontrar, sem se suprimir ela mesma, a atividade de um outro, isto é, uma atividade emanada de um centro diferente? No próprio ponto onde elas se encontram não se acha uma zona de passividade mútua que nos faria cair novamente no caso precedente? Enfim, se se pretender que a comunicação só se faz aqui por intermédio de um ato sem passividade de que elas dependem uma e outra, como se pode estabelecer a relação entre uma atividade infinita e uma atividade finita que dela depende? Não precisaria supor aqui ainda uma zona de passividade que as separe? Mas esta passividade que pode servir para definir os próprios limites do eu, não tem sentido em relação com uma atividade que é ela própria sem limites, de tal maneira que esta passividade, longe de nos torná-la presente, nos separa irremediavelmente dela. Não há portanto uma disparidade radical entre nossas relações com Deus e nossas relações com o próximo, se bem que nos tenha parecido anteriormente que é somente em nossas relações com o próximo que nossas relações com Deus se atualizam?

Entretanto, a análise seguinte, permitindo-nos descobrir o fundamento da análise precedente, fornecer-nos-á uma espécie de verificação da solução do problema central da participação, o de saber como ela se realiza. Pois, se a participação na sua forma afetiva ou na sua forma de qualquer maneira limitativa só é possível à condição de ser consentida por um ato sem o qual ela só seria um contágio sem ser uma verdadeira participação, é esta participação ativa que é preciso tentar agora examinar e justificar. Quando consideramos a natureza própria do ser participado, consideramo-lo como sendo feito ao mesmo tempo de atividade e de passividade. E se sua passividade, enquanto ele está obrigado a sofrê-la, o define enquanto indivíduo que é único no mundo, ela é, ela mesma, correlativa de uma atividade que constitui um centro independente de iniciativa e sem a qual ele seria incapaz de jamais dizer eu, isto é, de atribuir-se a si mesmo sua própria passividade. E por isso hesitou-se muito tempo na questão de saber se o ser individual era determinado pela influência do corpo ou pelo exercício da liberdade (oposição em que se reencontra, em termos um pouco diferentes, a da forma e da matéria), enquanto só há individualidade por sua junção, uma vez que a liberdade seria uma possibilidade pura se ela não viesse engajar-se numa situação e que o próprio corpo só seria uma coisa, isto é, um fenômeno, se a atividade do eu não fizesse dele a condição de sua própria realização. Entretanto, a liberdade ou o poder de eu mesmo ser causa do que sou não é uma possibilidade real, isto é, uma possibilidade que se realiza numa situação, senão por participação de um ato causa de si, que não faz nenhuma distinção entre sua possibilidade e sua atualidade, mas que é tal que só pode ser participado obrigando todos os seres particulares a distinguirem sua possibilidade da situação material em que eles devem engajar-se para atualizá-la. Assim parece que o primeiro mistério da participação seja exatamente esta necessidade, para um ser que só pode ser definido como a suficiência perfeita, de ser participado somente por seres que dependem dele, mas que não podem depender dele de outra maneira do que na própria aptidão, que ele lhes dá, para fundar sua independência própria. A liberdade suprema só pode ser participada por liberdades particulares, e sempre a participação só se manifesta por uma liberação.

Ora, há aí uma experiência que só os místicos souberam descrever como convinha. Pois ela é uma espécie de escândalo para o puro intelectualismo. Ela reúne em si os dois termos de uma contradição, muito menos superando-a do que os identificando: é aí onde há o máximo de dependência que há também o máximo de independência. Entretanto esta afirmação pode ser ultrapassada e, num determinado sentido, confirmada pelas relações de todas as consciências umas com as outras. A geração das consciências está sem dúvida implicada na própria essência de uma atividade espiritual todo-poderosa e que só pode ser definida como uma generosidade sem medida, esta generosidade sendo seu próprio ser e não uma qualidade que viria acrescentar-se a uma existência inerte e sem determinação. É o que se exprime com outras palavras, dizendo que Deus é essencialmente criador, isto é, está eternamente criando. Mas ninguém aprofundará esta noção da citação sem perceber que, para ele, criar é sempre dar, e é dar seu próprio ser, isto é, fazê-lo participar por outros seres que recebem dele tudo o que eles são, mas que só o recebem dele pela faculdade que ele lhes dá de se darem a si próprios. O universo real é portanto um universo povoado de liberdades que, em suas relações com Deus, exprimem a própria essência de Deus e de tal maneira, porém, quando elas se separam de Deus, que por outro lado cada uma delas precisa da existência de todas as outras para manter, e que as relações que ela tem com estas lhe permitem, ao mesmo tempo, compreender e pôr em execução as próprias relações que ela tem com Deus.

Assim as consciências estão separadas umas das outras não somente pelos corpos que as limitam, mas muito mais profundamente pela liberdade que elas exercem e que faz de cada uma delas o primeiro começo de si próprio. Mas, da mesma forma que todos estes corpos estão sujeitos às leis do mesmo universo, que exprimem as condições limitativas de todas as existências particulares, pode-se dizer que todas as liberdades tiram do mesmo seu "poder ser" e por aí têm entre elas relações que exprimem sua essência comum e suas próprias relações com o absoluto de que elas procedem. De fato, nenhuma liberdade se realiza senão por sua relação com outras liberdades e não, como se acredita, por sua relação com coisas, que são para ela somente obstáculos ou testemunhas. As liberdades diferentes da minha, não cesso de chamá-las à existência como liberdades possíveis ali mesmo onde não as encontro diante de mim como liberdades reais. E se pode dizer que, ali onde elas não se deixam seduzir pelas coisas de que elas se tornam escravas querendo conquistá-las, todas as liberdades buscam em torno delas outras liberdades como possibilidades que elas suscitam e que elas ajudam a atualizar-se (de tal maneira que não há homem que não se considere como um educador da humanidade inteira), e como exemplos que as encorajam e que as sustentam (de tal modo que não há homem que não se considere como tributário da humanidade inteira).

Além disso, na relação mútua das liberdades entre si, cada uma evoca esta fonte comum de participação que dá a cada uma delas sua independência e funda, se se puder dizer, a comunidade dos seres livres. Fala-se sempre deste enriquecimento recíproco das consciências umas pelas outras, e é a temer que se considere por aí as próprias coisas que as limitam e sobre as quais elas procuram irradiar. Mas o maior bem que uma consciência pode fazer a uma outra consciência é justamente liberá-la, isto é, despojá-la de todos os laços de tal modo que ela nada mais seja do que uma pura disponibilidade de si própria no que, a cada instante, lhe pode ser pedido. E da mesma maneira que Deus pode ser definido como uma participação sempre oferecida, ou como o infinito do participável, assim cada consciência só se realiza à condição de se querer ela própria como participada, não somente em tudo o que ela possui mas em tudo o que ela é. Deste modo ela imita a generosidade divina. Ela só se realiza pelo sacrifício e o desprendimento. Ou, com outras palavras, ela nunca possui o que ela dá. Daí estas duas observações: 1) no dom que ela faz de si própria ela se considera sempre como mediadora entre Deus e uma outra consciência, de tal maneira que no ápice do amor cada ser individual tende a se fazer esquecer no que há de propriamente individual e que, depois de ter sido tal ser e não um outro, distinto de todos os outros e único no mundo, ele se apaga e torna o próprio Deus presente e vivo para aquele que o ama. A unicidade da relação persiste sem dúvida aqui para testemunhar que a relação de que se trata tem um caráter propriamente ontológico, isto é, não abstrato, e esta também é a razão pela qual, a mediação correndo aqui o risco de confundir-se com o absoluto que ela mediatiza, a idolatria, como na participação religiosa, nunca cessa de ameaçar-nos; 2) nessas relações mútuas entre as consciências é necessário observar, por outro lado, que nenhuma delas se realiza de outra maneira do que no perfeito desinteresse em que ela toma como fim a consciência de um outro e não a sua. Assim se poderia temer que, nesta espécie de esquecimento de si, houvesse uma espécie de contradição, uma vez que o sol só toma um valor quando ele é o sol do outro e não mais o sol interior a si mesmo e de que só tenho a experiência no meu próprio eu. Mas aí reside o mistério admirável da vida moral que, só ele, me permite sair de mim mesmo e colocar a alteridade como tal colocando seu valor privilegiado, que estabelece entre as consciências uma solidariedade recíproca que triunfa de sua separação e que enfim, impedindo a consciência de se tomar ela própria como objeto, a obriga a reduzir-se à sua própria atividade criadora, voltada de agora em diante para um fim de que ela própria é incapaz de tomar posse.

Vencer a Solidão

Imagina-se quase sempre que o homem deve escolher entre a solidão e a sociedade sem que ele possa evitar nenhum destes dois extremos, sem que nenhum deles possa contentá-lo. Pois parece, por um lado, que a consciência nos encerre numa solidão onde ninguém pode penetrar e onde só lidamos com nós mesmos e, por outro lado, que a sociedade nos detenha e nos absorva de tal modo que nada haja em nós de que possamos dizer que seja nós ou seja de nós. E igualmente nos queixamos de não poder libertar-nos da solidão, como se ela fosse o sinal de nossa impotência, nem do vínculo social, como se este fosse o sinal de nossa escravidão. Mas, aqui como em toda parte, a participação chama os termos complementares e os une. Pois a participação, em lugar de nos encerrar em nós mesmos como faz a consciência de si, se ela foi reduzida a uma experiência puramente subjetiva, nos abre ao contrário sobre o que nos ultrapassa, de tal maneira que um ser que nunca participa está só, e porém o próprio ato de participação é sempre único e pessoal de tal modo que ele é como um foco que só brilha para um só ser. Entretanto, nunca se insistirá suficientemente nesta experiência primitiva que temos de nós mesmos, que apela para um infinito de que somos uma determinação e com o qual não cessamos de comunicar. É a ele que emprestamos ao mesmo tempo tudo o que é nosso e o próprio ato que nos permite dizê-lo nosso. Assim o eu, longe de ser primitivamente um ser solitário, só descobre sua solidão numa segunda *démarche*, que é uma *démarche* de reflexão e que parece ser constitutiva da própria solidão.

Com efeito, é próprio da reflexão assumir e fazer nosso este mesmo ato de que participamos e do qual éramos até aí somente o instrumento e o veículo. Assim, na reflexão, parece-nos sempre que nada haja que não venha de nós. Ela é uma espécie de apelo à solidão enquanto ela mesma aspira a bastar-se. Ela só retém, na própria atividade de que ela procede, a operação que a reflete e que agora só depende unicamente de nós. Todo homem que reflete busca a solidão e não cessa de aumentá-la indefinidamente.

Entretanto, esta solidão, em que ele se descobre como o primeiro começo dele mesmo, só acusa a impossibilidade em que ele está de separar-se desta fonte eterna da existência, da qual ele tira tudo o que ele é capaz de dar-se. Ele nunca conseguiu isolar o ato de participação daquilo mesmo de que ele participa e sem o qual este ato não teria nem conteúdo, nem eficácia. Mas se nunca se pode definir a consciência de si de outro modo do que por um diálogo, importa não esquecer que não se trata, como se crê, de um diálogo consigo, mas de um diálogo com um ser interior a si e maior do que si próprio com o qual nunca chegamos a nos igualar e que nunca nos deixa sozinhos.

Há para nós, se se puder dizer, duas maneiras de sair da solidão. Primeiramente para fora e pelo divertimento, que nos arranca de nós mesmos, rompe nossa unidade interior e nos impede de pensar o ser que somos e que devemos vir a ser. Neste sentido a própria vida de sociedade é para nós a forma mais perfeita de divertimento, pois ela espera tudo de nossas relações com os outros seres na medida em que elas só atingem, seja em nós, seja neles, as regiões mais superficiais, aquelas onde residem a aparência e o amor-próprio, como se não se pudesse ir além sem nenhuma espécie de indiscrição e mesmo até de violação que rejeitaria cada ser na sua própria solidão. Mas é possível também sair da solidão por dentro, isto é, aprofundando-a ainda, ou suprimindo em nós tudo o que ainda subsiste de exterioridade. Mas ao mesmo tempo as barreiras que nos separavam dos outros seres caem também. E longe de dizer que sua solidão suprime-se, parece que sejam todos recebidos na mesma solidão. Então comunico convosco de uma maneira tão mais íntima quanto comunico mais intimamente comigo mesmo. Talvez aconteça, com efeito, que tenhamos às vezes a experiência de encontrar no outro este mesmo ponto de vinculação secreta com o ser do qual tínhamos pensado que era uma revelação misteriosa que nos era feita, que não suprime nossa independência mútua, mas a suspende na mesma origem e, em lugar de criar entre ele e nós uma identidade destrutiva, descobre-nos a comunidade e a reciprocidade de nosso destino espiritual. Cada vez que esta experiência se renova é a participação que ainda é posta à prova na unidade de seu princípio e a solidariedade de todos seus modos.

Crítica do Moralismo Kantiano

Agora se vê bem quais são os limites do moralismo kantiano que constitui um esforço para reduzir o moral à moral só deixando pressentir, atrás dela, um segundo plano metafísico sem o qual é vão esperar que se possa fundá-la. Ele estava obrigado portanto a ater-se ao plano do transcendental, isto é, de uma legislação formal em lugar de encontrar na participação ontológica a própria fonte de nossa existência individual, enquanto ela se dá a si mesma o ser e o valor numa correlação atual com todas as outras existências. Daí as objeções seguintes que o moralismo kantiano levanta quase invencivelmente.

1º) Ele está obrigado a reduzir a moral a uma lei tendo um caráter de abstração, cujo modelo é emprestado da lei civil e que não basta para despertar por si mesmo um interesse espiritual. O respeito só é uma transfiguração do temor e, inevitavelmente, aqui é a sensibilidade que deve deixar-se comover pela razão.

2º) Pode-se fazer da razão, em lugar de uma simples lei, uma espontaneidade interior e agente que encontra diante de si a espontaneidade natural e instintiva como um obstáculo e um limite, de tal modo que cada um de nós pode ser dito *particeos rationis*. Entretanto, esta dualidade permanece uma espécie de mistério. E se pode igualmente pretender ou que a razão repele somente as mesmas exigências no interior de cada consciência, ou que ela só exprime o que é comum a todas e que ela pode ser encarada como um produto da evolução.

3º) O caráter de mandamento é inseparável da essência da lei da dualidade de nossa natureza. Mas além do moralismo kantiano limitar-se aqui a interiorizar o caráter exterior da lei e pelo qual ela impõe sua autoridade, imaginando na sensibilidade um sujeito independente e que lhe resiste, pode-se fazer aqui uma dupla observação. Pois, primeiramente, o mandamento não nos permite entrar no próprio âmago da moralidade que supõe de nós não uma obediência, mas um consentimento mais sutil e que implica este *élan* interior a que se pode chamar de caridade e amor e cujas regras morais só tentam sempre reter uma espécie de imitação. Depois, pode-se dizer que só é mandamento aquele que se dirige à vontade, e que este mandamento só pode versar sobre o cumprimento de determinadas ações interiores, as únicas que podemos controlar. Ao passo que um mandamento moral deveria atingir o mais profundo da intenção, e nunca o conseguiria se esta intenção não desse crédito ao mandamento em lugar de lhe obedecer, o que mostra bastante que ela pode dispensá-lo. Parece que as críticas da moral kantiana não deram o lugar que teria sido necessário a esta análise das relações entre o mandamento e a atividade a que ele se dirige. Pois se recorrermos a este desdobramento de uma atividade que se comanda a si própria, não se vê nem sua utilidade nem seu alcance, pois ele nada mais esconde do que a própria descoberta de uma espontaneidade espiritual que é criadora da moralidade. Se distinguirmos entre a atividade que comanda (que é a razão) e a atividade que obedece (que é a vontade enquanto ela é solicitada pelo desejo), esta, por sua vez, nunca obedecerá senão a si própria, isto é, a um motivo sensível que a tarefa própria do mandamento consistirá justamente em despertar. O que prova sem dúvida que nossa atividade possui somente planos diferentes e que, em lugar de dividi-la no conflito de um mandamento e de uma resistência, trata-se somente de aprofundá-la cada vez mais a fim de que ela encontre no seu puro exercício uma satisfação sempre mais perfeita e mais plena.

4º) A ideia de lei e de mandamento que a acompanha sempre dava à moralidade um caráter de universalidade. E até parece que este caráter de universalidade seja exigível tanto da moral quanto da ciência. Pensamos inevitavelmente que a moral é, com efeito, o que pode ser imposto a todos. E o individualismo absoluto – ou ainda "a cada um sua verdade, a cada um sua moral" – significa o desmoronamento de uma e da outra. Neste ponto porém devem ser feitas distinções. Só se pode conceber como regras universais as que se aplicam ao ser individual considerado enquanto ser individual em geral e não como determinado ser individual. De tal modo que a moralidade universal só pode ser o arcabouço ou o esquema da moralidade real que é de tal indivíduo dispondo de uma liberdade inalienável e engajada ela própria numa natureza, numa situação, em circunstâncias particulares que só pertencem a ele. Assim se pode bem dizer que ele deve primeiramente, enquanto homem, respeitar as regras comuns da moralidade, mas que, enquanto ele é determinado homem, sua ação é única e incompatível: ela só tem sentido profundo para ele; ele é o único juiz dela. E o que ele tem a fazer difere do que todos os outros têm a fazer. Só se pode encontrar uma saída dizendo que é no domínio da universalidade que a moralidade legifera e que todo o resto é abandonado à arbitrariedade do indivíduo, sem que a moralidade tenha direito de olhar. Pois não se trata, como se acredita, de negar em nós a parte individual em proveito de sua parte universal. Não somente a moralidade nada é até que venha encarnar-se em determinado indivíduo que não tem a fazer o que os outros fazem, mas o que ele é único a poder fazer, mas ainda é exclusivamente no segredo da consciência individual e nesta originalidade de uma ação que tento em vão prescrever, que reside a profundidade e mesmo a única realidade que pertença verdadeiramente à moralidade. Há, portanto, uma única regra que seja universal, a que ordena a todos os indivíduos realizar a vocação que lhes é própria, certos de que realizando-a por um ato de participação eles não cessarão de sustentar-se uns aos outros sem nunca porém se imitarem.

5º) A universalidade da lei moral apresenta enfim um outro inconveniente sobre o qual foi chamada a atenção do leitor: nesta universalidade não há mais distinção entre a maneira como devo tratar a mim mesmo e como devo tratar outrem, o que parece um singular paradoxo que suprime a distinção metafísica entre o eu e os outros. Esta distinção é mantida pelo egoísmo que considera os outros como meios a serviço de mim. Mas sabemos que o próprio da vida moral é pensar nos outros e não em nós, agir para os outros e não para nós. Ora, a opinião comum está, neste ponto, de acordo com as exigências da análise moral.

Pois como não há conhecimento senão do objeto, de tal modo que o conhecimento que tenho do objeto deve servir (se bem que às vezes se pense que ele se baste) para enriquecer a consciência que tenho de mim mesmo, do mesmo modo não há ação senão sobre um outro, se bem que a ação que realizo para com um outro não cesse de transformar-se ou melhor de formar-se. A lei da vida moral é o desinteresse, cuja forma mais alta é o sacrifício, mas é o único meio, que possa nos ser dado, de servir nossos próprios interesses espirituais, à condição de não pensar neles. O que cada um pode verificar, menos pelas consequências que derivam disso (e das quais, frequentemente demais, se julga em nome do interesse material) do que por esta razão que é preciso dar à nossa atividade interior e da qual se pode dizer que ela nos eleva acima de nós mesmos.

3. Existência e participação[1]

por Tarcísio Padilha

Falar sobre Louis Lavelle é ao mesmo tempo uma tarefa extremamente fácil e, paradoxalmente, muito complexa. Com efeito sua obra apresenta uma extraordinária coerência interna, uma tal harmonia que o pensamento parece jorrar de uma fonte límpida e que, a cada momento, brota a força plácida que vem do alto e atrai para o alto todos aqueles que dela se aproximam.

Isto é confirmado por Jean Baruzi, segundo o qual, "em Lavelle existe a serenidade dos cumes". A beleza da apresentação das ideias atinge em Lavelle os pináculos da possibilidade humana de expressão, de tal maneira que, por vezes, o espírito crítico pode mesmo se colocar timidamente a distância, no receio de perturbar a pureza das ideias na perfeição da forma.

Nesse sentido, poucos filósofos contemporâneos podem ser comparados a Lavelle de quem celebramos, este ano, o centenário de nascimento. Eu ousaria mesmo dizer que a prosa

---

[1] Conferência proferida no Colloque Louis Lavelle, realizado em Montreal, ao ensejo do XVII Congresso Internacional de Filosofia, de 21 a 27 de agosto de 1983, numa promoção da Fédération Internationale des Sociétés de Philosophie e da Association Louis Lavelle.
Tradução (francês/português) de Ruth Padilha.

filosófica francesa perdeu, com Lavelle, um de seus últimos geniais representantes, a tal ponto que, hoje, o *modus dicendi* parece supor ou mesmo constituir uma forma de agressão à linguagem e, por que não dizer, à pessoa humana.

Duas questões se impõem imediatamente à nossa reflexão: por que não encontramos muitos discípulos de Lavelle? Por que sua filosofia não ocupa também o lugar proeminente que ela merece?

Nós acentuamos aqui a sedução estética exercida pelo pensamento lavelliano como um dado a ser considerado. Por outro lado, Gaston Berger assinalou que "a própria densidade de expressão torna o pensamento de Lavelle de uma extrema dificuldade e a perfeição do estilo e a elegância da exposição não nos devem conduzir à ilusão". A densidade do pensamento está de tal maneira ligada à perfeição do estilo que, como diz Leroux, a obra de Lavelle nos proporciona "uma satisfação estética que abranda o espírito crítico". As obras morais de Lavelle revelam uma vocação que Le Senne qualificou muito bem de ecumênica. É este esforço de olhar na direção do outro. Le Senne sublinhou igualmente que Lavelle era preocupado em preservar à filosofia seu caráter ecumênico.

Em Lavelle , como nos mais nobres espíritos aristocráticos, encontra-se uma íntima modéstia. Eles parecem, muitas vezes, afastar-se dos outros. Mas é somente porque eles querem separar de seus relacionamentos com os outros aquilo que não manifestaria senão "eles mesmos". É importante fazer sobressair que a virtude é considerada numa perspectiva metaética. É assim que, falando da humildade, Lavelle a situa no mundo que marca o intervalo que nos separa do Todo:

> (...) nosso próprio pensamento em vez de procurar aumentar indefinidamente nossa natureza individual, reconhece que esta não exprime senão uma perspectiva particular e limitada do mundo e que esta limitação é uma condição do pensamento, da consciência e da personalidade mesma, que o aumento da riqueza, pelo qual nós gostaríamos de preencher

> o intervalo que nos separa do Todo, deixa sempre subsistir um infinito-além, que não pode, portanto, ser um fim, mas somente um meio, que é necessário sempre chamar nossa natureza à "humildade" e que seu verdadeiro fim deve ser sempre o de reconhecer seu lugar e sua função num mundo com o qual todas as outras individualidades colaborem.

A filosofia de Lavelle conheceu um período de hibernação, mesmo depois da morte do filósofo. Devemos registrar o seguinte paradoxo: os cinco primeiros livros dedicados ao estudo de seu pensamento foram escritos por dois professores italianos, um francês, um holandês e um brasileiro: eu próprio. Os trabalhos de outros autores franceses só foram publicados após a morte de Lavelle. Este período de purgatório – como diz Henri Gouhier – não traduz um esquecimento.

Paul Ricoeur é bem mais otimista, sublinhando que

> em torno da obra de Louis Lavelle, de seu estilo perfeito, de sua serenidade espinozista, uma espécie de silêncio respeitoso e penoso aconteceu na França; os jovens nem sequer o leem e os mais velhos discutem, de preferência, obras menos perfeitas, mas mais incisivas a seu gosto, que os tornaram muitas vezes desatentos ou desinteressados ao plano imenso do filósofo do ser; isso era natural; isso não é, sem dúvida, durável; quando o tempo houver reduzido as reputações, as verdadeiras grandezas se reclassificarão; estou convencido de que Louis Lavelle, no fim dessa provação, será plenamente reconhecido.

Abre-se, então, a perspectiva de um retorno do lavellismo à arena dos grandes debates filosóficos. É preciso, entretanto, notar que Lavelle não se preocupa em ter seguidores, discípulos. Para ele a leitura dos grandes filósofos deve somente incitar nossas reflexões pessoais e nunca constituir um itinerário preestabelecido para o nosso pensamento.

A filosofia é no fundo um pensamento disponível, suscetível de se unir eventualmente a uma reflexão em curso, dando lugar, assim, a uma nova abertura sobre o ser. Contudo, a densidade da metafísica lavelliana não encoraja os espíritos ávidos de simples novidades. O lavellismo é como um estuário onde se encontram os grandes temas da filosofia clássica com os desafios da modernidade. O ser, o ato, o valor, a participação, a existência, o tempo e a eternidade, a sabedoria, todos esses temas recebem um tratamento conforme à tradição metafísica do Ocidente e enfrentam as situações-limite nascidas nos laboratórios brutais das duas grandes guerras mundiais. Lavelle é um filósofo que viveu os horrores dessas duas hecatombes e delas absorveu a lição. Daí vem o imenso valor de suas meditações sobre o mal e o sofrimento, o narcisismo, a consciência de si e a santidade. Não se percebe nele jamais o professor titular indiferente e longínquo, bem ao contrário, a atenção que ele dedica ao próximo é a característica notável de sua personalidade acolhedora.

O pensamento de Lavelle é o resultado de um contato permanente com os problemas do homem moderno, os quais ele se propõe resolver à luz de seu realismo espiritualista.

O existencialismo chamou particularmente a atenção do filósofo, nenhum outro sistema tendo traduzido de modo tão expressivo o estado de crise do mundo atual. Testemunho cruel da nossa época, o existencialismo acentua os traços amargos da miséria humana, retrata o homem como um ser prisioneiro de uma vida desprovida de sentido, a morte sendo um ponto final na cadeia de absurdo de uma existência entediante. O existencialismo não se apresenta, portanto, como uma terapêutica capaz de reintegrar o homem nas coordenadas de um destino transcendental, mas ele se limita a uma análise fenomenológica do homem decaído sem que sejam indicados os antídotos contra o desespero. Eis porque esta filosofia não obtém sucesso senão junto às almas já desesperadas ou que desejam sê-lo. Lavelle tem pois razão de afirmar que o existencialismo limitou-se à uma física da existência, substituindo ao empirismo do objeto o empirismo do sujeito. O mal do existencialismo foi o de se estruturar como fenomenologia e não como metafísica. Ele produziu um humanismo inteiramente centrado no homem, mas um homem cujas amarras foram rompidas e que, por conseguinte, navega sem bússola nas águas profundas de seu mundo interior. Lavelle observa que o homem assim concebido rompe todos os elos com o ser onde se encontram sua própria razão de ser, a luz que ilumina, a eternidade que o sustenta e a chave de sua própria vocação temporal. Talvez convenha lembrar aqui a tese de Hegel segundo a qual negar o Absoluto constitui uma postura irracional.

O homem que se ergue contra sua natureza, separando-se do manancial de onde ele provém, perde o sentido de sua própria existência.

Nessa direção, o professor Paul Albert Simon, da Universidade Gama Filho, desenvolve uma paciente busca sobre a tecnologia e seu impacto na existência humana, notadamente no campo da linguagem. O sucesso científico-tecnológico abala as culturas e os valores tradicionais. Isto porque a sociedade atual se caracteriza por uma série de concentrações que desenraizam o homem e eliminam a reciprocidade. As concentrações urbano-econômico-políticas correspondem a uma tendência ocidental de procurar sempre um centro: "teo-centrismo, antropo-centrismo, geo-centrismo, helio-centrismo". Esta preocupação centrista refletiu-se na famosa frase de Pascal: "É uma esfera infinita cujo centro está em todo lugar, a circunferência em lugar algum". A reação ao centrismo foi radical e o movimento de reabilitação das minorias, dos marginais, a proclamação do niilismo foram puros corolários.

Diz-se que Hegel foi o último filósofo sistemático. Lavelle desmente esta asserção *in actu exercito*. Sua filosofia constitui uma síntese estruturada de maneira coerente obedecendo totalmente às exigências da perfeita racionalidade. Apreciando o trabalho de Lavelle – *De l'Acte*, 2º volume de uma série que previa um total de cinco (*A Dialética do Eterno Presente*) – Gabriel Marcel reconhece na filosofia lavelliana a força e a originalidade de um dos pensamentos mais coerentes e mais profundos de nosso tempo.

O encadeamento lógico das teses, a articulação do pensamento, das meditações oferecem um espetáculo ao mesmo tempo de harmonia racional e de emoção estética graças ao condimento da forma que arrancou o comentário entusiástico do mestre da estética italiana contemporânea Luigi Stefanini:

> E o imediatismo vivo de seu pensamento era igual à espontaneidade quase fluida de seu estilo que, por esta virtude, constitui um presente oferecido à literatura e à filosofia. A perfeição de seu estilo reflete a harmonia interior, a força vivificadora do espírito sempre atento às oscilações da realidade envolvente, à presença do outro mas sobretudo e, paradoxalmente, indiferente aos estados, como assim o exige a postura do sábio.

Esta modalidade de ataraxia criada por Lavelle provém exclusivamente da sabedoria e da santidade que desenham o perfil desse "santo leigo". O santo se encontra na confluência dos dois mundos: o visível e o invisível, mas ele é efetivamente no meio visível, o testemunho do invisível. No mundo dos problemas o santo, por sua conduta, nos traz as soluções. O papel dos santos consiste em mostrar o que cada um pode fazer de si mesmo. Ele é a transposição ao plano espiritual do pensamento de Nicolai Hartmann: "A fé que manifestamos no valor de uma outra pessoa possui um poder criador, capaz de dotá-la de todas as qualidades que nós lhe atribuímos".

Convém distinguir na produção intelectual de Lavelle os trabalhos metafísicos das obras morais. Os primeiros obedecem totalmente aos cuidados beneditinos de seguir um caminho conforme às exigências da logicidade, às opressões metodológicas as mais rígidas, ao receio reverencial a respeito dos passos necessários das mediações irredutíveis.

As obras morais revelam uma sensibilidade pouco comum em face da complexidade do homem visto segundo Pascal como grandeza e miséria. As modulações do comportamento, o sentido da ação, a harmonia da vontade e do amor, a busca da integração dos diversos planos e níveis da existência, o equilíbrio entre o sensível e o inteligível fazem desses escritos joias literárias e certamente deverão trazer aos que as conhecerão o bálsamo que realimenta as potências do eu. As obras metafísicas assegurarão a Lavelle a condição eterna de um clássico da filosofia. Os livros de moral, pelo profundo conhecimento da alma humana que ele revela, colocarão o filósofo na galeria dos moralistas de todos os tempos.

A filosofia de Lavelle é, antes de tudo, uma filosofia do ser. Na sua tese de doutorado, Lavelle assinala que

> nós colocamos na base de toda nossa análise a noção de ser, não somente porque todas as outras a supõe, mas porque ela é um princípio de uma fecundidade indefinida: em vez de ser, como se crê, um gênero abstrato e inerte, ela reside na unidade perfeita de um ato que se exprime por uma distinção renovada sem cessar e gera uma diversidade regrada semelhante à voz, que é única e emite inesgotável variedade de sons, e que permanece única, ainda que uma multiplicidade de indivíduos a entenda.

A metafísica lavelliana, fugindo dos esquemas geométricos, das metafísicas estáticas, abre-se ao dinamismo do ser-ato. Ora, aqui nós tocamos o núcleo do lavellismo: isto é, começamos a notar seu "participacionismo".

Cabe aqui mostrar que segundo Lavelle: "(...) descobrir a existência do eu, é não só descobrir a presença do ser no interior do eu, mas a presença do eu no interior do ser". De onde se pode concluir que

> o mistério do Ser não faz senão um com o mistério de nosso próprio ser: e este não pode ser penetrado senão quando o pensamento torna-se bastante lúcido e bastante agudo para atingir nosso ponto de vínculo com o Absoluto, isto é, este ponto de interesse supremo onde queremos o que somos

por uma vontade eterna que ilumina cada um de nossos atos particulares e à qual estamos dispostos a fazer com alegria todos os sacrifícios.

A experiência fundamental se define como participação, como o observou J. Hanslmeier: "*diese Teilhabe am Sein ist fuer Lavelle eine Werfahrung, an deren Richtigkeit und Unmittelbarkeit er keinem Augenblick zweifelt*".

Não se pode encobrir a importância do tema, porque "quando dizemos que o ser está presente no eu e que o eu, ele próprio, participa do ser, nós enunciamos o tema único de toda meditação humana". Mas, em vez de reconhecer a presença do ser como objeto de uma dedução, é evidente que ele deve ser objeto de uma intuição. Esta participação ao ser corresponde a uma exigência de absoluto que habita nosso ser.

Michelle Jurnio o reconhece, dizendo que "a exigência do absoluto é fundamental na filosofia lavelliana".

Lavelle concebe "o ser como a fonte de todos os modos possíveis de participação, a existência como ato de participação ao ser enquanto se concretiza num ser capaz de dizer eu e a realidade ainda como ser, enquanto presente por inteiro no eu, ele o ultrapassa, entretanto, e adquire para ele a forma de um ser doado". Nesse momento chegamos à delimitação do tema "Existência e Participação". A existência não pode ela mesma ser apreendida senão numa experiência.

Ora, o ser não se descobre para nós a não ser na experiência da existência. Mas a experiência da existência é a experiência mesma da participação. É preciso ser consciente de que a participação não é no fundo nada mais do que um consentimento ao ser. Por outro lado, o caráter próprio da participação é o de transformar, sem cessar, nossa existência em essência. Mas para Lavelle quando se fala do ser, pensa-se na interioridade. A metafísica torna-se, por conseguinte, uma ciência da intimidade, porque existem dois mundos que é preciso, desde o início, distinguir: o mundo da exterioridade e o mundo da interioridade. Lavelle nos faz compreender que "a interioridade não está mais envolvida pela exterioridade, mas ao contrário ela a envolve". Mas é preciso ficar claro que consideramos a oposição da interioridade e da exterioridade como sendo um efeito da participação, ainda que seja a interioridade o fundamento da exterioridade.

Lavelle nos esclarece que o eu não faz parte do mundo, ele não é interior ao mundo. O eu se constitui como ser, mas a experiência primitiva pela qual o ser constitui é uma experiência de participação a um ser que o ultrapassa. Por conseguinte, é do ponto de vista da interioridade que se produz necessariamente a participação. Mas o eu não é uma interioridade perfeita. É por isso que a participação é sempre criadora. E o mistério da participação não pode ser discernido do mistério da liberdade.

Aqui podemos voltar sobre nossos passos e lembrar que o Ser é dom de si mesmo, razão pela qual ele se oferece à participação, a fim de que os outros seres, se constituindo como essências, sejam seres-atos, isto é, atos participados.

Esta formação da essência supõe a liberdade cujo exercício é invariavelmente estancado pela resistência sistemática das circunstâncias que nos transformam em seres de participação.

O mundo material é, dessa maneira, o mediador entre o Ser e os seres, entre o Ato Puro e os atos participados. A realidade objetiva mede o intervalo que os separa assim como o caminho que os aproxima. A existência participada deve assim escolher, no oceano das possibilidades de agir, tudo o que permite a identidade entre o que queremos e o que somos como se nós mesmos tivéssemos escolhido as circunstâncias nas quais vivemos. Uma tal existência, entretanto, desenvolve-se no tempo sem que este se imobilize no passado, desde que a imagem do passado – a lembrança – traga a marca indelével do presente. Entretanto, nem o passado nem o futuro nos falam da eternidade que nós procuramos incansavelmente. Só o instante – encruzilhada do tempo e da eternidade – fornece à nossa existência a matéria-prima do agir livre, com o qual se tece a trama de nosso destino. Este está, entretanto, além do tempo – porque nossa existência é um sulco na eternidade – e, por outro lado, no tempo – porque nós vivemos enclausurados no mundo fenomenal da temporalidade.

É na história da filosofia que se percebe melhor o ponto de encontro do relativo com o absoluto no que tange às indagações do espírito humano. O relativo exprime a dívida de cada pensador com a sua época, e o absoluto, o que suas ideias representam para a *philosophia perennis*. Por conseguinte a ambição de um filósofo deve ser a de falar a verdade eterna dentro da problemática de seu tempo, solucionando assim os problemas peculiares à conjuntura espaçotemporal de sua vida. Lavelle bem o compreende quando assinalou o caráter privilegiado de cada existência humana e a consequente perspectiva pessoal em face do Absoluto. Filosofia de hoje na roupagem extrínseca de sua apresentação, filosofia eterna por sua profunda concepção do Ser, o lavellismo é um convite para seguirmos, nós mesmos, o itinerário metafísico que vai da intimidade individual à Intimidade Universal.

4. O platonismo na filosofia de Louis Lavelle[1]

por Tarcísio Padilha

É nosso intento neste artigo estabelecer a filiação da filosofia de Louis Lavelle ao platonismo à luz de um conceito metodológico de história da filosofia. Por conseguinte, não objetivamos apresentar uma exposição completa da obra do pensador francês,[2] senão que limitamos nossa tarefa ao exame da referida influência com o fito de comprovar o caráter eminentemente pessoal de que se reveste a investigação filosófica. Daí dividirmos o trabalho em duas partes, a primeira dedicada à análise do conceito de história da filosofia e a segunda voltada para a consideração do paralelismo existente entre os temas do platonismo e do lavellismo.

---

[1] Artigo publicado na revista argentina *Sapientia*, jan./jun., 1956, n. 39-40 (número especial de homenagem a monsenhor dr. Octavio Nicolas Derisi, seu fundador e diretor). Também publicado na revista *Verbum*, da Pontifícia Universidade Católica do Rio de Janeiro, tomo XIII, fasc. 2/3, jun./set. 1956.

[2] Ver nossa obra *A Ontologia Axiológica de Louis Lavelle*. São Paulo, Editora É, 2012.

I

A história da filosofia deve situar-se equidistante das exagerações de uma história excessiva e de uma filosofia pura. Há mesmo que se falar numa ambiguidade desta disciplina, traduzida aliás de forma incisiva por Hegel em sua *Einleitung in die Geschichte der Philosophie*. Segundo o filósofo do panlogismo, se a filosofia busca o imutável, o eterno, o que existe em si e por si, e a história se limita a narrar o que sucedeu num determinado tempo, não se pode fugir à conclusão de que os termos se repelem e sua união exprime uma irremediável contradição. Hegel superou a dificuldade ao estabelecer uma dialética capaz de situar a história da filosofia longe da oposição entre a verdade e o erro. A concepção hegeliana da filosofia, suscitando o contínuo *Werden*, possibilitou a formação do progressismo histórico que acabou por exorcizar o relativismo radical da história.

Quando, porém, nos recusamos a admitir o caráter necessário dos sistemas na temática histórica de sua incessante evolução, de imediato nos devemos precaver contra o ceticismo em história da filosofia. O confronto dos sistemas e das escolas subordinado a um critério absoluto de uma verdade inconcussa usualmente anemia o organismo do pensamento filosófico, reduzindo-o a um mapa-múndi de erros.

O grande mestre francês Émile Boutroux cataloga uma série de concepções possíveis de história da filosofia. Acaso se trata, pergunta ele, de reunir e de classificar geográfica e cronologicamente os fatos considerados filosóficos? E depois de operada esta triagem, tratar-se-ia de ligar cada um desses fatos às peculiaridades do meio em que se produziu, às suas condições ou causas? Ou então estaremos em face de uma realidade filosófica com existência e desenvolvimento próprios, verdadeiro organismo infenso às interferências individuais? Ou limitar-se-ia a tarefa do historiador da filosofia à porfia de estudar não a filosofia, mas os filósofos, através da evolução de suas ideias no condicionamento espaçotemporal de suas vidas?

Já Devivaise enquadra entre as possibilidades de uma construção histórico-filosófica um fim propriamente histórico, obtido através de uma reconstituição exata do pensamento do autor ou ainda a apresentação da história das ideias em função de um objetivo sistemático que de forma alguma se cingiria ao conhecimento do passado. Finalmente, as filosofias podem constituir apenas o material temático de meditações, por vezes bem distantes do contexto que lhes serviu de base. Esta última modalidade de estruturação da história da filosofia vem de encontro ao pensamento de Henri Bérgson de que o poder criador é de certo modo incompatível com a fidelidade histórica. O bergsonismo é, aliás, extremamente fecundo em sua concepção de que o escopo do historiador reside no encontro com o ponto único em torno do qual tudo gravita, como expressões heterogêneas de uma perfeita e fundamental homogeneidade. Poderíamos repetir, a propósito, a ideia de Henri Gouhier – "do ponto de vista bergsoniano, a única filosofia da história da filosofia considerada legítima é aquela que recusa toda e qualquer filosofia da história da filosofia".[3]

A verdade é que todas as tentativas de minimizar o valor filosófico da história da filosofia terminam por se exteriorizar em dogmatismos estreitos. Muitos sistemas parecem temer os diálogos, esquecidos de que a história da filosofia é o lugar apropriado à necessária decantação das ideias no que elas têm de perecível. As ideias não se desgastam com o atrito, senão que se opulentam e consolidam na libertação proveniente da apreciação do historiador arguto, sempre pronto a buscar a linguagem recôndita do implícito e cotejá-la com o manancial voluntariamente apresentado pelo pensador para o final do julgamento.

Acreditamos, destarte, que a história da filosofia é indispensável à própria filosofia. Joseph Moreau chega a asseverar que a história da filosofia é uma dimensão essencial da filosofia.[4]

---

[3] "Le Bergsonisme et l'Histoire de la Philosophie", em *L'Homme et l'Histoire*, p. 388.

[4] "L'Histoire de la Philosophie, l'Historien et le Philosophe", em *L'Homme et l'Histoire*, Actes du VIe Congrès des Sociétés de Philosophie de Langue Française, P.U.F., 1952, p. 376.

É que o pensamento humano oscila permanentemente dando azo a uma manifesta descontinuidade. Renova-se, porém, a cada passo, constituindo as novas conquistas aspectos inéditos ventilados por estruturas lógicas anteriores ou por sugestões do passado. Daí Émile Bréhier reconhecer que "descontinuidade e renascença são complementares uma da outra".[5]

Ninguém se pode substituir a quem quer que seja na tarefa personalíssima de cogitar a respeito dos temas dominantes da filosofia. Os filósofos como seres humanos não podem também excluir o aspecto contingente de que suas vidas se revestem. Foi o que compreendeu Marcel De Corte, quando observou: "se a metafísica é uma obra humana, fácil de compreender-se que ela depende da condição concreta do metafísico, não sendo possível considerá-la um pensamento puro".[6] Esta é a razão pela qual julgamos que todas as grandes filosofias, ao invés de nos fornecerem soluções perfeitas e definitivas aos muitos problemas que nos angustiam, são antes de tudo apelos que nos dirigem no sentido de que sigamos as veredas por elas abertas e alcancemos as cumeadas que então se lhes tornaram familiares. O filósofo percorre um itinerário e que mais lhe podemos exigir senão a autenticidade da empresa a que se abalançou? Acaso lhe podemos impor uma absoluta coerência lógica? Quer-nos parecer mesmo que uma tal coerência por vezes esvazia muitos sistemas das suas mais sublimes riquezas. Por vezes é a contradição a salvaguarda de grandes tesouros com que nos presenteiam os filósofos. Nicolai Hartmann, em sua obra *Der Philosophische Gedanke und seine Geschichte*, propõe uma distinção extremamente lúcida entre intelecções e sistemas. Diz ele que, embora o ideal dos filósofos seja quase sempre o sistema fechado, invulnerável em sua estrutura lógica, o que na verdade subsiste do trabalho corrosivo da crítica são as intelecções, vale dizer, as visadas geniais que os projetam definitivamente na história da filosofia. Mesmo certos desvios do pensamento oferecem, com suas contradições,

[5] "Comment je Comprends l'Histoire de la Philosophie", em *Études de Philosophie Antique*, P.U.F., 1955, p. 6.

[6] "La Métaphysique et le Métaphysicien", em *Giornale di Metafisica*, n. 4-5, 1947, p. 352.

genuínas lições preventivas de futuras arremetidas da inteligência. Todavia, é indispensável ajuntar a essas considerações que jamais devemos ceder aos rogos de um eruditismo asfixiante. Quantas vezes nos atraem as belezas do passado, convidando o nosso espírito para um convívio permanente? Cumpre-nos, porém, situarmo-nos no século XX, enfrentando as vicissitudes da época com as armas do pensamento eterno da humanidade, adaptadas, é certo, às conjunturas específicas do presente. O passado cede assim ao presente sua seiva perene, possibilitando com isso a continuidade da cultura e, portanto, a subsistência do espírito humano. O necessário e o contingente entrosam-se deste modo na tecitura das doutrinas, pois se é verdade que não há nem jamais haverá um sistema definitivo, não é menos verdade que a filosofia vive das contribuições trazidas pelos sistemas, ainda que *a priori* saibamos que eles padecem das limitações da natureza humana. Voltando sempre, pois, às fontes imperecíveis da cultura do passado, o filósofo deve caminhar para a encruzilhada em que se defrontam os problemas eternos e as peculiaridades de seu tempo, certo de que só este encontro poderá proporcionar a solução equilibrada dos problemas de sua época.

Não vemos, portanto, nos sistemas unicamente um conjunto de ideias mais ou menos vinculadas a um princípio diretor. Nem nos cingimos a constatar o grau de coerência interna que possam apresentar. Por vezes ocorre que a organicidade das teses provém até de uma rigidez excessiva que malbarata o real na concretude de sua realidade, tirando-lhe a exuberância de sua riqueza, que fica assim substituída pelo apriorismo das ideias.

Os grandes sistemas constituem, por conseguinte, mensagens que nos são dirigidas individualmente, quase diria convites a que repitamos o itinerário do filósofo. É este caráter eminentemente pessoal da filosofia que aqui queremos ressaltar, pois a nosso ver a sua simples consideração tem o condão de alijar definitivamente todas as objeções céticas nascidas da comparação entre a ciência e a filosofia.

II

Foi esta linha de ideias que nos levou ao estudo da obra de Louis Lavelle. Nele descobrimos o filósofo da conciliação, ávido de superar as antinomias, por acreditar que muitas afirmações antagônicas se excluem quando vistas pelo prisma superior de uma verdade mais ampla capaz de englobá-las. Timbrando em evitar polêmicas por julgá-las inúteis,[7] Lavelle parte de uma experiência privilegiada que é a descoberta do eu no ser. Tudo depende desta ideia central, em torno da qual gravita toda a metafísica lavelliana.[8]

O lavellismo é, inequivocamente, um platonismo cristão. Eis suas coordenadas, pois um exame mais detido evidenciaria a presença de muitas outras influências, entrosadas de modo genial na obra do grande filósofo francês. Platão, Tomás de Aquino, Duns Scot, Descartes, Malebranche, Maine de Biran, para não citar senão os principais, contribuíram diversamente para a elaboração das doutrinas de Lavelle. Não nos devemos, porém, esquecer de que tais pensadores ofereceram apenas

---

[7] Louis Lavelle, *De l'Être*, 3. ed., p. 28.

[8] "Diese Teilhabe am Sein ist fuer Lavelle", escreve J. Hanslmeier, "eine Urerfahrung, an deren Richtigkeit und Unmittelbarkeit er keinen Augenblick zweifelt". Cf. "Philosophie de l'Esprit von Louis Lavelle und René Le Senne", em *Philosophisches Jahrbuch*, 1953, n. 2, p. 309.
Expendem a mesma ideia: Diamantino Martins, "Louis Lavelle", em *Revista Portuguesa de Filosofia*, 1952, I, p. 53.
Gaston Berger: "Elle [o pensamento de L.] creusait autour d'un point central, faisant apparaître dans une lumière de plus en plus nette la signification d'une découverte initiale", Cf. "Louis Lavelle", em *Les Études Philosophiques*, 1951, p. 123-24.
Michele Jurino: "L'esigenza dell'assoluto è fondamentale nella filosofia lavelliana". Cf. "La Filosofia di Louis Lavelle", em *Rivista di Filosofia Neo-Scolastica*, 1949, fasc. IV, p. 446.
J. Chaix-Ruy, "L'Expérience Ontique de Louis Lavelle", em *Giornale di Metafisica*, 1952, n. 4, p. 461.
O próprio Lavelle declara: "Le retour à une philosophie de l'Absolu est pour nous la condition du sérieux de la pensée et de la profondeur de la vie". Cf. "Être et Acte", em *Revue de Métaphysique et de Morale*, 1936, p. 192.
Dessa visão do ser emana toda esta extraordinária homogeneidade do lavellismo reconhecida por Bernard Delfgaauw, "Het Spritualistisch Existentialisme van Louis Lavelle", p. 3.

a matéria-prima, constituindo verdadeiras sugestões para as reflexões pessoais do filósofo.[9]

Sem descer às minudências que extravasariam os limites deste artigo, queremos restringir nossa exposição à influência de Platão sobre Lavelle. A propósito deixemos falar o próprio Lavelle:

> não há senão duas filosofias entre as quais é necessário escolher: a de Protágoras, segundo a qual o homem é a medida de todas as coisas, mas a medida que ele se dá é também a sua própria medida; e a de Platão, que é também a de Descartes, para quem a medida de todas as coisas é Deus e não o homem, mas um Deus que se deixa participar pelo homem, que não é somente o Deus dos filósofos – o Deus das almas simples e vigorosas, que sabem que a verdade e o bem estão acima delas e que não se recusam jamais àqueles que as buscam com coragem e humildade.[10]

A influência do platonismo sobre a filosofia de Lavelle não se limita apenas ao paralelismo dos temas fundamentais de ambos os sistemas: o Uno e o múltiplo, o Ser e os seres, o mundo sensível e o mundo inteligível, a dialética, a participação. É o processo reversivo da dialética que permite uma aproximação mais profunda entre os dois filósofos. Com efeito, o exame atento das duas primeiras obras da *Dialectique de l'Éternel Présent* evidencia o mesmo processo de uma dupla dialética – ascendente e descendente – tão sublinhada pelos intérpretes do platonismo.

No *De l'Être*, volume que abre a série da dialética do eterno presente, encontramos claramente o problema do Uno e do múltiplo. A unidade do ser se compreende não só através de uma primazia do ser, patenteada em sua universalidade, como também na univocidade. Assim, o ser é anterior a todas as formas de que se pode revestir. Inútil buscar uma

---

[9] René Le Senne, "Louis Lavelle", em *Giornale di Metafisica*, 1952, n. 4, p. 409.

[10] Louis Lavelle, *De l'Être*, p. 35.

anterioridade do sujeito ou do objeto, do sensível ou do inteligível, porque "o ser é contemporâneo de todas as formas". O mesmo ocorre com a possibilidade, peça fundamental da metafísica lavelliana. O possível, como o real, são formas de ser, não sendo legítimo minimizá-lo como um ser marginal.

A univocidade do ser, porém, é que marcará a fisionomia própria da ontologia lavelliana. Aliás, muitos intérpretes do lavellismo vacilaram ao estudar a univocidade, temendo que o filósofo não pudesse escapar da acusação de panteísmo. Lavelle encontra-se aqui diante do mesmo problema que preocupara Platão em seu *Sofista*. Neste diálogo sente-se nitidamente que Platão busca uma solução para o dilema de Parmênides. É o temor de que o Uno se cristalize que conduz Platão a superar o dilema, salvando a um tempo a unidade e a multiplicidade enquanto plasmam o processo do conhecimento.[11]

Com a univocidade, Lavelle destrói uma pseudozona intermediária entre o ser e o nada,[12] conciliando o Uno e o múltiplo. O conteúdo de cada ser surge então como um olhar sobre a totalidade do ser. Daí a razão pela qual o filósofo, ao estabelecer a univocidade, postula a analogia. Não há, aliás, motivo para aniquilar a analogia em nome da univocidade, pois

> todos os seres podem diferir enquanto seres individuais. Seu ser próprio reside, no entanto, numa mesma dependência em face do ser absoluto que é o único capaz de sustentá-los na totalidade do ser. Mas é esta dependência mesma que explica sua diferença individual, desde que não posso receber de Deus um ser que me é próprio na medida em que Ele funda também minha própria independência, isto é, o poder de completar eu mesmo o ato que me faz existir.[13]

---

[11] Vide A. Diès, *Autour de Platon*, II, 1927, p. 480-81.

[12] Louis Lavelle, "Être et Acte", em *Revue de Métaphysique et de Morale*, 1936, p. 197.

[13] Cartas de Lavelle a N. J. J. Balthasar no artigo deste "L'Univocité non Immanente de l'Être Total", em *Giornale di Metafisica*, 1952, n. 4, p. 433.

Toda filosofia de Lavelle depende de uma experiência do ser que não é senão uma descoberta do eu no ser. Mas esta experiência fundamental é uma verdadeira participação entre o ser e o Ser, ou entre o meu ser e o Ser. Poderíamos talvez à primeira vista julgar que o estudo da interioridade do ser como condição para se penetrar no Ser levaria ao subjetivismo. Cumpre, porém, distinguir com Roger Troisfontaines subjetivismo e filosofia da subjetividade.[14] No primeiro caso, defrontamo-nos com uma posição gnoseológica, enquanto no segundo, com uma atitude metafísica. Ora, Lavelle manifestamente rejeita a tese kantiana da identificação da metafísica do ser com a metafísica do conhecer. Isto é a tal ponto verdadeiro que O. M. Nobile[15] e Pier Giovanni Grasso[16] investem contra o lavellismo pelo descaso que vota ao problema crítico do conhecimento. Por conseguinte, é na perspectiva do ser que Lavelle entende resolver todos os problemas filosóficos e, assim, também o gnoseológico.[17]

---

14 *Existentialisme et Pensée Chrétienne*, 1948, p. 16-19.
Vide Lavelle, "La Métaphysique ou la Science de l'Intimité Spirituelle", em *Revue Internationale de Philosophie*, 15 out. 1939, p. 43-65.

15 "Il non aver dato nel suo sistema alla gnoseologia il posto che le compete, e il non aver neppure tentato di giustificare tale trascuranza, è probabilmente l'origine di molte aporie nel pensiero di Lavelle". Cf. *La Filosofia di Louis Lavelle*, 1943, p. 111.

16 "... se con ciò [a afirmação de Lavelle de que experimentamos o absoluto em nossa intimidade] Lavelle vuol dire che metafisicamente, e cioè nel piano della realtà, il fatto primo, ciò che prima di tutto e sopratutto è necessario perchè un essere esista è il suo rapporto di dipendenza e di partecipazione con Dio, allora nulla c'è da obbiettare. Ma se invece egli intende dire (come para dire) che anche gnoseologicamente, e cioè sul piano della conoscenza, il fatto primo, ciò che innanziatutto si conosce, anzi "si sperimenta" è il rapporto partecipativo, è l'Assoluto presente e cooperante in noi, allora se dovrà apporgli che, in campo naturale, è assolutamente insostenibile una qualsiasi "esperienza" o intuizione dell'Assoluto nella intimità della conscienza". Cf. "Lavelle", p. 153.

17 "Il ne sert à rien de chercher à définir la métaphysique et de s'interroger sur sa possibilité avant d'entreprendre de la constituer." Louis Lavelle, "Les Trois Moments de la Métaphysique", em *L'Activité Philosophique Contemporaine en France et aux États-Unis*, II, p. 132.
Igualmente James Collins: "For Lavelle there is no legitimate critique of knowlegde. He defends the validity of metaphysics by reviewing the kantian attack upon first philosophy in the light of his own account of the relation between thought and being". Cf. "Louis Lavelle – On Human Participation", em *The Philosophical Review*, março, 1947, p. 166.

A filosofia da subjetividade refere-se à concepção de um Ser-Ipseidade, conhecido apenas no momento em que aprofundamos o nosso eu que, em contato com outras subjetividades através da objetividade das coisas, fortalece mais e mais o elo com o Absoluto.[18]

A afirmação inicial do ser, entendido como uma concretude e não como um caráter que se lhe possa acrescentar,[19] de pronto patenteia o repúdio do lavellismo ao abstracionismo que mina certas modalidades de idealismo e, por vezes, a filosofia escolástica.

Para se compreender todo o sentido revolucionário da metafísica lavelliana, impõe-se considerar a situação do pensamento moderno a partir de Hegel. É incontestável que o hegelianismo constituiu um sistema completo, apto a solver em termos de uma nova dialética a universalidade dos problemas. Sua feição de filosofia monolítica, propondo um método capaz de obviar todos os inconvenientes de uma visão unilateral, não impediu, porém, sua substituição pelo cientificismo e pela corrente, vária na sua expressão, da "Lebensphilosophie". Com isso muito sofreu a metafísica que passou a merecer total descrédito.

A filosofia do século XX, entretanto, teve nítida consciência da necessidade de um retorno à ontologia, embora por vezes esta assertiva possa parecer desmentida por alguns excessos do método fenomenológico. Assim é que, paralelamente, Heidegger, Hartmann e Lavelle, para citar somente os mais importantes, buscam estruturar novamente a ontologia. Em *Sein und Zeit*, Heidegger timbra em falar numa "Fundamentalontologie" e Hartmann acena como os *Neue Wege der Ontologie*. Na França a restauração da metafísica será obra do movimento da "Philosophie de l'Esprit", fundado por Lavelle e Le Senne.

---

[18] Louis Lavelle, *De l'Âme Humaine*, p. 89.

[19] Louis Lavelle, *Introduction à l'Ontologie*, p. 11.

Igualmente se pode dizer que o platonismo evita o abstracionismo, embora Étienne Gilson (*L'Être et l'Essence*) o catalogue entre os sistemas essencialistas. A verdade, porém, é que a dialética platônica em suas faces ascendente e descendente revela-se capaz de superar o essencialismo, projetando uma estrutura apta a coexistir com a problemática do pensamento contemporâneo. Jean Wahl reconhece no método platônico uma análise de ideias, uma dialética empírica, enquanto permite uma passagem quase espontânea de uma ideia a outra, exprimindo assim sua grande elasticidade.[20]

Partindo do fato absolutamente concreto do conhecimento "a dialética ascendente chega à postulação da existência das realidades inteligíveis e do Ser supremo".[21] Determinando o objeto próprio da inteligência, Platão chega à noção de *ousia*, isto é, da forma que, como ser, é um existente. Afasta-se, assim, uma vez mais a interpretação de Étienne Gilson, que ignora o caráter existencial do platonismo.

A busca de um ser supremo resultará, destarte, de um processo ascendente pontilhado de fases dialéticas, em que o sensível é ponto de partida para o inteligível ou forma, a qual recebendo o nome de ser possibilita a ascensão final para o Absoluto. As realidades inferiores dão azo à descoberta do Ser supremo. O processo inverso é constituído pela dialética descendente, embora isto não signifique que esta se desprenda daquela como unidade dialética independente. É o momento da participação. O ser, o mesmo e o outro de que nos fala o *Sofista* tem, pois, um caráter marcadamente ontológico.[22]

Dissemos que o lavellismo é uma filosofia de conciliação, tendente a dirimir as contendas, mediante a superação das verdades fragmentárias por um prisma suficientemente amplo capaz de englobá-las numa verdade superior. Isso talvez pudesse suscitar a dúvida de que a dialética

---

[20] Jean Wahl, *Étude sur le Parménide de Platon*, 1926, p. 71.

[21] R. Loriauz, S. J., *L'Être et la Forme selon Platon*, 1955, p. 211.

[22] A. Diès, op. cit., II, p. 510.

lavelliana se ligaria estreitamente à de Hegel. Esta dúvida encontraria mesmo uma justificação histórica, porquanto Lavelle recebeu uma formação idealista. Contudo, diferem grandemente as duas dialéticas. A de Hegel é tecida à base da contradição. A de Lavelle é participacionista.[23] Por isto a dialética hegeliana é alicerçada na negatividade, porque "o negativo forma a essência da consciência em movimento".[24] Mas Lavelle se apressa em desfazer quaisquer equívocos. Sua dialética situa-se num plano bem distante do esquema hegeliano:

> Ao contrário da dialética da contradição, a dialética da participação, em lugar de objetivar a conquista do mundo, mediante uma série de vitórias obtidas contra as resistências sucessivas, ensina-nos a penetrar nele criando em nós uma pluralidade de potências às quais o real responde incessantemente. Ela não se reduz a este artifício da contradição pelo qual a negação é introduzida no coração do real para nos proporcionar a alegria de superá-la.[25]

A dialética lavelliana, não se amoldando aos quadros do hegelianismo, recorda a estrutura da dialética platônica. A metafísica sendo para Lavelle a descoberta e o aprofundamento da intimidade, o ato espiritual constitutivo do ser

> encontra-se subordinado a uma dupla dialética, uma dialética ascendente, que remonta à sua própria fonte numa purificação incessante, através de uma redução contínua da materialidade à inteligibilidade e da diversidade à unidade e uma dialética descendente, a mais bela das duas, que às vezes foi considerada impossível e mesmo ímpia e que, em lugar de determinar a abolição de todas as existências particulares na identidade estéril de um ato solitário, mostra na perfeição

[23] Michele Jurino, "La Metafísica dell'Uomo secondo L. Lavelle", em *Rivista di Filosofia Neo-Scolastica*, 1952, fasc. VI, p. 513.

[24] Cornélio Fabro, C. P. S., "Il Significato dell'Esistenzialismo", em *Esistenzialismo* (Atti della settimana di Studio indetta dalla'Academia di S. Tommaso, 8-13 Aprile 1947), p. 21.

[25] Louis Lavelle, *De l'Acte*, p. 48.

deste mesmo ato um apelo a se atualizar mediante possíveis sempre renascentes.[26]

A exegese imediata do texto evidencia definitivamente a profunda vinculação entre a dialética participacionista de Lavelle e a que Platão propõe em seus diálogos. A passagem do sensível ao inteligível, mediante um processo de purificação, a tendência à unidade a partir da multiplicidade, bem assim o caminho inverso oferecido pela dialética descendente, que em nada se deve confundir com uma doutrina emanatista, proporcionam uma visão bem clara da fonte platônica do lavellismo.

Outro trecho igualmente decisivo encontramos no artigo em que Lavelle se ocupa da legitimidade e significação da metafísica. Ao se referir à relação entre o ato puro e o ato participado diz platonicamente: "ela (a metafísica) nos permite ao mesmo tempo subir deste àquele e descer daquele a este; ela é uma dialética ascendente e descendente ao mesmo tempo, uma teoria da origem das coisas e uma teoria da criação".[27]

A dialética descendente é objeto do *De l'Acte*, pois que o problema da participação dos seres ao Ser que, aliás, se confunde com a relação dos atos participados com o Ato puro domina essa verdadeira suma filosófica.[28] Cremos tratar-se do momento culminante da dialética, porquanto o filósofo se esmera em nos apresentar este itinerário privilegiado graças ao qual cada um de nós é convidado a participar, na originalidade dos destinos individuais, da obra da criação de si mesmo. É a constituição da essência na valorização da existência. A senda a percorrer está, porém, eivada de obstáculos e a história dos intervalos a vencer não é outra senão a das diferentes modalidades de participação.

---

[26] Louis Lavelle, "La Métaphysique ou la Science de l'Intimité Spirituel", em *Revue Internationale de Philosophie*, 15 out. 1939, p. 57-58.

[27] Louis Lavelle, "Remarques sur le Thème: Légitimité et Signification de la Métaphysique", em *De l'Intimité Spirituelle*, 1955, p. 60.

[28] Pier Giovanni Grasso, *Lavelle*, p. 16.

Para se compreender perfeitamente toda a riqueza do conceito lavelliano de participação importa antes de tudo consignar a relevância da ideia de possibilidade. Longe de considerá-la mero conceito abstrato, Lavelle enriquece-a dando-lhe um caráter ontológico. Há uma possibilidade real que é a cadeia indefinida, convite a uma gama ilimitada de atos com os quais confeccionaremos nossos destinos, porque modelamos nossa autêntica essência. Muitos vislumbraram neste ponto um argumento decisivo para incluir Lavelle entre os existencialistas.[29] Fizeram-no, porém, sem levar em conta que essência e existência são coprincípios do ser e que, a esse título, Lavelle aceita plenamente a essência ideal.[30]

Se o conceito de possibilidade foi posto em relevo por Lavelle é porque existe uma passagem da potência para o ato que é constitutiva da própria participação. A potência preenche o intervalo que separa o Ato dos atos. Há um intervalo entre o ato e o dado, transposto pela existência no esforço de identificar a vocação com o destino.[31] A filosofia oscila entre o materialismo e o idealismo, quando predomina o dado ou ato. Mas o dado é mudo de sentido se não há um ato a lhe dar consistência, da mesma sorte que o ato necessita do dado como elemento circunstancial de sua realização. O ideal é sempre reconhecer que ambos se podem conciliar e coexistir como o fenômeno e a consciência.

Outro intervalo é o espaçotemporal. Obtempera Gaston Berger que "é na perspectiva oferecida pelo problema do tempo e pelo problema da participação que a ele estreitamente se liga que convém abordar a obra de Louis Lavelle se se quer alcançar sua originalidade e íntima coerência".[32] Mas o espaço e o tempo são inseparáveis, pois "estas duas formas

---

[29] Vide a propósito o capítulo "Sabedoria ou Otimismo Ontoético" de nosso livro.

[30] Cf. correspondência de Lavelle com Delfgaauw, "Het Spiritualistisch Existentialisme van Louis Lavelle", p. 125-29.

[31] Cf. capítulo "A Vocação e o Destino" em *O Erro de Narciso*. São Paulo, Editora É, 2012.

[32] "Le Temps et la Participation dans l'Oeuvre de Louis Lavelle", em *Giornale di Metafisica*, 1952, n. 4, p. 453.

são implicadas uma na outra, ou mais exatamente, que nada pode entrar no espaço sem entrar também no tempo, pois todo objeto tem simultaneamente uma face externa e outra interna, isto é, não pode ser objeto do sentido externo se não for, por sua vez, objeto do sentido interno".[33]

Assim como o espaço e o tempo permitem a estruturação do universo de tal modo que a mediação das coisas se transfigura na perspectiva iluminada da consciência, o intervalo entre o entendimento e o querer sela toda a valorização da existência.

Constitui, portanto, erro manifesto acusar a filosofia de Lavelle de angelismo. Longe de desprezar o sensível, Lavelle de fato procede à sua reabilitação. O mundo sensível adquire novo significado, porquanto "é pela matéria enquanto nos é dada e mesmo imposta que chegamos a ultrapassar os limites de nossa subjetividade individual, a atualizar nossa própria possibilidade, isto é, a criar nosso ser espiritual e, pela comunicação que ele obtém com tudo o que ultrapassa, a penetrar nos segredos do espírito absoluto".[34]

A dialética lavelliana tem, entretanto, um matiz reflexivo, assinalado pelo filósofo em *De l'Âme Humaine*.[35] Este caráter resulta da concepção da metafísica como ciência da intimidade espiritual. A intimidade inalienável da alma, que lhe possibilita viver a vida que lhe é própria e realizável através de atos livres, transforma a dialética num processo verdadeiramente ontoético. Não se trata, pois, de uma atividade formal, objetivando um mero encadeamento de ideias, senão de uma dialética constitutiva do ser que me é próprio. Por seu turno, Platão intenta com sua dialética escoimar o espírito humano das impurezas da materialidade para transportá-lo ao mundo das Ideias. Assim, "disciplinar os impulsos ascendestes e

---

[33] Louis Lavelle, *Du Temps et de l'Éternité*, p. 50.

[34] Louis Lavelle, "Existence Spirituelle et Existence Matérielle", em "Atti del Congresso Internazionale di Filosofia promosso dall'Istituto di Studi Filosofici", II (*Esistenzialismo*), p. 297.

[35] P. 18-19.

descendentes do espírito humano, tal é o segredo, tal é a razão de ser da dialética platônica".[36]

A dialética platônica é a explicação do ser através do *Logos* como verdadeiro fundamento do ser. Como mostra Johannes Hirschberger, em sua recente *Geschichte der Philosophie*, I, a dialética do grande filósofo grego poderia ser considerada um *itinerarium mentis in Deum.*

A filosofia platônica tem sido invariavelmente criticada como dominada pelo dualismo. Por vezes acusam-na de oscilar entre os dois polos, como no caso da imanência e transcendência. Afigura-se-nos, porém, bastante definida neste particular a ideia do filósofo grego. Há uma harmonia da imanência com a transcendência. A inteligência soberana nos é representada, tanto imanente ao Universo por sua presença na alma do mundo, como transcendente à inteligência soberana, como uma inteligência fabricadora; mas neste segundo caso ainda, a organização ideal, inteligível, é concebida, quer como transcendente à inteligência soberana, como um modelo que ela contempla, como imanente a esta mesma inteligência e resultante de seus cálculos.[37]

Esta conciliação da imanência com a transcendência operada pelo platonismo, surgirá igualmente na filosofia lavelliana. É certo que as filosofias oscilam entre uma e outra. Desde que, porém, se atente para o caráter complementar de que se revestem a dificuldade é superada. Os dois termos, transcendente e imanente, diz Lavelle, não têm sentido senão um pelo outro e o termo participação destina-se precisamente a nos mostrar como uni-los.[38] Constituem, por conseguinte, as verdadeiras coordenadas do ser, pois se o ato de que participamos é transcendente, a existência como tal é imanente. A imanência e a transcendência nascem assim no instante em

---

[36] René Schaerer, "La Structure des Dialogues Métaphysiques", em *Revue Internationale de Philosophie*, 1955, fasc. 2, p. 219.

[37] Joseph Moreau, "L'Idée d'Univers dans la Pensée Antique", em *Giornale di Metafísica*, 1953, n. 1, p. 91.

[38] Louis Lavelle, *De l'Acte*, p. 144.

que se insere a teoria da participação: "a participação, que nos coloca sempre entre o Ato puro e a pluralidade dos estados, exprime exatamente o caráter ambíguo de uma existência que se faz, tornando, por assim dizer, imanente a ela mesma um transcendente no qual ela penetra e que a supera sempre".[39]

O lavellismo é nuclearmente uma filosofia do ser. Este se confunde com o ato, desde que se considere o Ser, pois em se tratando do ser, forçoso é frisar que há uma tendência à identificação. O ser-ato, no entanto, se identifica com o valor. Daí o Ser e o Bem constituírem uma só e mesma realidade. Por isto a filosofia de Lavelle, interpretada até aqui como um atualismo, pode receber agora nova denominação: ontologia axiológica.[40]

Cumpre neste ponto mostrar uma vez mais a correlação existente entre o platonismo e o lavellismo. É bem verdade que a filosofia dos valores, na plenitude de sua expressão, só se estruturou inteiramente a partir de Lotze. Embora a filosofia escolástica busque na identificação do ser e do bem transcendentais toda uma metafísica dos valores, acreditamos com Hans Meyer que, no terreno axiológico, a contemporaneidade nos trouxe, com relação à Antiguidade e à Idade Média, algumas ideias essenciais inteiramente novas.

Lavelle, contudo, pretende encontrar em Platão a fundamentação de sua axiologia. Considera mesmo o platonismo um modelo perfeito de filosofia dos valores. Esta assertiva é cuidadosamente demonstrada: 1) o ser é para Platão uma ideia, que é também um ideal; 2) o cume da dialética é a ideia de Bem que é o único nome que se pode atribuir ao Absoluto; 3) é o Bem que suscita o amor como o motor soberano pelo qual todas as coisas são produzidas para realizá-lo e encarná-lo sem jamais conseguir esgotar sua riqueza; 4) em todos os domínios, esta doutrina deve continuar a mesma

---

[39] Ibidem, p. 147.

[40] Foi o que demonstramos em nossa obra *A Ontologia Axiológica de Louis Lavelle.*

subordinação do inferior ao superior o que constitui a lei fundamental do mundo dos valores.[41] É justo, todavia, esclarecer que a teoria dos valores de Lavelle longe está de se cingir ao contexto da filosofia platônica. Neste particular Lavelle repensa toda a filosofia moderna dos valores, mostrando que o valor é uma emoção volicional. Assim, "Toda teoria do valor e todas as discussões de que ele é objeto se produzem no caminho que vai do sentimento ao querer e que nos obriga a converter continuamente as avaliações imediatas que a sensibilidade nos fornece em ações que possam ser assumidas e, se se pode dizer assim, que devem ser objeto de atos de vontade".[42]

A filosofia dos valores supõe, antes de tudo, um abismo entre o que somos e o que devemos ser. Por isso volta à consideração a ideia de possibilidade vinculada agora à essência. Nossa liberdade interfere a todo instante na transformação dos possíveis que me acenam com seu itinerário em atos constitutivos de minha essência.

Oriunda do platonismo, a filosofia de Lavelle acrescentou-lhe toda a problemática do pensamento contemporâneo, dando azo a uma síntese vigorosa que continua a filosofia clássica no que ela tem de mais autêntico, confortando outrossim o homem angustiado do século XX com uma mensagem de otimismo consciente. Por isto, diante da incerteza do presente, Lavelle repete a palavra de Platão: "é Deus e não o homem a medida de todas as coisas".[43]

---

[41] Louis Lavelle, *Traité des Valeurs*, I, pág. 52-53.

[42] Ibidem, p. 192.

[43] *Leis*, 716 C.

Posfácio

Consentimento ao Ser[1]

Homenagem a Louis Lavelle (1883-1951)

no 1º centenário de seu nascimento

por Tarcísio Padilha

Em agosto de 1951 chegaram às minhas mãos alguns livros de Louis Lavelle. Encetei de imediato a leitura da *Introduction à l'Ontologie*, que, após vencer as barreiras iniciais oriundas da densidade da obra, produziu em mim uma profunda modificação interior. Lavelle se transformou, para o meu espírito, menos num filósofo sistemático a seguir do que numa luz através da qual o mundo parecia ganhar significado. E mais. A formação filosófica clássica recebida dos padres jesuítas pareceu ultrapassar o plano um tanto abstracionista habitual à época para ensejar um encontro profícuo com as modernas correntes do pensamento filosófico. Esta encruzilhada entre dois mundos, o mundo da essência e o mundo da existência, o universo

[1] Publicado pelo Centro Dom Vital em sua revista *A Ordem*, v. 78, n. 1-4, jan./dez. 1983.

ontológico e o universo axiológico, o plano do ser marcado pela univocidade e aquele recoberto pela diversidade própria da analogia, tudo isto e muito mais me abria e rasgava diante do meu espírito irrequieto um horizonte mais amplo. De resto, a filosofia que passava a conhecer de perto, seguindo com denodo todas as suas mediações, aspirando suas ricas nuances e ainda a fascinação nascida da emoção estética mesclada à elevação espiritual emanada do estilo do filósofo enriqueceram de tal modo o meu próprio mundo, que não pude deixar de me adentrar na leitura de todas as obras e artigos de Louis Lavelle e que sobre ele foram escritos. Anos se passaram – cerca de quatro – para ler e anotar quase duzentos escritos em numerosos idiomas e que, para serem encontrados, me exigiram esforços hercúleos.

Assim se explica haver escolhido a filosofia de Louis Lavelle como tema de minha tese de cátedra, conquistada em 1955: *A Ontologia Axiológica de Louis Lavelle*. Até então apenas três livros haviam sido escritos sobre Lavelle, afora dezenas de artigos, recensões e pequenos comentários: *La Filosofia di Louis Lavelle*, de O. M. Nobile, em 1943, *Lavelle*, de Pier Giovanni Grasso, em 1949, e *Het Spiritualistisch Existentialisme van Louis Lavelle*, de Bernard Delfgaauw, em 1947. Os dois primeiros visaram precipuamente apresentar uma síntese da filosofia lavelliana, sem apurar muito a reflexão crítica. Delfgaauw vai mais longe e intenta configurar o que chama existencialismo espiritualista do filósofo francês.

Pareceu-me que a bibliografia esparsa que colhi não havia efetivamente encontrado totalmente o fio de Ariadne capaz de ensejar uma visão integradora do universo lavelliano, feita de aparentes contradições, de tal modo intrincado que a muitos parecia uma forma mal disfarçada de ecletismo.

Antes de bosquejar brevemente alguns traços gerais da filosofia lavelliana, impende dizer uma palavra sobre o homem, oferecendo aos leitores uma rápida biografia do filósofo.

Louis Lavelle nasceu em 15 de julho de 1883 em Saint-Martin de Villeréal, no Périgord, e veio a falecer em Parranquet, no dia 1º de setembro de 1951. Seus estudos filosóficos principiaram em Lyon, onde recebeu poderoso influxo do kantismo. Prosseguirá sua formação em Paris, destacando-se nesta fase a frequência aos cursos de Henri Bérgson no Collège de France, cuja cátedra da Filosofia caberá mais tarde ao próprio Lavelle. Houve, porém, uma importante interrupção neste processo ascendente do mestre da participação. Na primavera de 1916, Lavelle é feito prisioneiro ao término da batalha de Verdun. É transportado para um campo de prisioneiros, em Giessen, na Alemanha. Aí começa realmente a produção do filósofo. Conta-se que, em meio às angústias e desalentos próprios da situação de confinamento, Lavelle proferia palestras da maior elevação, assim contribuindo para desarmar os espíritos de seus companheiros, que nele passaram a ver um verdadeiro mestre. Não dispondo sequer de um livro para ler, Lavelle enceta a redação de uma de suas teses doutorais – *La Dialectique du Monde Sensible.* Havendo falta de papel, o filósofo se habituou a escrever com letra miúda, mesmo minúscula, dificultando sobremodo os que mais tarde deveriam desvendar os segredos de seu pensamento. Não cheguei a conhecê-lo pessoalmente. Isso porque, um mês decorrido do início da leitura de suas obras, recebi a notícia de seu falecimento. Somente anos mais tarde é que visitei a viúva e me surpreendi com a extraordinária semelhança entre ela e seu marido, de tal modo o viver e conviver com o genial filósofo acabou por plasmar-lhe o rosto à imagem do modelo.

Travei contatos epistolares com a filha, Claire, que, bondosamente, me presenteou com dois trabalhos inéditos de Louis Lavelle sobre a participação – capítulos de um livro que não chegou a ser editado.

Confiei aos professores Paul Albert Simon e Ligia Simon a tarefa difícil, mas gratificante, de traduzir para o português os dois textos agora acessíveis ao público brasileiro. A revista *A Ordem* se orgulha, assim, de publicar pioneiramente dois escritos inéditos de um dos maiores filósofos da atualidade.

Sua atividade docente começou no Liceu de Poitiers. Depois da libertação em 1918 passou a ocupar a cátedra do Liceu Fustel de Coulanges, de Estrasburgo, e depois lecionará nos liceus Condorcet, Louis Le Grande e Henri IV, em Paris, na classe preparatória da École Normale Supérieure.

Em 1940, foi nomeado Inspetor Geral do Ensino de Filosofia e, em 1941, galga a honraria de ascender à cátedra de Filosofia do Collège de France, supremo galardão a que um intelectual francês pode aspirar. É finalmente eleito membro do Institut, Academie de Sciences Morales et Politiques. Lavelle foi basicamente um escritor entre duas guerras. Daí porque ele jamais se situou nos altiplanos da cátedra distante, senão que se manteve fiel à atitude de atenção ao próximo que todos os seus escritos revelam. A abertura ao próximo é talvez a marca pessoal mais característica deste filósofo que, antes de tudo, pode ser considerado um sábio do século XX.

Causa certa perplexidade e mesmo estranheza o diminuto interesse que as obras de Louis Lavelle vêm despertando nas últimas décadas. E mais estranhável é que dois italianos, um holandês e um brasileiro hajam sido os pioneiros no estudo e interpretação de seu pensamento. Em parte se pode concluir que a filosofia pagou um grande tributo às guerras que sacudiram a Europa e outros continentes, tornando pouco aceitáveis as filosofias que timbraram em afirmar os valores do espírito. A brutalidade, o sofrimento, a fratura moral e espiritual ocorridas nas duas grandes guerras mundiais parecem haver concorrido para que as mensagens em cunho teístico-espiritualista passassem a ser encaradas como exercícios de otimismo ingênuo. Poucos se terão apercebido que aquilo que efetivamente confere caráter duradouro à filosofia de Lavelle é que o trágico nunca é negado, como em nenhum momento o filósofo oblitera a presença negativa do mal e do sofrimento. O otimismo de Lavelle se explica, pois, pela consciência de que o trágico pode ser superado através de uma perspectiva que o transfigura. Sobretudo nas épocas de crise, a consciência se conturba e se interroga mais frequentemente sobre o sentido do sofrimento. Lavelle pretende mostrar, porém, que não há senão uma diferença extrínseca entre os dias de desordem declarada e aqueles em que o mal apenas se esconde:

> se bem que seja quase impossível falar das infelicidades da guerra sem uma espécie de tremor, não se deveria ignorar os sofrimentos, que ela incessantemente produz, e cujo horror ainda nos penetra, no entanto, a mesma essência de todos aqueles que, nos períodos mais pacíficos, afetam sempre algum indivíduo, sob o efeito das convulsões de seu corpo, ou de um encontro com as forças que o molestam, ou da malícia terrível de um outro homem. A doença, o acidente, a crueldade nos fazem conhecer toda a profundidade do mal que a guerra multiplica mais do que propriamente agrava. Ela dá, repentinamente, um caráter universal e um relevo maior à dor e à maldade humana, a ponto de obrigar, ao que parece, o otimismo a abandonar sua última fortaleza.

O trecho acima poderia induzir um espírito menos avisado a inferir um travo de amargura no filósofo. Nada menos ajustado ao clima lavelliano. Conhecer o mal nunca foi para Lavelle pretexto para aceitá-lo como um porto de chegada. Trata-se de uma verificação existencial, que mal encobre a visão superior que lhe configura a sabedoria nele quase instintiva. Disse certa feita Jean Baruzi que "em Lavelle se encontra a serenidade dos cumes". Consentimento em participar do Absoluto, através de uma sinceridade de si para si e para com o próximo, eis a mensagem deste otimismo consciente, capaz de devolver ao atormentado homem do século XX a harmonia interior, sem a qual ele se amesquinha e rompe o elo com a Transcendência.

Louis Lavelle nos oferece nos dois inéditos que ora apresentamos ao público brasileiro um aprofundamento de uma ideia cara ao filósofo e medular em seu sistema: a ideia de participação. No particular, Lavelle supera o *cogito* cartesiano, o *effort* de Maine de Biran, a angústia de Kierkegaard, o obstáculo de Le Senne. Como frisou Alphonse De Waehlens, a participação lavelliana "mantém tanto a imutabilidade do Ato Divino como a autonomia da pessoa humana. É na conciliação desses inconciliáveis que reside a originalidade do esforço tentado por Lavelle".

A problemática do Ato rompe o dique de imobilidade a que a concepção do ser parecia conduzir-nos, acendendo-nos com a cooperação que o Ato possibilita. A concepção atualista de Lavelle constitui, destarte, um rude golpe no estatismo do ser.

A filosofia de Lavelle é tentativa constante de superar as antinomias, buscando sempre fórmulas capazes de unir teses julgadas inconciliáveis. O realismo e o idealismo, o voluntarismo e o intelectualismo, a univocidade e a analogia, o existencialismo e o essencialismo são superados mercê da estruturação de uma síntese compreensiva, em que nem se desmerece nem se despreza o que cada uma dessas teses tem de verdadeiro. É tentativa das mais audaciosas, ainda que não suficientemente enaltecida. O silêncio que envolve a filosofia de Lavelle decorre em parte do fato de o filósofo não encorajar polêmicas, por julgá-las inúteis, e, de outro lado, pela circunstância de que seu pensamento, conquanto emoldurado num estilo considerado por Delfgaauw superior mesmo ao de Henri Bérgson, não obscurece, mas evidencia a densidade de sua metafísica, a exigir um esforço exegético de monta.

Ao homem atormentado do século XX Lavelle propõe a escolha de um entre os dois únicos caminhos possíveis:

> não há senão duas filosofias entre as quais é necessário escolher: a de Protágoras, segundo a qual o homem é a medida de todas as coisas, mas a medida que ele se dá é também a própria medida; e a de Platão, que é também a de Descartes, para quem a medida de todas as coisas é Deus e não o homem, mas um Deus que se deixa participar pelo homem, que não é somente o Deus dos filósofos – o Deus das almas simples e vigorosas, que sabem que a verdade e o bem estão acima delas e que não se recusam jamais àqueles que as buscam com coragem e humildade.

Do mesmo autor, leiam também:

Reunião de "Crônicas Filosóficas" publicadas por Louis Lavelle na revista *Le Temps*, de 1930 a 1942, este livro traz uma matéria de intensa meditação não somente para o filósofo, mas também para todos os que se interessam pelos grandes problemas da arte, da ciência e do pensamento.

Este pequeno livro é grande por seu conteúdo, que retoma o problema da consciência de si pondo em evidência todas as armadilhas do amor-próprio. Lá onde Lacan vê no desdobramento do eu a constituição de uma imagem de si originária, rígida e mortífera, Lavelle designa o amor-próprio – ou a vaidade de querer dar uma falsa imagem de si – como o que impede a consciência de viver. A edição traz uma apresentação do professor Alfredo Bosi.

facebook.com/erealizacoeseditora
twitter.com/erealizacoes
instagram.com/erealizacoes
youtube.com/editorae
issuu.com/editora_e
erealizacoes.com.br
atendimento@erealizacoes.com.br